JULIA KORBIK

BONJOUR LIBERTÉ

Françoise Sagan und
der Aufbruch in die Freiheit

Hanser Berlin

Das Motto auf Seite 93 stammt aus *Mein Blick zurück*
von Françoise Sagan, in der Übersetzung von Claudia Feldmann
© der deutschen Übersetzung: 2000 Econ Verlag in der
Ullstein Buchverlage GmbH, Berlin. Original: Françoise Sagan,
Derrière l'épaule © Editions Stock.
Die Motti auf den Seiten 9, 21, 189, 241 stammen aus
Je ne renie rien. Entretiens 1954–1992 von
Françoise Sagan, Hachette/Le Livre de Poche, Vanves 2014.
Der Verlag dankt Denis Westhoff für die freundliche
Genehmigung, die Auszüge abzudrucken.

1. Auflage 2021

ISBN 978-3-446-26944-6
© 2021 Hanser Berlin in der
Carl Hanser Verlag GmbH & Co. KG, München
Umschlag: Anzinger und Rasp, München
Foto: © Jacques Rouchon / akg-images
Illustration: © Julia Praschma, Wildfoxrunning
Satz: Sandra Hacke, Dachau
Druck und Bindung: CPI books GmbH, Leck
Printed in Germany

MIX
Papier aus verantwortungs-
vollen Quellen
FSC® C083411

INHALT

Für meine Großeltern

»Alles in allem geben
Whisky, Ferrari, Glücksspiel
ein unterhaltsameres Bild ab
als Stricken, Haushalt, Sparsamkeit …«[1]

VORWORT

»Wurde 1954 mit einem schmalen Roman berühmt, *Bonjour Tristesse,* der für einen weltweiten Skandal gesorgt hat. Nach einem Leben und einem Werk, die genauso angenehm wie verpfuscht waren, war ihr Tod nur noch für sie selbst ein Skandal.«[1] Diese Zeilen schrieb Françoise Sagan Ende der 1980er, gut fünfzehn Jahre vor ihrem Tod als Nachruf auf sich selbst. Es sind nur wenige Zeilen, aber in ihnen steckt so viel von dem, was Sagan ausmachte: ein leiser Humor, Selbstironie, aber auch eine gewisse Melancholie. Und, natürlich, der Verweis auf ihr berühmtestes Werk, *Bonjour Tristesse,* das sie als gerade einmal 18-Jährige weltbekannt machte.

Sagan war vieles: eine Frau, die mit ihrem Ruhm eine komplizierte Hassliebe verband; die nach außen hin das lustige Partygirl gab und sich in Wahrheit unendlich einsam fühlte; die sich darüber ärgerte, auf Klischees reduziert zu werden, und diese Klischees gleichzeitig gekonnt bediente: schnelle Autos, Whisky, Glücksspiel, Urlaub in Saint-Tropez; die augenscheinlich frei war, und doch gefangen in sich selbst. Schon früh hat Sagan erkannt, dass sie, um sich zu schützen, in der Öffentlichkeit eine Maske aufsetzen muss. Eine Verkleidung, die es ihr erlaubt, in eine Rolle zu schlüpfen: in die der berühmten Schriftstellerin Françoise Sagan. So trug sie zur eigenen Legendenbildung bei.

Diese Legende entstand in den 1950er Jahren. In dieser Zeit wurde Sagan zum Gesicht eines neuen Frankreichs; einer Generation, die als Kinder den Zweiten Weltkrieg miterlebt und nun genau ein Ziel hatte: sich in die Zukunft zu werfen, ungehemmt, frei und furchtlos. In den Jahren zwischen 1950 und 1960 wurde aus einem Mädchen, das heimlich davon träumte, berühmt zu sein, ein lebender Mythos. Aus der 1935 geborenen Françoise Quoirez, Tochter einer großbürgerlichen Familie, wurde Françoise Sagan, eine Skandalschriftstellerin. Doch nicht nur deshalb liegt der Fokus in diesem Buch auf den 1950er Jahren. Sondern auch, weil damals langsam Bewegung in das starre Geschlechterkorsett kam. Allgemein gelten die 1960er als das revolutionäre Jahrzehnt, als die Zeit, in der Frauen in der westlichen Welt erneut und vehement begannen, sich gegen die für sie vorgesehene gesellschaftliche Rolle aufzulehnen. Aber: Diese Auflehnung machte sich bereits in den 1950ern bemerkbar. So auch in Frankreich, wo viele Frauen, die sich während des Krieges auf verschiedene Weise um ihre Heimat verdient gemacht hatten, nicht länger bereit waren, sich brav auf Haushalt und Ehemann zu konzentrieren. Die strikten Geschlechterrollen galten noch, ja, aber sie wurden von Frauen mehr und mehr hinterfragt. Françoise Sagan aber hinterfragte nicht, sie machte einfach. Als junge Frau in einer Zeit, in der Frauen wenig durften und viel mussten, beanspruchte sie für sich große persönliche Freiheiten und wagte einen eigenen Lebensentwurf. Oft rieb sie sich an gesellschaftlichen Konventionen, aber nicht zuletzt auch an sich selbst.

Eine fahnenschwingende Feministin, das muss erwähnt werden, war Françoise Sagan nicht. Was vor allem an ihrer hartnäckigen Weigerung lag, sich in irgendeine Schublade stecken zu lassen: Ihre Lebensphilosophie war freiheitsbasiert und entschieden individualistisch. Um Ideologien machte sie einen großen Bogen. Was nicht heißt, dass sie feministische Anliegen nicht aktiv unterstützte. So unterschrieb sie aus voller Überzeugung 1971 das *Manifest der 343*, in dem die Legalisierung der Abtreibung gefordert wurde – nur um später ihren Namen unter »einer beängstigend dicken Schlagzeile« wiederzufinden: »Frauen, euer Bauch gehört euch!«[2] Sagan war das viel zu plakativ und, nun ja, dramatisch. Belustigt erinnerte sie sich später:

>»Also, ich schwöre, wenn ich gewusst hätte, in welcher Weise mein Engagement verwertet werden würde, hätte ich nie unterschrieben. Meine Mutter hat danach übrigens zehn Tage lang kein Wort mit mir gesprochen – nicht, weil ich ihr das x-te Enkelkind verweigerte, sondern weil ich es zugelassen hatte, dass eine Zeitschrift, egal welche, etwas über meinen Bauch schrieb.«[3]

Anders gesagt: Mehr gesellschaftliche Rechte für Frauen? *Oui!* Aber bitte, ohne ordinär zu werden. Sagan mochte wie eine Revolutionärin wirken, ihren bürgerlichen Habitus aber wurde sie nie richtig los.

Gut möglich, dass die soeben erwähnte Geschichte über Sagans Mutter, die tagelang nicht mit ihrer Tochter sprach, nie so passiert ist. Denn Sagan hatte einen Hang zum Flunkern, dazu, Geschehenes ein wenig interessanter und dramatischer darzustellen, als es eigentlich war. Das macht sie mitunter schwer zu fassen. Hinzu kommt, dass Sagan andere Menschen, sogar enge Freund*innen, stets gekonnt auf Abstand hielt. Selbst in ihren autobiografischen Texten bleibt sie in ihrer Rolle der charmanten Geschichtenerzählerin, die fröhlich aus dem Nähkästchen plaudert, ohne jemals wirklich etwas von sich preiszugeben. Ich habe trotzdem versucht, mich Françoise Sagan zu nähern. Genau hinzuschauen. Dabei war mir von Anfang an klar, dass *Bonjour Liberté* keine klassische Biografie werden würde, sondern ein Schlaglicht auf die wahrscheinlich wichtigsten Jahre in

Sagans Leben – die Jahre, in denen aus einer unbekannten Pariserin mit abgebrochenem Studium ein weltberühmter Star wurde.

Und ein Star ist sie auch heute noch. Siebzehn Jahre nach ihrem Tod erliegen die Menschen noch immer ihrem Charme: Als im Spätsommer 2019 ein bisher unveröffentlichter Roman von Françoise Sagan erschien, *Die dunklen Winkel des Herzens*, war das in Frankreich eine literarische Sensation. Schon Wochen vorher war in den Medien und der Pariser Verlagswelt von einem mysteriösen Buch die Rede gewesen, dessen Auflage satte 250 000 betragen würde. Fünfundsechzig Jahre nachdem ihr aufsehenerregendes Debüt *Bonjour Tristesse* erschienen war, bewies sich wieder einmal die anhaltende Strahlkraft der Françoise Sagan. Sie war und ist unwiderstehlich.

Gründe dafür gibt es viele. Ein herausragender ist Sagans Sinn für Humor. Sie selbst befand:»Ich denke, dass das beste Gegenmittel der Humor ist.«[4] Das Gegenmittel wofür? Für das Leben natürlich, mit all seiner Einsamkeit und Absurdität, mit seinen rauschhaften Höhenflügen und niederschmetternden Talfahrten. Sagan konnte über sich selbst lachen und schaffte es so fast immer, die Sympathien auf ihrer Seite zu haben. Und dann ist da natürlich die Literatur, ihre vielen Bücher, die sie hinterlassen hat. Wunderbar leicht geschriebene Bücher, die schwierige Themen verhandeln: die Unmöglichkeit der Liebe, Einsamkeit, die Sehnsucht danach, verstanden zu werden. Es sind zeitlose und wichtige Themen, die sich durch ihr gesamtes Werk ziehen, angefangen mit ihrem Debüt *Bonjour Tristesse*.

Vor allem aber verkörpert Françoise Sagan Freiheit. Unbeirrt ging sie ihren eigenen Weg. Schwerer Rückschläge, emotionaler Krisen und Enttäuschungen zum Trotz, strahlte sie eine fröhliche Leichtsinnigkeit aus, eine ungestüme Bereitschaft, sich ins Leben zu werfen. Eine Überzeugung, dass Leben das ist, was man draus macht – und dass es oft die kleinen Momente des Glücks sind, die zählen: ein Nachmittag, den man lesend im Bett verbracht hat; ein Essen mit Freund*innen; der Geruch von Meer; der Fahrtwind in den Haaren.

Françoise Sagan ist ein personifiziertes Schulterzucken. Ein lässiges »Na und?«. Warum so sein wie alle anderen, wenn man einzigartig sein kann? Warum sich mit dem monotonen Alltag abfinden, wenn es doch so viele Möglichkeiten gibt, sich das Leben schöner zu machen? Ich habe das Gefühl, dass ich von Sagan noch einiges lernen könnte, nicht nur, was *savoir vivre* angeht: Zum Beispiel, dass Humor manchmal tatsächlich die beste Waffe ist, dass man sich seine Kämpfe sorgfältig aussuchen sollte und dass am Ende zählt, was man wirklich *getan* hat. Würde ich als Beifahrerin neben der wie ein Schlot rauchenden und viel zu schnell fahrenden Sagan im Auto sitzen wollen? Eher nicht. Aber einen Whisky würde ich gerne mit ihr trinken – und mich von Sagans Lässigkeit und *joie de vivre* anstecken lassen.

PROLOG

PARIS 1954

Das leise Bimmeln der Türglocke lässt die Verkäuferin von ihrem Buch aufblicken. Sie lächelt der Kundin, die soeben den Laden betreten hat, freundlich zu – ein Blick, der, so hofft sie, sowohl ein »Willkommen« ausdrückt als auch ein »Ich bin für Sie da, wenn Sie Hilfe brauchen«. Insgeheim hofft die Verkäuferin jedoch, dass die Kundin keine Hilfe benötigt. Hinter der Ladentheke, das Buch so in den Händen haltend, dass der Titel versteckt ist, liest sie weiter:

»… hielt mich fest und küsste mich. Ich erinnere mich noch an den Geschmack dieser atemlosen, wirkungslosen Küsse und wie Cyrils Herz an meines schlug im Takt der Wellen, die sich auf dem Sand brachen … Eins, zwei, drei, vier Herzschläge, dann jenes weiche Geräusch auf dem Sand, eins, zwei, drei … eins … Sein Atem ging ruhiger, sein Küssen wurde genauer, intensiver, ich hörte das Meeresrauschen nicht mehr, aber in meinen Ohren das schnelle, fortgesetzte Pochen meines eigenen Bluts.«[1]

Das ist doch … unerhört, denkt die Verkäuferin. Unerhört und – sinnlich. Sie liest weiter: »Eines Abends schreckte Annes Stimme uns auf. Cyril lag an mich geschmiegt …«[2]

»Entschuldigen Sie, Madame.«

Die Kundin, die gerade hereingekommen ist, steht nun vor ihr. Unwillig blickt die Verkäuferin auf. Die Kundin ist jung,

17

vielleicht vierzehn oder fünfzehn, zumindest sieht sie so aus, mit ihrer schmalen Figur und dem jungenhaften Kurzhaarschnitt.

»Wie kann ich Ihnen helfen, Mademoiselle?«, fragt die Verkäuferin. Hinter der Ladentheke hat sie den Zeigefinger der rechten Hand ins Buch gelegt, um die Seite nicht zu verblättern.

»Ich bin auf der Suche nach einem guten Roman«, sagt die Kundin, nicht besonders laut, ihr Blick ist auf den Boden gerichtet. »Haben Sie Empfehlungen für mich?«

Die Arbeit ruft, leider. Die Verkäuferin greift nach einem Bleistift, legt ihn ins Buch. Ein improvisiertes Lesezeichen. Während sie die Ladentheke umrundet, versucht sie, ihrem Gesicht einen dienstbeflissenen und aufgeschlossenen Ausdruck zu verleihen. Sie zeigt der Kundin mehrere Romane, französischsprachige Autor*innen, Übersetzungen … Marguerite Duras' *Die Pferdchen von Tarquina*, zwar schon ein Jahr alt, aber warum nicht? Oder etwas von Simone de Beauvoir? Ihr neuer Roman wird im Oktober erscheinen, man munkelt, sie könne dieses Jahr den Prix Goncourt erhalten. Ray Bradbury vielleicht? Sein *Fahrenheit 451* liegt in französischer Übersetzung vor. Auch den aktuellen Roman von Alain Robbe-Grillet hat sie da, obwohl sie mit dieser Bewegung des sogenannten *Nouveau roman* nicht viel anfangen kann. Was bitte war schlecht am »alten« Roman?

Die Kundin hört höflich zu, aber so richtig scheint sie die Auswahl an Romanen nicht zu begeistern. Ihr Blick wandert über die Verkaufsauslage und bleibt an einem Buch hängen. Sie nimmt es in die Hand und hält es hoch, so, dass die Verkäuferin den Buchdeckel – weiß, mit einem grünumrandeten Rechteck in der Mitte – sehen kann: »Was ist mit diesem hier?« Die Verkäuferin kennt den Buchdeckel und das dazugehörige Buch nur allzu gut, liegt es doch hinter dem Tresen und wartet darauf, weitergelesen zu werden. Sie verzieht missbilligend den Mund: »Das haben wir gestern reinbekommen. Aber ehrlich gesagt, würde ich es Ihnen nicht empfehlen. Ein kleines Luder hat es geschrieben. Ich habe darin herumgeblättert, und, nun, Mademoiselle, darin werden abscheuliche Dinge erzählt.«

Abscheulich ja. Aber auch anregend, entfesselnd. Und deshalb denkbar ungeeignet für die zarten Seelen junger Leserinnen, findet die Verkäuferin. Das ältere Ehepaar, das vor dem Regal mit Lyrik und Theaterstücken steht, schaut interessiert herüber. Die Kundin hält immer noch das fragliche Buch in der Hand und sagt, plötzlich entschlossen: »Ich nehme es.« Das »trotzdem« am Ende des Satzes spricht sie nicht aus, die Verkäuferin hört es dennoch ganz genau. Was soll's, sie hat ihr Bestes gegeben, die junge Mademoiselle von dieser schändlichen Lektüre abzubringen. Sollen sich doch deren Eltern mit den Konsequenzen moralisch zweifelhafter Einflüsse herumschlagen. An der Kasse nimmt sie das Geld der Kundin entgegen, 390 Francs für 180 Seiten.

»Ich wünsche Ihnen einen guten Tag, Mademoiselle.«

»Merci, Madame, das wünsche ich Ihnen auch. Au revoir.«

Die Ladenglocke bimmelt, hinter der Kundin fällt die Tür ins Schloss. Die Verkäuferin vergewissert sich mit einem Rundumblick, dass die anderen Kund*innen – das ältere Ehepaar, ein junger Mann mit Hornbrille – keine Hilfe benötigen, bevor sie den Bleistift aus ihrem Buch nimmt und weiterliest: »... wir waren halb nackt im schattig-roten Licht des Sonnenuntergangs ...«[3]

*

Die Kundin tritt auf den Boulevard Saint-Germain hinaus, ihr soeben gekauftes Buch in den Händen. Sie atmet die frische Frühlingsluft ein – und ihre Angespanntheit aus. Die Frau schaut auf das Buch. Um den unteren Teil des weißen Buchdeckels windet sich eine gelbe Bordüre, darauf abgedruckt: das Schwarz-Weiß-Foto einer jungen Frau sowie der Slogan *Le diable au cœur*, den Teufel im Herzen. Die junge Frau berührt das Gesicht auf der Bordüre, liest den Titel: *Bonjour Tristesse*. Sie klemmt sich das Buch unter den Arm, fischt in ihrer Handtasche nach Feuer und Zigaretten und zündet sich eine an. Sie inhaliert tief. Ein Lächeln stiehlt sich auf ihr Gesicht. Mit dem Buch unterm Arm und der Zigarette in der Hand läuft Françoise Sagan los, vorbei am Café *Les Deux Magots*, vorbei an der Assemblée Nationale, in Richtung Seine.[4]

TEIL I

MADEMOISELLE NIEMAND

1950–1954

»Ich möchte nicht
erwachsen sein. Voilà.«[1]

AM 21. JUNI 1935, einem Freitag, findet in Paris ein großer Kongress statt. Geladen haben eine Reihe französischer Schriftsteller*innen, darunter André Malraux und Paul Nizan, denen die Ereignisse im Deutschen Reich Sorgen bereiten. Es sind berechtigte Sorgen, denn auf der anderen Seite des Rheins macht sich das NS-Regime daran, die durch den Versailler Friedensvertrag mühsam verhandelte Nachkriegsordnung zu unterhöhlen: Demokratische Wahlen auf regionaler Ebene sind bereits abgeschafft und durch das sogenannte Führerprinzip ersetzt worden, die Deutsche Reichsmarine heißt jetzt »Kriegsmarine«, und auch eine deutsche Luftwaffe gibt es wieder. Der Nationalsozialismus, das zeigt sich immer mehr, ist eine reale Bedrohung. Und so folgen über 250 Künstler*innen aus aller Welt der Einladung ihrer französischen Kolleg*innen, sich zum *Internationalen Schriftstellerkongress zur Verteidigung der Kultur* zusammenzufinden.

Während man sich in Paris über die politische Rolle und Verpflichtung von Kunst und Literatur austauscht, findet 600 Kilometer von der Hauptstadt entfernt ein Ereignis statt, von dessen literarischer Bedeutung die so leidenschaftlich diskutierenden Schriftsteller*innen, genau wie der Rest der Welt, erst Jahre später erfahren werden. Achtzehn Jahre später, um genau zu sein.

*

An diesem Freitag, den 21. Juni 1935, wird in Cajarc, im Südwesten Frankreichs, eine künftige Schriftstellerin geboren. Ihr Name: Françoise Quoirez. Eigentlich wohnt Familie Quoirez in Paris, in einer großzügig geschnittenen Wohnung auf dem Boulevard Malesherbes am bürgerlich-beschaulichen rechten Ufer der Seine. Doch es ist Familientradition, dass alle Kinder in Marie Quoirez' Heimat Cajarc geboren werden – so auch die jüngste Tochter Françoise. Cajarc, das ist ein von Felsen eingerahmter mittelalterlicher Ort, der zum Zeitpunkt von Françoises Geburt knapp über 1000 Einwohner*innen zählte. Die nächste Stadt, Cahors, ist 50 Kilometer entfernt, bis zur nächstgrößeren Stadt Toulouse sind es über 100 Kilometer. In den Gassen und Straßen von Cajarc reihen sich pittoreske Häuser aneinander, auch Reste einer Befestigungsanlage aus dem 13. Jahrhundert gehören zum Stadtbild. Hier gehen die Uhren langsamer als in der schnelllebigen französischen Hauptstadt.

*

Die Familie von Marie Quoirez, geborene Laubard, ist nicht reich, aber dank des Besitzes einiger Mühlen und Meiereien in der eher ärmlichen Region rund um Cajarc durchaus wohlhabend. Körperliche Arbeit ist in der Familie allerdings verschrien. Ihr Großvater, so Françoise, habe ein Arbeitsgerät niemals auch nur angefasst.[2] Ganz anders die Familie von Pierre Quoirez, kleinbürgerliche Industrielle aus dem nordfranzösischen Béthune, die verschiedene Zechen, Sägewerke und Fabriken besitzt – von denen aber viele während des Ersten Weltkriegs zerstört worden sind. Pierre machte seinen Abschluss am ingenieurswissenschaftlichen Institut industriel du Nord in Lille, wohl mit dem Ziel, eines Tages die Leitung der Familienbetriebe zu übernehmen. Pierre Quoirez und Marie Laubard lernten sich Anfang der 1920er auf einer Hochzeit in Saint-Germain-en-Laye kennen und heirateten 1923 in Cajarc. Ein Jahr später wurde ihre Tochter Suzanne geboren, 1927 folgte Sohn

Jacques. Ein weiterer Sohn, Maurice, benannt nach Maries im Krieg gefallenen Bruder, starb kurz nach der Geburt. Für die Eltern muss das ein traumatisches Erlebnis gewesen sein, vor ihren Kindern würden sie Maurice später nie erwähnen. Gemäß großbürgerlicher Tradition und um Marie zu entlasten, wurde 1931 Julia Lafon eingestellt, eine junge Frau Anfang zwanzig. Sie ist Haushaltshilfe und Kindermädchen, eine Bezugsperson vor allem für Françoise, die Jüngste.[3]

Pierre und Marie Quoirez, jung und charmant, lieben es, auf Partys zu gehen und bei sich zu Hause große Gesellschaften zu geben. Ein altes Schwarz-Weiß-Foto zeigt ihn im Dreiteiler, mit akkurat gestutztem Schnurrbart, das dunkle Haar elegant pomadiert, und sie mit langem Rock, unter einem Hut hervorlächelnd. Pierre Quoirez verdient als Ingenieur der Compagnie générale de l'électricité (C. G. E.) gut, man kann sich ein angenehmes Leben leisten. Glücklicherweise, denn das Ehepaar Quoirez hat einen teuren Geschmack: »Sie hatten beide Spaß am Feiern, Spaß an schnellen Sportwagen. Sie fuhren mit voller Geschwindigkeit auf den Straßen spazieren.«[4] Man versagt sich nichts und verbringt die Wochenenden gerne außerhalb von Paris, beispielsweise in Deauville. Die Kinder werden derweil in der Obhut Julia Lafons zurückgelassen, die für sie kocht und sich vor allem um Nesthäkchen Françoise kümmert. Fast täglich gehen sie gemeinsam in einen nahegelegenen Park. Die Eltern Quoirez verlassen sich auf Julia Lafon und genießen die vielen Auszeiten, die sie sich dadurch vom Familienleben nehmen können.[5]

Ihr Vater ist laut Françoise »einer der witzigsten und originellsten Menschen, die ich getroffen habe«[6]. Da gibt es zum Beispiel die Anekdote, wie Pierre Quoirez einmal zu spät zum Abendessen kam und beschloss, einen ganz besonderen Auftritt hinzulegen. Schwungvoll stürmte er ins Esszimmer und rief: »Ich komme, im Galopp … im Galopp!« Als er vor sich nur konsternierte und überraschte Gesichter sah, dämmerte ihm, dass er sich wohl in der Etage vertan hatte. Aber ein Pierre Quoirez verzagt nicht. Er trat den Rückzug an und rief dazu: »Ich gehe wieder, im Galopp … im Galopp!«[7] In der Familie und im Bekanntenkreis wird Pierre Quoirez dafür geschätzt, nie seine Gelassenheit und Beherrschung zu verlieren. Er ist ein Freigeist, liebt es, zu provozieren, sagt stets seine Meinung und hat vor nichts und niemandem Angst – schon gar nicht vor dem, was andere über ihn denken.[8] Aber: So brillant und unterhaltsam Pierre Quoirez auch ist, so verletzend und zynisch kann er sein. Sein Humor verwandelt sich dann blitzschnell in triefenden Sarkasmus, begleitet von ätzenden Bemerkungen, die genau da treffen, wo es am meisten wehtut. Seine Kinder Suzanne und Jacques behandelt Pierre Quoirez oft herablassend, gibt sich autoritär und cholerisch. Seine älteste Tochter hält Pierre Quoirez für nicht besonders intelligent, seinen Sohn für einen Taugenichts – und das lässt er die beiden auch spüren.[9] Françoise, sein Nesthäkchen, hingegen überschüttet Pierre Quoirez seit ihrer frühesten Kindheit mit Zuneigung und Aufmerksamkeit. Seine »Kiki« darf ihn sogar, ein einzigartiges Privileg, duzen.[10] Sie wird verhätschelt und verwöhnt, mit ihr ist Pierre Quoirez nachsichtig und zärtlich. Kein Wunder, dass er für Françoise stets eine Art Held sein wird.

Marie Quoirez ihrerseits ist »kultiviert und geistesabwesend«[11]. Oft hat sie den Kopf in den Wolken, wirkt zerstreut und ist mehr mit der Planung einer Abendgesellschaft beschäftigt als mit dem Familienalltag. Eine nur schwer zu fassende Person, mondän, frivol, ein bisschen verrückt – aber meistens fröhlich.[12] Für Françoise ist sie »eine charmante Freundin. Sie ist zärtlich, schamhaft und hat einen Sinn für alles Komische.«[13] Letzteren teilt sie mit Ehemann Pierre. Trotzdem streiten die beiden oft, was bei den Quoirez jedoch zur ehelichen Harmonie beiträgt: »Sie verstanden sich nicht gut, außer, wenn sie sich stritten. Kurz gesagt, in dem Moment, wo sie ihre Verschiedenheit bewiesen, schätzten sie sich noch mehr.«[14]

Jedes Jahr verbringt die Familie einen Teil des Sommers bei der Großmutter mütterlicherseits in Cajarc. In Françoises Erinnerungen mischen sich Farben und Gerüche mit Augenblicken und Szenerien: ein sprudelnder Schaumwein, den der Vater auf dem Jahrmarkt gewonnen hat; Versteckspiele in leerstehenden Häusern; die Weinlese im Herbst und der Geschmack des zuckrigen Weinmosts. Im Sommer ist es in Cajarc heiß und trocken, die drückende Hitze entlädt sich regelmäßig in heftigen Gewittern. Diese wilde, unzähmbare Natur beeindruckt Françoise, prägt sie – als Erwachsene wird es sie immer wieder raus aus Paris und hinein ins Freie ziehen, ans Meer, in die Normandie. In Cajarc gibt es Raum zum Atmen, Weite, Leere.[15]

*

Françoise hat in der Idylle Cajarcs gerade ihren vierten Geburtstag gefeiert, als Frankreich Deutschland den Krieg erklärt. Marie Quoirez hört im Radio die Nachricht und fängt prompt an zu weinen. Françoise, die nicht versteht, warum ihre Mutter so traurig ist, wird von Bruder Jacques aufgeklärt: »Es ist, weil Frankreich bedroht wird.«[16] Im ganzen Land bricht Panik aus, auch bei Familie Quoirez. Pierre und Marie lassen die drei Kinder bei der Großmutter in Cajarc, während sie selbst nach Paris fahren, um einige Habseligkeiten zu holen. Der Familienlegende nach handelte es sich bei besagten Habseligkeiten vor allem um die umfangreiche und exklusive Hutsammlung von Mama Marie, die diese keinesfalls zur Kriegsbeute werden lassen wollte.[17] Die Hüte erfolgreich in Sicherheit gebracht, kehren Mama und Papa Quoirez aus Paris nach Cajarc zurück. Zusammen mit ihren Kindern lassen sie sich im nahegelegenen Cahors nieder, damit Jacques und Suzanne das dortige Gymnasium besuchen können.[18] In Cahors erleben sie, wie Frankreich monatelang im sogenannten Sitzkrieg ausharrt, man spricht von der *drôle de guerre*, dem seltsamen Krieg. Pierre Quoirez wird an die Maginot-Linie eingezogen: ein aus Bunkern bestehendes Verteidigungssystem entlang der französischen Grenze zu Belgien, Luxemburg, Deutschland und Italien. Die Familie ist verunsichert und voller Sorge. Was wird mit Papa Pierre geschehen? Ist er in Gefahr? Wird er je zurückkehren?

Am 14. Juni 1940 besetzen die deutschen Truppen Paris, welches zu diesem Zeitpunkt bereits von zwei Dritteln der Bewohner*innen verlassen worden ist. Insgesamt befinden sich über acht Millionen Französ*innen auf der Flucht, in überladenen Autos, auf Fahrrädern oder nur mit ein paar Habseligkeiten unterm Arm – für viele ein traumatisches Erlebnis, denn begleitet wird die Flucht von den Kugeln deutscher Kampfflugzeuge, von Tod und Verzweiflung.[19] Der Ministerpräsident Paul Reynaud tritt zurück und Marschall Philippe Pétain wird mit der Regierungsbildung beauftragt. Mit dem am 22. Juni unterzeichneten Waffenstillstand fügt sich Frankreich Hitlers Bedingungen, der Norden und Westen des Landes fallen als *zone occupée* unter deutsche Besatzung. Charles de Gaulle, Brigadegeneral und ehemaliger Schützling Pétains, lehnt den Waffenstillstand ab und setzt nach Großbritannien über. Von dort lanciert er seinen Appell: »Muss alle Hoffnung schwinden? Ist die Niederlage endgültig? Nein! […] Was auch immer geschieht, die Flamme des französischen Widerstands soll nicht mehr erlöschen und wird nicht erlöschen.«[20] Innerhalb weniger Wochen ist das politische System der Dritten Französischen Republik in sich zusammengebrochen. Pétain gründet in der freien Zone, in Vichy, den État français, der mit Hitler-Deutschland kollaboriert. Vielen Französ*innen erscheint das als die einzige Lösung: Pétain, ein gefeierter Nationalheld, der sich während des Ersten Weltkriegs um sein Vaterland verdient gemacht hatte, wird schon im besten Interesse Frankreichs handeln.[21]

Die französische Kapitulation bedeutet, dass Pierre Quoirez nach nur zehn Monaten aus dem Kriegsdienst entlassen und nach Hause geschickt wird. Anders als viele Kinder und Jugendliche erlebt Françoise den Krieg also in Anwesenheit beider Eltern, und Marie Quoirez muss nicht täglich damit rechnen, zur Witwe und alleinerziehenden Mutter gemacht zu werden. Die wiedervereinte Familie Quoirez zieht im Herbst 1940 nach Lyon um. Ihr Vater, so Françoise, habe keine Lust gehabt, im besetzten Paris »den ganzen Tag die Deutschen zu sehen«[22]. Eine fundierte politische Haltung hat man im Hause Quoirez nicht wirklich. Pierre Quoirez besteht einzig darauf, seine Stimme nicht der kommunistischen Partei zu geben, Marie Quoirez wählt, entsprechend der Familientradition, rechts.[23] Die damalige politische Nicht-Haltung der Quoirez entspricht allgemein der des französischen Bürgertums: Man ist mehr oder weniger antisemitisch, ohne jedoch Hitlers Rassenideologie gutzuheißen, unterstützt heute Pétain, morgen de Gaulle – je nachdem, aus welcher politischen Richtung der Wind gerade weht.[24] Jacques besucht in Lyon eine Jesuitenschule, Suzanne hat sich für ein Kunststudium entschieden. Françoise, das Nesthäkchen, wird in die Schule Cours de la Tour Pitra geschickt. Lernen tut sie dort nicht viel, was vor allem an den ständigen Bombenwarnungen liegt, die den Unterricht unterbrechen. Wie die anderen Schülerinnen singt Françoise brav Loblieder auf Marschall Pétain, den Retter Frankreichs: »Maréchal, nous voilà, devant toi le saveur de la France.«[25] Die Eltern Quoirez haben im nahegelegenen Saint-Marcellin ein Wochenendhaus namens *La Fusillère* gemietet, wohin die Familie sich immer öfter zurückzieht. Die allgemeine Stimmung ist gedrückt, aber Pierre Quoirez gibt sich Mühe, so etwas wie Heiterkeit in den Alltag zu bringen. Um seiner Familie eine Freude zu machen, besorgt er eines Tages ein Perlhuhn – eine richtige Delikatesse, gerade in kargen Kriegszeiten. Als er mit seiner Beute zurückkehrt, stehen Frau und Kinder aufgereiht vor *La Fusillère*, bereit, den großen Helden zu empfangen. Mit einer feierlichen Geste öffnet Pierre Quoirez den Kofferraum und verkündet stolz: »Schaut, was ich gefunden habe.« Und das Perlhuhn, die Haxen zusammengebunden, erhebt sich in den Himmel und fliegt davon. Stille. Pierre Quoirez schließt den Kofferraum und geht wortlos ins Haus, Marie und die Kinder folgen ihm: »Wir haben über diese Geschichte zwanzig Jahre lang gelacht.«[26]

Der Krieg ist für Kinder eine seltsame Zeit. Die Schriftstellerin Flora Groult, Jahrgang 1924, schreibt in dem zusammen mit ihrer älteren Schwester Benoîte Groult »vierhändig« verfassten Kriegstagebuch: »Am liebsten möchte ich nur noch Trübsal blasen. Ich finde es ungerecht, dass der Krieg mir meine Jugend nimmt.«[27] Die Kriegsgeneration wächst in dem Bewusstsein auf, dass sich alles ständig ändern kann, das Leben eine Aneinanderreihung von Unwägbarkeiten und Eventualitäten ist. Für Françoise fühlt sich der Krieg jedoch wie nie endende Ferien an. Oder wie ein großes Spiel – allerdings eines mit unklaren Regeln.[28] Oft langweilt Françoise sich furchtbar, jeder Tag ist gleich. Suzanne und Jacques sind mit Studium und Schule beschäftigt, Papa Pierre kümmert sich um seine Arbeit, Mama Marie versucht, den täglichen Bedürfnissen ihrer Familie nachzukommen, und veranstaltet in Lyon große Abendgesellschaften. Trotz Langeweile und Unsicherheit hat Françoise großes Glück, den Krieg in Anwesenheit beider Eltern und ohne existenzielle Nöte zu verbringen. Dass dies keine Selbstverständlichkeit ist, wird sie später immer wieder feststellen, wenn ihre Freundinnen von deren Kindheit erzählen.

*

Einzelne Episoden stechen aus dem grauen Einerlei des Kriegsalltags hervor, Françoise kann sich Jahrzehnte später noch an sie erinnern. So taucht irgendwann, 1940, ein junger Mann bei den Quoirez in *La Fusillère* auf, der von sich selbst behauptet, ein Résistance-Kämpfer zu sein. Pierre Quoirez ist nicht zu Hause, und als der Mann darum bittet, seinen Lieferwagen abstellen zu dürfen, weil die Deutschen im Anmarsch seien, antwortet Marie Quoirez fröhlich: »Natürlich!« Sie fragt nicht nach, was sich in dem Wagen befindet. Abends, beim Familienessen, fällt ihr wieder ein, dass draußen ein Lieferwagen mit unbekanntem Inhalt steht. Pierre Quoirez, misstrauisch, begibt sich nach draußen und schaut nach. Und siehe da: Der Wagen ist voller Waffen! Pierre Quoirez handelt sofort und fährt den Wagen wutschnaubend in ein abgelegenes Feld. Kurze Zeit später stehen die Deutschen vor der Tür: Drei ihrer Offiziere seien auf offener Straße getötet worden. Sie durchsuchen das Haus, die Garage, alles. Familie Quoirez steht draußen aufgereiht, mit dem Rücken an der Mauer, wie die anderen Einwohner*innen von Saint-Marcellin auch, zitternd vor Angst. Doch die Deutschen finden nichts und ziehen ab. Hat der junge Mann seinen Wagen bei den Quoirez geparkt, um diese verdächtig zu machen? Handelt er im Auftrag der Deutschen? Der Verdacht liegt nahe. Vielleicht ist er aber auch einfach nur leichtsinnig und unbedacht (und damit kein großer Gewinn für die Résistance). So oder so: Es dauert nicht lange, bis der angebliche Résistance-Kämpfer wieder auftaucht und sich seelenruhig nach seinem Lastwagen erkundigt. Statt auf die gutgläubige Marie trifft er

diesmal auf einen erbosten Pierre, der ihn ordentlich verprü-
gelt. Françoise kommt sich vor wie in einem Western: »Das
sind Erinnerungen, die bleiben, weil Gewalt für Kinder übrigens immer bizarr, extravagant, unanständig ist.«[29]

Eine andere einprägsame Erinnerung ist die vom Bad im
Teich. Seit 1941 wird die Gegend rund um Lyon zunehmend ge-
fährlicher, weil die Stadt zum Zentrum der französischen Wi-
derstandsbewegung in der freien Zone geworden ist.[30] Immer
öfter greifen die Deutschen an, immer öfter fallen Bomben.
Françoise, ihre Mutter und ihre Schwester sind gerade dabei, in
einem Teich zu schwimmen, als sich deutsche Flieger nähern
und mit dem Bombardement beginnen. Die Frauen kehren sofort zum Ufer zurück und trocknen sich hektisch ab – da feuert
ein deutsches Militärflugzeug direkt auf sie: »Wir sind wie die
Karnickel gerannt; ich sah das Gras, das in alle Richtungen
spritzte. Nun, meiner Mutter fiel nichts Besseres zu rufen ein
als: ›Suzanne, ich bitte dich, zieh dich an. Ich bitte dich, zieh
dich an. Du wirst auf keinen Fall so herumspazieren!‹«[31]

Drei Jahre später, drei nahezu endlose Jahre später, ist der
Krieg zu Ende. Am 6. Juni 1944 landen die alliierten Truppen in
der Normandie, am 25. August wird Paris befreit. De Gaulle,
der am selben Tag triumphierend dorthin zurückkehrt, wendet
sich vor dem Rathaus in einer kurzen, historischen Rede ans
französische Volk:

> »Paris! Paris verleumdet! Paris zerbrochen! Paris gefoltert!
> Aber, Paris befreit! Befreit durch sich selbst, befreit durch
> sein Volk mit der Unterstützung der Armeen Frankreichs,
> mit dem Zuspruch und der Hilfe von ganz Frankreich, des
> kämpfenden Frankreich, des einzigen Frankreich, des wah-
> ren Frankreich, des ewigen Frankreich.«[32]

Es ist der Moment, der den Mythos besiegelt – den Mythos der siegreichen Résistance, den Mythos, Frankreich habe sich aus eigener Kraft von Unterdrückung und Besatzung befreit.[33] Françoise erinnert sich lebhaft an das Eintreffen der amerikanischen Truppen in Saint-Marcellin nach Kriegsende: »Blonde Gentlemen, alle gebräunt, sind eines schönen Tages in Panzern bei uns aufgekreuzt. Das Wetter war so was von schön.«[34] Große Euphorie überall, die jedoch bald von Szenen des Grauens durchzogen werden soll. Unter die Bilder von glücklichen Französ*innen und blonden Amerikanern mischen sich bald auch andere. Für viele Menschen ist jetzt, nach der Befreiung, die Stunde der Abrechnung gekommen – Abrechnung mit denen, die der Besatzungsmacht Deutschland zu nahe gestanden hatten. Zwischen 3000 und 9000 Personen werden im Namen der *épuration,* der Säuberung, spontan getötet oder standesgerichtlich verurteilt und dann umgebracht. Der kollektive Zorn richtet sich insbesondere gegen solche Frauen, denen man vorwirft, sexuelle Beziehungen mit deutschen Soldaten gehabt zu haben.[35] Die Schauspielerin Arletty, die im kurz vor Kriegsende angelaufenen Filmklassiker *Kinder des Olymp* eine Hauptrolle spielt, hatte eine Beziehung mit dem deutschen Luftwaffenoffizier Hans-Jürgen Soehring und verbringt zwei Monate als vermeintliche Kollaborateurin im Gefängnis. Was solle sie machen, so Arletty unverblümt: Ihr Herz sei zwar französisch, ihr Hintern aber international.[36] Mehrere Jahre lang erhält sie keine neuen Rollenangebote mehr – im Vergleich zu anderen vermeintlichen Kollaborateurinnen eine milde Strafe. Auf der Straße begegnen Françoise und ihre Mutter einer Frau mit abrasierten Haaren, die wie ein Hund herumgeführt wird. Marie Quoirez ist empört: »Wie können Sie das tun? Das ist beschämend. Sie verhalten sich wie die Deutschen.«[37] Françoise, deren Weltsicht bisher aus der schlichten Einteilung in böses Deutschland, gutes Frankreich bestanden hatte, erkennt nun, dass die Realität um einiges komplexer ist: »Das war das erste Mal, dass das Gute mir mehrdeutiger erschien, als ich mir jemals vorgestellt hatte.«[38] Kurz nach dem offiziellen Kriegsende, 1945 oder 1946, schaut sich Françoise zusammen mit Julia Lafon in Saint-Marcellin einen Film im Kino an: *In Old Chicago*, mit Frauenschwarm Tyrone Power. Vor dem Film werden die Nachrichten gezeigt, und da sind sie – die Bilder aus den Konzentrationslagern. Françoise sieht das ganze Elend, Leichenteile, die zusammengeschoben werden. Ein Schock. Zu Hause fragt sie ihre Mutter ungläubig, ob das, was sie gerade gesehen hat, wahr sei. Ja.[39] Françoise hat Albträume, überall sind die Eindrücke aus den Konzentrationslagern: »Es war Dachau, seine Bulldozer, seine Leichen, all das, was mich jetzt jedesmal nötigt, bei der geringsten antisemitischen Äußerung vom Tisch aufzustehen, gewisse Formen der Konversation und selbst gewisse Zynismen nicht ertragen zu können.«[40] Es ist der Augenblick, in dem Françoise sich – so zumindest erzählt sie es rückblickend – schwört: Nie wieder.

*

Familie Quoirez ist den schlimmsten Traumata des Krieges entkommen. Nach dem Krieg kehrt sie zurück nach Paris, in ein trauriges, graues Paris: Die Spuren des Krieges, der deutschen Besatzung, sind allgegenwärtig. Insbesondere Françoise fällt es schwer, sich daran zu gewöhnen, nicht mehr von Wiesen und Feldern umgeben zu sein, sondern von Häuserreihen. Die Stadt kommt ihr verletzt und traurig vor.[41] Françoise fehlt die Weite, die Natur – daran ändert auch die große Familienwohnung nichts.[42] Doch das Leben, so der Plan, soll nun wieder seinen geregelten Gang gehen. Für Françoise bedeutet das, wieder regelmäßig (und nicht unterbrochen von Bombenalarmen) die

Schule zu besuchen, ihre Tage und Wochen nach dem Rhythmus des Stundenplans einzuteilen.

Doch die Schule bringt nicht die erhoffte Ruhe in Françoises Leben. Stattdessen zeigt sich schon bald: Françoise und Schule, das sind zwei Dinge, die einfach nicht zusammenpassen: »Ich war [...] schüchtern, stammelnd, von allem eingeschüchtert, wie versteinert und in Furcht und Schrecken angesichts eines Lehrers; was sich später dann in einer völligen Unvereinbarkeit mit der weiterführenden Schule äußern sollte.«[43] Später wird aus dieser Schockstarre offene und lustvolle Rebellion. Françoises Eltern, Pierre und Marie Quoirez, treibt das zur Verzweiflung, zumal Françoise keine schlechte Schülerin ist, in ihrem Lieblingsfach Französisch sogar sehr gute Noten hat. Doch sie widersetzt sich mit Leidenschaft den strengen und, in ihren Augen, oft willkürlichen Regeln der Schule. Ihre Mitschülerinnen unterhält sie mit frechen Antworten und kleinen Scherzen, die das Lehrpersonal oft so gar nicht zum Lachen findet. Schon früh beginnt Françoise, ihre Unabhängigkeit wie einen Muskel zu trainieren.[44]

Anekdoten über Mademoiselle Quoirez' schulische Kapriolen gibt es reichlich. Als Kulisse dafür dienen die katholischen Privatschulen, auf die Pierre und Marie Quoirez ihre jüngste Tochter schicken – nicht, weil sie besonders religiös sind, sondern weil es zu den großbürgerlichen Gepflogenheiten gehört. Die erste Anekdote stammt von 1949, als Françoise die katholische Privatschule Cours Louise-de-Bettignies besucht, nur wenige Meter von der elterlichen Wohnung entfernt. Françoise, der eigenen Einschätzung nach »ziemlich teuflisch«[45], fordert mit ihrem Temperament, ihrer spitzbübischen Art, ihrem belustigt-spöttischen Blick Lehrer*innen sowie geltende Konventionen strenger Regeln und Disziplin heraus.[46] Hinzu kommt, dass Françoise schon damals schneller denkt, als sie sprechen kann. Ihre schulischen Probleme resultieren auch daraus, aus diesem »zu schnell«, aus dem ewigen Warten auf alle anderen und dem damit einhergehenden Gefühl der Langeweile. Vielleicht auch daraus, dass Françoise es von zu Hause aus gewohnt ist, von Erwachsenen als gleichwertige Gesprächspartnerin akzeptiert zu werden – in der Schule hingegen ist sie nur ein Kind und wird auch so behandelt.

Wenige Monate vor Beginn der Sommerferien wird die aufsässige 13-Jährige schließlich der Schule verwiesen. Der Grund: Françoise hatte eine Molière-Büste mit einer Kordel um den Hals an einer Tür aufgehängt. Einfach deshalb, weil sie sich in einer Unterrichtsstunde über den Dramatiker ganz besonders gelangweilt hatte. Aus lauter Angst, ihren Eltern den Rausschmiss zu gestehen, tut Françoise für den Rest des Schuljahres, ganze drei Monate lang, so, als sei nichts passiert. Sie steht morgens zur gewohnten Zeit »mit geschäftiger Mine«[47] auf und schlüpft in ihre Kleider, nach Maß gefertigt und in den elegantesten Boutiquen gekauft, was Françoise jedoch nicht dazu bringt, sorgfältig mit ihnen umzugehen.[48] Dann verlässt sie das Haus, um zur Schule zu gehen. Zumindest denken das ihre Eltern. In Wahrheit streift Françoise durch das frühlingshafte Paris. Sie nimmt den Bus bis zur Place de la Concorde, steigt aus, läuft ein Stück und lässt sich dann an der immer gleichen Stelle zum Lesen nieder. Manchmal bummelt sie durch das belebte Marais-Viertel, bewegt sich als Flaneurin durch die proust'sche »Stadtschaft«.[49] Zurück geht es wieder mit dem Bus, die Schultasche artig dabei. Pierre und Marie Quoirez sind verwundert, als sie am Anfang der Sommerferien kein Zeugnis für ihre Tochter erhalten. Die gibt sich unschuldig: Sie wisse auch nicht, woran das läge. »Bist du denn für das nächste Schuljahr zugelassen?«, fragt die Mutter, und Françoise antwortet: »Natürlich.« Sie will ihre Ruhe haben, die Ferien genießen, ohne sich ständig

Vorwürfe von ihren Eltern anhören zu müssen. Der richtige Zeitpunkt für das Geständnis wird schon noch kommen. Doch als im September die Schule wieder losgeht, hat Françoise es immer noch nicht geschafft, ihren Eltern die Wahrheit zu sagen. Wie gewohnt, und von Kopf bis Fuß zitternd, macht sie sich auf den Weg zum Cours Louise-de-Bettignies, wo man angesichts ihres Erscheinens überrascht und irritiert ist: »Was machen Sie hier?« Françoise kehrt nach Hause zurück und erklärt ihrem Vater mit gespieltem Erstaunen, »scheinbar« sei sie nicht zum neuen Schuljahr zugelassen, woraufhin Pierre Quoirez in der Schule anruft und eine Szene macht.[50] Françoise triumphiert – schon bald ist die ganze Affäre vergessen. Die Eltern sehen in dem unerfreulichen Vorfall nichts Dramatisches, sondern vielmehr einen Ausdruck von Françoises charmant-aufsässiger Persönlichkeit.[51] Man begegnet ihr mit Nachsicht, drückt ein Auge zu. Man konnte ihr noch nie böse sein. Françoises ältere Geschwister, Suzanne und Jacques, wären bei einem ähnlichen Vergehen kaum mit solcher Milde behandelt worden.

Schulbesuch, nächster Versuch. Im Oktober 1949 wird Françoise auf die katholische Schule Couvent des Oiseaux geschickt. Auch hier hält sie es nicht lange aus. Nach drei Monaten fliegt sie, der Grund diesmal: Mangel an »gereifter Geistigkeit«[52]. Was war passiert? Nun, Françoise hatte beschlossen, in der Schule den Dichter Jacques Prévert auswendig zu zitieren:

> »Vater unser, der du bist im Himmel
> bleib ruhig dort
> Wir bleiben auf der Erde
> bisweilen ein so schöner Ort.«[53]

Solch blasphemisches Verhalten wird am Couvent des Oiseaux selbstverständlich nicht toleriert. Françoise macht ihr erneuter

Schulverweis wenig aus, die strenge Einrichtung hatte sie schon seit langem angeödet:

> »Wenn ich morgens um sieben zur ersten Messe erschien, jeden Mittwoch, traf ich die Nachtschwärmer, all die Feierwütigen der Rue de Berry und der Rue de Ponthieu, mehr oder weniger schön eingerichtet in den Abfalleimern, mit Champagnerflaschen und im Smoking, sehr Scott Fitzgerald, und ich sagte mir: ›Meine Güte! Sie amüsieren sich sehr viel mehr als ich!‹ Sie lachten laut, sprachen davon, was sie im Laufe des Tages machen würden, von Reitstunden, von was auch immer, und ich, ich musste dem Religionsunterricht folgen, der vier Stunden dauerte! Ich sagte mir: ›Das ist ungerecht.‹«[54]

Hinzu kommt, dass Françoise zu diesem Zeitpunkt längst ihren katholischen Glauben verloren hat, mit dem sie aufgewachsen ist. Grund dafür war ein Besuch der Pilgerstätte Lourdes, der bei Françoise eine »metaphysische Krise«[55] auslöste: Angesichts eines gleichaltrigen Mädchens, schluchzend auf seiner »wie es schien, letzten Lagerstatt«[56], verspürte Françoise gegenüber dem angeblich allmächtigen Gott, der dies zuließ, nur noch Abneigung: »[I]ch hatte ihn in großer Empörung und ehrlichem Zorn aus meinem Leben gestrichen […].«[57] Gott, stellte Françoise fest, mochte für einige eine Lösung sein – aber nicht für sie. Die Lektüre atheistischer Autoren wie Jean-Paul Sartre, Albert Camus und Prévert bestärkte sie in dieser Überzeugung,[58] und so tauschte Françoise Gott gegen eine selbst kreierte hedonistische Lebensphilosophie, die ohne strenge Moral oder Vorschriften auskommt.

*

Am Cours Hattemer, auf den die Eltern Quoirez ihre Tochter als nächstes schicken, herrscht zu Françoises Entzücken »Heiterkeit auf Erden«[59]: wenig Arbeit und ein charmanter Schulweg, der über die Rue de Londres führt, wo sich Gruppen junger Leute treffen. Doch das Beste an der neuen Schule ist für Françoise die Freundschaft mit Florence Malraux – Tochter des berühmten Romanciers André Malraux und seiner ersten Frau Clara Goldschmidt.

Florence' Eltern heirateten 1921. Das Paar verkehrte in Pariser Bohème-Kreisen, reiste gemeinsam und hatte literarische Ambitionen: Sie arbeitete als Journalistin und übersetzte 1922 Virginia Woolfs Essay *Ein eigenes Zimmer* ins Französische, er veröffentlichte ab 1926 Essays und Romane. Als 1933 Florence geboren wurde, war Clara in der Ehe schon länger nicht mehr glücklich. André galt als Genie und gefiel sich in der Rolle, bastelte an seinem Mythos. Clara, die fand, ihr Mann habe ihr viel zu verdanken, weigerte sich, neben ihm eine bloße Statistinnenrolle zu übernehmen. Das Paar trennte sich 1937, die Scheidung erfolgte jedoch erst zehn Jahre später – auch deshalb, weil André Clara, die jüdische Wurzeln hatte, schützen wollte. Florence wuchs fortan bei ihrer Mutter auf, ihr politisch engagierter Vater war meistens abwesend. Florence gewöhnte sich an die Gefühlsausbrüche ihrer Mutter und nahm hin, dass ihr Vater ein außergewöhnlicher Mann war, überlebensgroß.[60] Ab 1940 lebten Clara und Florence im französischen Südwesten, in der freien Zone. In Toulouse, Montauban und Marseille war Clara in der Résistance aktiv, ein Milieu, in dem Florence sich wohlfühlte: »Diese Komplizenschaft machte mich stolz: Ich war kein Trottel wie die anderen.«[61] Heimlich kehrten Mutter und Tochter nach Paris zurück, wo nun auch Florence eine *résistante* wurde und falsche Papiere zwischen Montauban und Paris schmuggelte. Kurz vor der Befreiung wurde Claras Widerstands-Netzwerk von der Gestapo aufgedeckt, ihr Lebenspartner Jean erst gefoltert, dann erschossen. Florence hatte panische Angst um ihre Mutter, Angst um sich selbst. Und das zu Recht: Bei einer Zugkontrolle konfiszierte die Gestapo 1944 die – schlecht – gefälschten Dokumente von Clara und Florence. Doch dann das: Nach einem kurzen Austausch zwischen den Gestapo-Beamten gaben diese den beiden Frauen ihre Papiere zurück. Clara übersetzte für Florence, was die Beamten auf Deutsch gesagt hatten: »Wir können nicht alle festnehmen. Und das kleine Mädchen ist zu hübsch.«[62] Florence und ihre Mutter Clara überlebten den Krieg. So gerade eben. »Die wichtigste Person in meinem Leben«, sagte Florence später, »ist der Krieg gewesen.«[63] Als junge Frau ist es für sie entscheidend, dass dieses Leben wirklich ihres ist. Sie will nicht nur »Tochter von« sein. Und so ist aus dem Kind Florence eine ruhige junge Frau mit sanfter Präsenz geworden. Jemand, der sich zurückhält, nicht gerne im Mittelpunkt steht und zufrieden mit einem Platz in der zweiten Reihe ist.[64] Trotzdem ist sie ganz das Kind ihrer Eltern: Von Clara lernte sie, dass es sich lohnt, für seine Überzeugungen und Werte zu kämpfen und Geld und Macht mit einer gesunden Portion Skepsis zu begegnen; von André lernte sie, das Leben von einem ästhetischen Standpunkt aus zu betrachten, sich inspirieren zu lassen. Und von beiden hat sie ihren Wissensdurst, ihre Leidenschaft für Kunst und Literatur.[65] Eine Leidenschaft, die sie nun mit Françoise teilt.

In Florence' Erinnerung hat Françoise »ein Verhalten, das so anders war als das der anderen. Außerdem eine fulminante Belesenheit. Eine Art, sich zu bewegen, zu gucken … Nicht von oben herab, aber mit einer solchen Freiheit!«[66] Die beiden jungen Frauen ähneln sich nicht nur äußerlich – mit ihren blonden Kurzhaarfrisuren und dunklen Augen –, auch sonst haben sie viel gemeinsam. Stundenlang können sie über alles Mögliche diskutieren. Wenn ihnen der Sinn nach ein wenig Abenteuer steht, laufen sie Arm in Arm durch Paris, besuchen Jazz-Bars und lassen sich von Françoises Bruder Jacques in das Nachtleben einführen. Doch vor allem eine Leidenschaft eint Françoise und ihre neue Freundin: Bücher. Zwischen den beiden fliegen die literarischen Anspielungen und Namen großer Schriftsteller*innen nur so hin und her, es herrscht eine freundschaftliche Konkurrenz. Françoise hat Proust und Stendhal gelesen, Florence nicht. Dafür kennt Florence sich in der russischen Literatur aus, Françoise hingegen hat noch nie Dostojewski zur Hand genommen.[67] Die beiden Freundinnen verstehen und ergänzen sich prächtig. Françoise, so Florence später, sei einzigartig gewesen, habe etwas Unruhiges, Fiebriges an sich gehabt. Die beiden Freundinnen sollte zeitlebens eine enge Freundschaft verbinden.

*

So wohl sich Françoise – unter anderem dank Florence – am Cours Hattemer fühlt, Lernerfolg ist der mittlerweile 15-Jährigen auch hier nicht beschieden: 1951 fällt sie durch den ersten Teil ihrer Abiturprüfung. Dabei hat Françoise den schriftlichen Teil der Prüfung mit Bravour gemeistert, vor allem dank ihrer guten Noten in Französisch. Auf die Prüfungsfrage »Inwiefern ähnelt die Tragödie dem Leben?« antwortet Françoise mit Überzeugung »In allem« und erhält am Ende 17 von 20 möglichen Punkten, was der Note »sehr gut« entspricht.[68] An ihren Englischkenntnissen aber hapert es gewaltig, sodass Françoise sich während der mündlichen Prüfung verzweifelt dazu hinreißen lässt, Shakespeares *Macbeth* als dramatische Pantomime zu performen: Sie bedroht die Prüferin mit einem imaginären

41

Dolch, läuft mit finsterer Miene um ihren Stuhl herum, schneidet einer Horde von Fantasie-Kindern die Kehle durch … Die gleichermaßen verblüffte wie verängstigte Prüferin gibt der wildgewordenen Schülerin – immerhin! – drei Punkte. Zehn allerdings hätte Françoise gebraucht, um zu bestehen.[69] Die Konsequenz: Françoise wird von ihren Eltern dazu verdonnert, den Sommer in Paris mit Lernen für die Nachprüfung zu verbringen. Eine Strapaze, die sich im darauffolgenden Sommer wiederholen wird.

PARIS IM SOMMER ist eine andere Stadt als Paris im Frühling, Herbst und Winter. Mit dem ersten Tag der *grandes vacances*, der Sommerferien, beginnt der Exodus, der die Bewohner*innen der Hauptstadt aus dieser hinaus in den Rest des Landes spült. Paris entleert sich und verharrt den kompletten August über in einer trägen Stille, nur durchbrochen von den Tourist*innen, die sich auf den Boulevards und in den Cafés herumtreiben, Fotos von Sacré Cœur oder Notre-Dame machen und durch ihre tummelnde Anwesenheit den Eindruck vermitteln, alles sei wie immer. Doch bis zur *rentrée* im September, wenn die Hauptstädter*innen zurückkehren, ist nichts wie immer. Paris macht eine Pause, reckt die Nase der Sonne entgegen und atmet durch.

Der Sommer 1952 ist warm, sehr warm. Frankreich ächzt unter einer Hitzewelle: Am 1. Juli übersteigen die Temperaturen in nahezu allen Regionen die 35-Grad-Marke, in Rouen werden 38 Grad gemessen, in Vichy sind es ganze 41 Grad. In Paris zeigt das Thermometer 39 Grad an.[70] Es sind Temperaturen, die Körper und Geist träge werden lassen. Im August ist es immer noch warm, aber weniger drückend – und das ist gut so, denn Françoise muss sich konzentrieren: Weil Mademoiselle im Juli durch den zweiten Teil ihrer Abiturprüfung gefallen ist, steht für sie im Oktober eine *rattrapage*, eine Nachprüfung, an. Statt Meeresluft zu schnuppern, verbringt sie den August also im Mädchenpensionat Cours Maintenon, wo sie und andere Schülerinnen brav die Nase in Schulbücher stecken.

Lediglich zwei Wochen Ferien sind ihr vergönnt gewesen, bevor sie in die Lernanstalt geschickt wurde. Zwei Wochen, die die 17-Jährige in Gesellschaft ihres Vaters in der elterlichen

Wohnung, Nr. 167 Boulevard Malesherbes, verbracht hat und in denen sie morgens nur mit einem Morgenmantel bekleidet zur Boulangerie um die Ecke gegangen ist, um dort zwei Croissants zu kaufen:

> »Das eine knabbere ich auf dem Rückweg an, auf dem ich lediglich einem Bus begegne, der ebenso leer ist wie die Straße, und einem schlechtrasierten Junggesellen. Das andere gebe ich meinem Vater und verspeise dann mein angefangenes unter seinem vermeintlich strengen Blick – streng, aber auch begeistert von der Herrschaft, die er während der nächsten zwei Wochen über mich ausüben darf.«[71]

Doch diese gemütliche Zweisamkeit ist vorbei und Françoise aus der elterlichen Wohnung in den Cours Maintenon gezogen. Innerhalb weniger Wochen soll sie den verpassten Lernstoff eines ganzen Jahres aufholen. Die Zeit dort empfindet sie als eine Art Gefängnisstrafe – umso mehr, da sich um sie herum ganz Paris genussvoll der sommerlichen Hitze hingibt. Stattdessen heißt es für die Schülerinnen: lernen, lernen, lernen. Besonders schlimm findet Françoise die obligatorischen Spaziergänge nach Unterrichtsende:

> »Abgesehen von den Wochenenden ist unser Pensionat mit den ewigen Spaziergängen in Zweierreihen (in unserem Alter!) durch die Straßen von Passy schauerlich; die einzige Abwechslung ist ab und zu ein Verehrer, der einem auf dem Mofa hinterherfährt. [Ich] kannte […] diese Wanderungen bereits auswendig, die uns von Passy nach La Muette führten, von der Verlegenheit zur Gereiztheit und vom Schritt zum Galopp, denn ich folgte meiner Gruppe immer mit dem größtmöglichen Abstand, woraufhin die Aufpasserin

nach mir pfiff, damit ich einen Schritt zulegte. Also trabte ich los, wie ein Schaf, das zur Herde zurückläuft.«[72]

Der Cours Maintenon befindet sich in einem ruhigen Wohnviertel im Westen der Stadt, am rechten Ufer der Seine. Die Mädchen arbeiten bei drückender Hitze und weit geöffneten Fenstern, die den Blick freigeben auf menschenleere Straßen. Eines Tages schafft Françoise es, unter einem Vorwand dem Rudellauf mit ihren Klassenkameradinnen zu entgehen. Sie dreht ein paar Runden im Hof, lässt sich auf einer Bank nieder, rekelt sich genüsslich, zählt die Bäume und »kostet diese etwas fade Einsamkeit«[73]. Eines frühen Abends, als sie eine Freundin bis draußen vor das Tor des Internats begleitet, schließt der Hausmeister hinter ihr ab – Françoise ist allein, und sie hat eine Stunde, bis ihre Klassenkameradinnen zurückkehren. Sie läuft in Richtung Seine, es ist gar nicht weit, die Straßen fließen zu ihr hin wie steinerne Ströme. Françoise trägt noch ihre Schuluniform, schwarz und voller Tintenflecken, aber das stört sie nicht. Ihr ist eine Stunde geschenkt worden, eine Stunde ganz für sie allein. Gegen 18 Uhr erreicht sie das Ufer der Seine, der Fluss funkelt in Gelb und Blau, die Sonne beginnt langsam zu sinken. Eine Gestalt nähert sich, ein Schatten, die untergehende Sonne im Rücken. Erst als die Gestalt fast bei Françoise angekommen ist, erkennt sie ein Gesicht: ungefähr fünfzig Jahre alt, blaue Augen, unzählige Falten, schöne Hände mit nur leicht verdreckten Nägeln. Der Mann sieht Françoise an, zögert, dann lächelt er. Sie lächelt zurück, und er fragt, ob er sich setzen könne. Er fragt es so weltmännisch, als seien die Seine und ihre Ufer ein Salon und Françoise die *Salonnière*. Françoise ist eingeschüchtert, lächelt aber aufmunternd. Der Fremde fragt sie nicht, was sie, offensichtlich eine Schülerin, abends alleine an der Seine macht. Er bietet ihr eine Zigarette an, zündet sich selbst eine an. Einträchtig rauchend sitzen die beiden nebeneinander. Schweigen. Dann, plötzlich, wendet der Fremde sich Françoise zu: »Sie werden einen der ältesten Lastkähne der Seine vorbeifahren sehen. Ich kenne ihn seit drei Jahren, und seit drei Jahren erstaunt es mich, dass er immer noch fährt.«[74] Françoise interessiert sich nicht für den alten Lastkahn, sie interessiert sich für den Mann neben ihr. Das verwundert sie selbst, findet sie doch normalerweise Bücher spannender als Menschen. Sie fragt den Fremden, ob er lese, und fühlt sich im gleichen Moment dumm, denn aufgrund seines Auftretens und der Tatsache, dass er keiner Arbeit nachzugehen scheint, vermutet sie, dass er ein Stadtstreicher ist und nicht über die finanziellen Mittel verfügt, sich Bücher zu kaufen. Er aber antwortet, dass er sehr viel gelesen habe, und fragt sie, was sie gerade lese. Man unterhält sich angeregt und schon ist es 19 Uhr, Françoise muss zurück ins Internat. Der Fremde sagt, er würde sich freuen, sie am nächsten Tag wiederzusehen, und verspricht, ihr unterhaltsame Dinge zu erzählen über den Autor, von dem sie gerade gesprochen haben – Gustave Flaubert. Françoise weiß nichts über Flaubert, aber »die Vorstellung, dass dieser Stadtstreicher es mir beibringen würde, erschien mir sehr amüsant«[75]. Françoise läuft los, trifft an einer Ecke auf ihre vom täglichen Gruppen-Spaziergang zurückkehrenden Mitschülerinnen und reiht sich unauffällig dort ein. Ihr kleines Abenteuer setzt sie die ganze Woche über fort: Jeden Abend stiehlt sie sich davon und trifft am Flussufer den Stadtstreicher. Man spricht über alles und nichts, raucht und beobachtet die Farbwechsel der Seine.

Eines Abends erklärt der Stadtstreicher Françoise, entscheidend sei das *savoir vivre*, die Kunst, das Leben zu genießen. Zurück im Pensionat überlegt Françoise lange, was das für sie bedeutet: Ganz sicher Freundschaft, Geld, Tanzen, Lachen,

Lesen. Der Stadtstreicher aber hat und tut nichts davon. Was also meint er? Am nächsten Abend regnet es ein wenig, und Françoise rennt den Weg zur Seine, voller Angst, dass ihr neuer Freund nicht gekommen sein könnte. Doch er ist da und sie fragt ihn, was das für ihn bedeutet, *savoir vivre*. Ihr Ton muss sie verraten haben, denn er fängt an zu lachen und es stellt sich heraus, dass der Stadtstreicher gar kein richtiger Stadtstreicher ist. Er hatte eine Frau, Kinder, ein Zuhause. Er hatte einen gutbezahlten Job und fühlte sich trotzdem unerfüllt. Sein Leben verging, in zwanzig Jahren würde er vielleicht tot sein, ohne je etwas anderes getan zu haben, als es zu einem gewissen gesellschaftlichen Ansehen zu bringen. Er kündigte, bekam eine kleine Abfindung und spaziert seitdem durch Paris: »Ich betrachte die Flüsse, die Himmel, ich habe nie etwas zu tun, ich lebe. Ich mache nur das. Das erscheint Ihnen seltsam, nehme ich an.«[76] Françoise erscheint das nicht seltsam, ganz und gar nicht. Ihre Gedanken kreisen darum, dass auch sie sich eines Tages in einem Getriebe befinden wird, ihre Zeit wird ihr genommen werden, der Tod naht, und all das, ohne dass sie etwas gesehen oder verstanden hat. Vielleicht, denkt Françoise, ist das etwas, gegen das man ankämpfen muss. Es ist ihr letzter Abend mit ihrem Freund, dem Nicht-Stadtstreicher – er teilt ihr mit, am nächsten Tag würde er weggehen. Das macht nichts, denn der Stadtstreicher hat seine Rolle erfüllt, er hat Françoise eine wichtige Lektion mitgegeben, vielleicht die wichtigste. Sie rennt zum Pensionat zurück, sie fühlt eine »glückliche Müdigkeit« und den »Geschmack der an mich geklammerten Zeit, wie ein in Zukunft vertrautes Tier«[77]. Sie hat etwas verstanden. Über das Leben im Allgemeinen. Und über ihr Leben im Speziellen.

*

Im Cours Maintenon, diesem »unerbittlichen und frommen Etablissement«[78], freundet Françoise sich mit Véronique Campion an – eine Leidensgenossin, die ihr ihre Zeit dort zumindest ein wenig erträglicher macht. Die blonde Véronique stammt, wie Françoises Vater, aus Béthune und ist von Françoises Mirdoch-egal-Haltung und ihrer Lässigkeit beeindruckt. Als Véronique im Unterricht die vor ihr sitzende Françoise darauf hinweist, dass sie Tinte am Hals habe, zuckt diese nur mit den Achseln: »Das ist doch egal.«[79] Vom ersten konspirativen Blick, den die beiden Mädchen tauschen, ist klar: Hier haben sich zwei gefunden.

Im Cours Maintenon macht Françoise nicht nur Bekanntschaft mit Véronique, sondern auch mit etwas, das sie »die Stärke der Schwäche«[80] nennt. Im Prinzip handelt es sich dabei um ein elaboriertes System, dem Schwimmunterricht im nahegelegenen Hallenbad zu entgehen. Dort tut Françoise in jeder Schwimmstunde so, als sei sie gegen das Chlor im Wasser allergisch, und mimt sehr gekonnt einen Ohnmachtsanfall. Dann dauert es nie lange, bis eine Mitschülerin nach der Lehrerin ruft: »Mademoiselle, Mademoiselle, Mademoiselle Quoirez ist ohnmächtig geworden! Es ist das Chlorwasser: Sie verträgt es nicht.« Aufgrund ihrer angeblichen Allergie vom Schwimmunterricht befreit, macht Françoise es sich im Café nebenan bequem, trinkt Martini und freut sich über ihre geschickt stibitzte Freiheit.[81] Die Episode zeigt Françoises unschlagbares Talent, sich mit kleinen Lügen aus Situationen zu stehlen, die sie aus irgendeinem Grund als unangenehm empfindet oder auf die sie schlicht keine Lust hat. Es ist für sie eine Art der Rebellion. Und die richtet sich gegenwärtig gegen die Welt der Erwachsenen, oder vielmehr dagegen, dass sie ihr – noch – nicht angehören darf, obwohl sie sich ihr längst zugehörig fühlt. Das Dilemma einer Frühreifen. Es macht sie, auf eine gewisse Art, zur Außenseiterin. Ihr ganzes Leben lang wird Françoise sich entweder wie eine kleine Erwachsene oder wie ein großes Kind vorkommen:

> »Entweder war ich zu Beginn fälschlicherweise erwachsen, oder ich bin beim Aufwachsen in der Kindheit verblieben. Daraus folgt, dass es bestimmte Erwachsenen-Werte gibt, welche ich niemals verstehe und die ich niemals verstehen werde – ohne Zweifel. Ich habe nie das Gefühl einer Zäsur zwischen meiner Kindheit und meinem Erwachsenenleben gehabt, und das hat mich oft außergewöhnlich verlegen gemacht.«[82]

Sie ist, schon früh, eine ewige Kindfrau, die die Vorteile des Erwachsenseins auskosten will – Auto fahren, Alkohol trinken, niemanden um Erlaubnis fragen müssen –, ohne sich mit den damit einhergehenden Verpflichtungen herumschlagen oder ein gewisses kindisches Verhalten aufgeben zu müssen.

ANFANG SEPTEMBER KEHRT *tout Paris* in die Hauptstadt zurück und bringt mit sich einen Geruch nach Meer, Sonne und gebräunter Haut. Françoise verlässt, endlich, den verhassten Cours Maintenon. Immerhin: Der Lernstress hat sich gelohnt, die Nachprüfung im Oktober besteht sie diesmal ohne Probleme. Sie hat ihr Abitur in der Tasche, und die Zukunft liegt wie ein leeres Blatt Papier vor ihr. Was nun? Françoise entscheidet sich für ein Studium und schreibt sich an der Sorbonne für Literaturwissenschaft und Philosophie ein. Das französische Unisystem sieht vor, dass sie am Ende des ersten Studienjahres ein obligatorisches *certificat propédeutique* erwirbt, eine Art Zeugnis, das ihr die Eignung für das weitere Studium attestiert. Daran mag Françoise jetzt aber noch nicht denken. Sie nutzt ihre neu gewonnene Autonomie, um zusammen mit ihrem Bruder Jacques die Clubs und Bars von Saint-Germain-des-Prés und Montparnasse unsicher zu machen, oft und gerne in Begleitung von Jacques' Kumpeln, Florence, Véronique oder Bruno Morel, den Françoise noch aus ihrer Kindheit in Saint-Marcellin kennt.

*

Dem 25-jährigen Jacques Quoirez ist die Verwandtschaft mit Françoise aufgrund der dunklen und recht buschigen Augenbrauen direkt anzusehen. Er arbeitet – irgendetwas mit PR –, hat aber, wie seine Schwester, die Tendenz zur genussvoll zelebrierten Faulheit und Muße. Mit seiner Ex-Frau, einer Engländerin, hat er eine Tochter, um die sich hauptsächlich die gute Seele im Hause Quoirez, Julia Lafon, kümmert. Nach der Trennung hat Jacques ohne Umschweife und so, wie es nur Männern vergönnt ist, sein voreheliches Junggesellenleben wieder aufgenommen und lässt sich nun mit seiner kleinen Schwester durch die Pariser Nächte treiben.[83] Für Françoise ist er ihr *partner in crime*, ihr Spiegel, der Mensch, der sie am besten kennt, und der Mann, den sie, abgesehen von ihrem Vater, am meisten auf der Welt liebt. Wie Françoise mag Jacques starken Alkohol – er zieht einen guten Whisky jedem Bier vor –, den Geschmack von Zigaretten und durchwachten Nächten, von Frivolität und Freiheit. Françoise sieht in ihrem Bruder einen Mentor, jemanden, der ihr beibringen kann, wie das geht: das gute Leben. Bruder und Schwester verbindet eine schelmische Komplizenschaft, bei ihren Freund*innen sind sie berühmt-berüchtigt für ihre Scherze und Streiche. Sie schenken dem jeweils anderen Whisky nach, reichen ihm eine Zigarette, taumeln an seiner Seite in den frühen Morgenstunden aus einer Bar. Sie halten zusammen.

*

Die Eltern Quoirez lassen ihre jüngste Tochter meistens in Ruhe und versuchen nur gelegentlich, erzieherisch auf sie einzuwirken – eher inkonsequent und mit geringem Erfolg:

»[Ich] begann zu allerlei Spontanpartys zu gehen, die meine Eltern mir ohne jedes erkennbare Kriterium gestatteten oder verboten. […] Ich erinnere mich noch, wie ein junger Mann – ein ziemlich langweiliger Kerl, übrigens – von meinem Vater, der sich plötzlich aufführte wie ein Haremswächter oder eine Figur von Feydeau, barsch an der Wohnungstür abgewiesen wurde, wohingegen meine Mutter mich fröhlich zu einem Abend bei einer Schulfreundin gehen ließ, den wir dann damit zubrachten, uns der Hände ihres Vaters und seiner Freunde zu erwehren.«[84]

Am liebsten ist Françoise mit Véronique und Florence unterwegs. In Begleitung einer wechselnden Entourage sitzen sie stundenlang im Café *Briard* auf der Rue de Clichy und schmieden Zukunftspläne. Véroniques Mutter ist von dem Umgang, den ihre Tochter pflegt, wenig begeistert. Ihre Meinung zu Françoise: »Sie macht den Eindruck, als habe sie Flausen im Kopf.«[85]

Die Gegenwart, davon ist Françoise überzeugt, muss in ihrer ganzen Intensität gelebt werden. Vergnügen als Religion. Es gilt, Langeweile und Einsamkeit zu vermeiden, ihnen keinen Platz zu lassen, sie gar nicht erst aufkommen zu lassen. »Die Langeweile«, so Françoise, »ist wie ein Krankheitskeim, den man sich einfängt.«[86] Die beste Medizin dagegen? Sich mit Freund*innen zu umgeben, mit älteren Männern zu flirten, mit Fremden ins Gespräch zu kommen, viel zu lachen, fröhlich zu sein und eine gewisse Aufsässigkeit zu kultivieren. Françoise, die sich so lange nach den Wiesen und Wäldern ihrer Kindheit zurückgesehnt hat, genießt nun in vollen Zügen die Vorteile der Hauptstadt: Sie liebt es, sich durch Paris driften zu lassen, durch die kleinen Cafés und großen Boulevards, sie findet sich wieder in der Anonymität der Stadt, in der damit oft verbundenen Einsamkeit und Melancholie. Paris erlaubt es Françoise, eine Nomadin zu sein, eine Vagabundin, etwas, das nicht festgelegt ist. Und zu ihrem Erstaunen entdeckt sie, wie schön es ist: »Paris streichelt den Blick. Es ist eine Stadt, die so süß und offen ist wie eine Frucht.«[87] Das Paris der 1950er Jahre ist ein Paris, in dem unter dem Eiffelturm Autos parken und in dem rund um die alten Markthallen, Les Halles, frisches Obst und Gemüse sowie Blumen verkauft werden. Es gibt weder die

Tour Montparnasse, ein 210 Meter großes Hochhaus, noch das Centre Georges-Pompidou, noch die Glaspyramide vor dem Louvre.

Das Viertel, in dem sich das Lebensgefühl der jungen Generation nach dem Krieg ausdrückt wie nirgends sonst in der Stadt, ist Saint-Germain-des-Prés. Das *Café de Flore*, *Les Deux Magots* und die Brasserie *Lipp* bilden ein kulturelles Dreieck, nur wenige Meter voneinander entfernt am Boulevard Saint-Germain gelegen. Hier verkehren seit den 1930ern literarische und intellektuelle Größen wie Jean-Paul Sartre oder Simone de Beauvoir, die fast täglich im *Flore* arbeiten und Hof halten. In Saint-Germain-des-Prés gibt es außerdem zahlreiche Buchhandlungen und Verlage, Galerien und Antiquitätengeschäfte. Und, natürlich: Jazz. In all seinen Spielarten. Die Schriftstellerin Annie Ernaux, geboren 1940, schreibt in *Die Jahre*:

> »Wir waren gierig nach Jazz, Gospel und Rock 'n' Roll. Lieder, die auf Englisch gesungen wurden, strahlten eine rätselhafte Schönheit aus. Dream, love, heart waren reine Wörter ohne praktischen Nutzen, die uns das Gefühl gaben, es existiere noch etwas jenseits unserer Welt. [...] Elvis Presley, Bill Haley, Armstrong und die Platters verkörperten die Zukunft, eine neue Zeit, sie sangen nur für uns, die Jugend, mit ihnen ließ man den altmodischen Geschmack der Eltern hinter sich, ihre bäuerische Ignoranz [...].«[88]

Auch Françoise verbringt ihre Freizeit fast ausschließlich in Saint-Germain und Montparnasse. Zu ihren Lieblingsorten gehört das *Vieux Colombier*, wo sie ihre Freund*innen trifft und den Klängen des Jazzmusikers Sidney Bechet lauscht. Mal lässt sie dort den Nachmittag ruhig ausklingen, mal weckt die

Musik in ihr das unbändige Bedürfnis zu tanzen. Der Tanz der Stunde – zumindest für Eingeweihte – ist 1952 der Jitterbug: ein afroamerikanischer Swingtanz, der in den 1930ern in New York entstand. Im *Vieux Colombier* tanzt, lacht und trinkt Françoise oft so lange und ausgiebig, dass am Ende ihr Taschengeld aufgebraucht ist und sie zu Fuß nach Hause gehen muss:

> »Um pünktlich zum Abendessen zu Hause zu sein, musste ich den ganzen Weg vom Boulevard Saint-Germain zur Place Wagram im Galopp laufen, sodass ich jedesmal völlig erschöpft ankam. Und all das, um ›einen Bottich Trauben zu zertreten‹, wie mein Vater den Jitterbug umschrieb. Bei diesen abendlichen Rennen schlug ich bestimmt so manchen Rekord.«[89]

Ein anderer Ort, der es Françoise angetan hat, ist der *Club Saint-Germain*: Eröffnet im Juni 1948, hat er sich bald zu *der* angesagten Bar in Paris gemausert und so das erst ein Jahr zuvor eröffnete *Tabou* als Treffpunkt für alle Jungen, Libertären und Jazzaffinen abgelöst. An der Ecke Rue Saint-Benoît und Rue de l'Abbaye führt eine Treppe hinunter ins Kellergewölbe und in die rauchgeschwängerte Schummerigkeit. Bekannt ist der *Club Saint-Germain* vor allem für seine Themenabende, zum Beispiel eine Nacht ganz im Stil der 1920er Jahre. Außerdem treten hier die großen amerikanischen Jazzgrößen auf: Duke Ellington, Charlie Parker …[90] Direkt um die Ecke des *Club* befindet sich ein weiteres Stammlokal Françoises: *Les Assassins*, ein folkloristisches Restaurant mit studentischer Klientel. Hierhin zieht es Françoise und ihre Freund*innen, wenn sie sich stärken wollen. Das dort servierte Essen ist einfach und gut – noch besser aber ist die fröhliche Atmosphäre, ein Tohuwabohu aus singenden Student*innen, Gitarrengeklimper, Gelächter, klirrenden Rotweingläsern.[91]

Françoise trinkt viel, aber niemals bis zur völligen Besinnungslosigkeit. Der Alkohol ist für sie ein Begleiter, ein guter Freund – etwas, das man teilt, so wie Brot. Françoise trinkt nicht, um das Leben zu vergessen, sondern um es zu beschleunigen.[92] Um der Langeweile zu entfliehen, und der Einsamkeit, die Françoise fürchtet wie nichts anderes: »Für Françoise war die Einsamkeit unerträglich [...]. Wie ein Kind war sie unfähig, allein zu bleiben«[93], erzählt Florence. Woher rührt diese Angst? Daher, dass Françoise lange als De-facto-Einzelkind aufgewachsen ist, weil ihre Geschwister elf und acht Jahre älter sind als sie? Daher, dass sie sich nach dem Krieg an eine vollkommen neue Umgebung gewöhnen und ihre Kindheitsfreund*innen in Cajarc, Saint-Marcellin und Lyon zurücklassen musste? Daher, dass sie in den Augen der einen zu wenig und in den Augen der anderen zu sehr Pariserin war? Daher, dass Françoise ein fundamental melancholischer und sensibler Mensch ist, der so intensiv fühlt, dass er andere Menschen braucht, um sich von sich selbst abzulenken? Woran auch immer es liegt: Françoise setzt ihr Einsamkeits-und-Langeweile-Vermeidungs-Programm enthusiastisch um. Sie geht aus, wirft sich in das Pariser Nachtleben, lässt sich von der Stadt und ihren Bewohner*innen umarmen. Françoise liebt die Pariser Nacht, liebt die Losgelöstheit, die diese ihr schenkt. Die Nacht erscheint ihr »ihrem Wesen nach fröhlich«[94]. Sie verändert die Menschen, macht sie weicher, angenehmer: »Die tagsüber ungeduldigen Franzosen werden nachts zu Franzosen voller Rücksicht. Es ist eine andere Gattung, die die Nacht belebt – wesentlich menschlicher, zugänglicher, gastfreundlicher – jene, die das andere Paris bewohnt.«[95] Nachts hat Françoise das Gefühl, unendlich viel Zeit zu haben, es warten keinerlei Verpflichtungen auf sie. Kaum etwas macht ihr mehr Spaß, als bei ihren nächtlichen Abenteuern neue Bekanntschaften zu machen, Männer und Frauen, die »Lust haben zu reden, sich zu erklären, Sie anzulügen oder Ihnen die Wahrheit zu sagen, willkürliche Beziehungen herzustellen«[96]. Nachts ist Françoise in ihrem Element. Nachts kann sie so sein, wie sie sein will. Nachts ist ihr Leben, frei nach Hölderlin, rein und poetisch.

STUDIEREN, DAS STEHT für Françoise längst fest, ist nicht ihr Ding. Trotzdem geht sie gewissenhaft zu den Vorlesungen, kann es aber kaum erwarten, die entweder völlig überfüllten oder gähnend leeren Hörsäle zu verlassen und sich mit ihren Freund*innen zum Tanzen, Quatschen und Diskutieren zu treffen. Oder: sich allein in ein Bistro zu setzen, zum Beispiel ins *Cujas*, stundenlang an einem Kaffee zu nippen und zu schreiben. Schon seit einiger Zeit notiert sie sich spontane Ideen, Sätze und Stichworte. Mit dem Ziel, daraus eine neue Geschichte zu schreiben.

*

Françoises Bedürfnis, sich Geschichten und Figuren auszudenken, resultiert ganz natürlich aus ihrer Liebe zur Literatur. In ihrer Erinnerung nahm sich Françoise bereits mit drei, vier Jahren Bücher und verbrachte Stunden damit, diese zu »lesen«, manchmal verkehrt herum. Grundsätzlich ließen ihre Eltern Françoise alles lesen, was sie wollte, nie verboten sie ihr die Lektüre eines bestimmten Buches oder legten ihr ein anderes ans Herz.[97] Mit dem »richtigen« Lesen begann Françoise, als sie zwölf war und nacheinander Maurice Sachs, Jean Cocteau, Sartre und Camus für sich entdeckte. Ab da las sie alles, was ihr in die Hände fiel. Ihr Durst nach Büchern war groß, so groß, dass die Mitarbeiterin der Leihbücherei, für die Françoise ein Abo besaß, sie warnte: »Aber Sie werden krank werden!«[98] Das einzige Genre, das vor Françoise sicher war, waren Fabeln: »Oh, diese sprechenden Kaninchen, flüsternden Füchse und philosophierenden Eulen … Schon seit Kindertagen meide ich sie wie die Pest! Ihre moralinsauren und pseudopoetischen Sätzchen sind einfach unerträglich.«[99]

Bücher lehrten Françoise das, worauf es im Leben wirklich ankommt. Vor allem die Werke von André Gide, Arthur Rimbaud und Albert Camus beeinflussten sie entscheidend. Sie wurden für sie zu Bibeln, ließen sie die Welt mit neuen Augen sehen, warfen Fragen auf, weckten Sehnsüchte. Sie waren für Françoise Entdeckung ihrer selbst, ihrem Denken einen Schritt voraus, eine Moral beinhaltend, die auf die ihre ansprach.[100] Von Gides *Uns nährt die Erde* lernte Françoise, dass »das Leben sich mir in seiner Fülle und seinen Extremen anbot«[101]. Camus stand ihr zur Seite, als Françoise vom katholischen Glauben abfiel und sie die Aussicht, von nun an ohne Gott leben zu müssen, in einer ungerechten, mitleidlosen, unbarmherzigen Welt, in eine Krise stürzte. Ihr fehlten Antworten auf alle möglichen Fragen. Glücklicherweise erschien *Der Mensch in der Revolte* auf der Bildfläche und mit ihm

>»die beruhigende Stimme von Camus, die auch von dieser bedrückenden Abwesenheit sprach. In Ermangelung Gottes gab es den ›Menschen‹, sagte mir dieser sanfte Träumer, ›und der eine ersetzte den anderen‹. Der eine war die Antwort auf alle Fragen, welche die Nachlässigkeit des anderen aufgeworfen hatte.«[102]

Teenager-Françoise war nicht nur empfänglich für Camus' Bücher, sondern auch für sein ansprechendes Äußeres. Die Nicht-Existenz Gottes sei ihr womöglich beunruhigender erschienen, erklärt sie verschmitzt, »wenn Camus kahlköpfig gewesen wäre«[103]. Die Lektüre von Arthur Rimbauds *Illuminations* wiederum lieferte ihr den endgültigen Beweis für etwas, das sie geahnt hatte, seit sie lesen konnte, nämlich: »dass die

Literatur alles war. […] Sie war Hoch und Tief, und wenn man das einmal wusste, gab es weiter nichts, man musste sich mit ihr schlagen, mit ihr und ihren Wörtern […].«[104] Rimbauds Prosa, seine bildhafte Sprache, verzauberten sie:

>»Ich hab das Sommermorgengrauen geküsst.
>Nichts rührte sich noch vor den Palästen. Das Wasser
>war tot. Die Schattenlager verließen
>den Holzweg nicht. Ich marschierte, erweckte
>lebend-laue Lüfte, und Edelsteine schauten,
>und Flügel stiegen lautlos auf.«[105]

Sie las und wusste: Die Literatur ist die Liebe ihres Lebens, eine Liebe, die der romantischen in gewisser Weise sogar überlegen ist:

>»Erinnert man sich nicht zwangsläufig, wo und wann man
>›dem anderen‹ begegnet ist, erinnert man sich nicht mehr
>so genau an den Eindruck, den ›er‹ an jedem Tag auf einen
>gemacht hat, und neigt man eher dazu, sich daran zu erin-
>nern, dass man an jenem Abend nicht sofort begriffen hat,
>dass ›er der‹ war, so ist dies bei der Begegnung mit der Lite-
>ratur ganz anders – da weiß man recht genau, wer und was
>das war.«[106]

Gide, Camus und Rimbaud waren wichtig für Françoise. Aber nicht so wichtig wie Marcel Proust und Jean-Paul Sartre. Mit Proust entdeckte sie nicht nur Worte, eine Geschichte, sondern auch einen Schriftsteller. Kaum ein anderer würde sie stilistisch so beeindrucken wie er. Proust war wie eine Erscheinung, ihn zu lesen wie eine Offenbarung:

»Ich entdeckte, dass der Stoff jedes Werkes, sowie er sich
auf den Menschen bezog, unbegrenzt war; dass ich, wenn
ich dies wollte – wenn ich dies vermochte – eines Tages die
Geburt und den Tod irgendeines Gefühls beschreiben und
damit mein Leben verbringen konnte […].«[107]

Es war Proust, der Françoise ganz deutlich erkennen ließ, dass
sie selber schreiben wollte, schreiben musste. Dass sie sich
nichts Schöneres vorstellen konnte, als sich dem unkontrollier-
baren und unkontrollierten Wahnsinn, der Leidenschaft des
Schreibens, hinzugeben.

Über allem jedoch schwebt Sartre. Sartre, der sie als einziger
nie täuscht, dessen Charaktere das sind, was sie tun.[108] Sartre ist
unantastbar. Er beeindruckt Françoise nicht nur als Schriftsteller, sondern vor allem als Mensch. Von ihm lernte sie, dass der
Mensch ist, wozu er sich macht: Man ist frei, muss handeln und
dafür eigene Werte und Maßstäbe finden. Es gibt keine vorge-
gebene menschliche Natur, der Mensch muss sich sein eigenes
Wesen also schaffen – »indem er sich in die Welt wirft, in ihr leidet, in ihr kämpft, definiert er sich allmählich«[109]. Françoise ist
nur zu gerne bereit, sich in die Welt zu werfen, mit aller Kraft.
Bücher dienen ihr dabei als Kompass, als Sprungbrett in ein Leben, das sie nach ihren eigenen Maßstäben und Wünschen ge-
staltet. Ein Leben ohne Gott, dafür voller menschlicher Emp-
findungen. Es sind Bücher, die entscheidend dazu beitragen,
dass Françoise die werden kann, die sie sein will.

*

Die werden, die sie sein will, das bedeutet für die 17-jährige
Françoise nun vor allem eins: Schriftstellerin. Den Traum vom
Schreiben hat Françoise schon lange, ihn aber – ganz ihrem

müßiggängerischen Naturell entsprechend – nicht wirklich forciert. Ja, sie schreibt Gedichte, macht Notizen, denkt sich Geschichten aus. Aber dahinter steckt keine Systematik. Für sie ist Schreiben vor allem ein Mittel, sich die Zeit zu vertreiben und ihr ewiges Problem des »zu schnell« zu lösen: Wie oft sind ihr beim Familienessen die Worte im Mund durcheinandergeraten, konnte sie nicht adäquat wiedergeben, welche Gedanken in ihrem Kopf herumjagten! Das frustrierte Françoise und brachte sie zu der Erkenntnis, dass sie schreiben muss, um sich erklären zu können.[110] Und, natürlich, sind da auch die Verlockungen des Ruhms: »Ich hatte, wie alle mit zwölf, dreizehn Jahren, Lust, genial zu sein, berühmt, was sowohl kindisch als auch normal ist.«[111]

Als Teenager versuchte Françoise sich an verschiedenen literarischen Gattungen: »Man muss sagen, dass meine Familie, seit fünf Jahren an meine literarischen Zumutungen und Spinnereien gewöhnt, im Flur Haken schlug, sobald sie mich, bewaffnet mit Papieren, entdeckte, denn ich las meine Tragödien dem ersten Opfer vor, das zu schwach oder zu müde war, mir auszuweichen [...].«[112] Mit zwölf Jahren verfasste sie einen ersten Romanentwurf, in dem ihre Heldin Lucile Saint-Léger direkt am Anfang bei einem Autounfall stirbt. Jahre später würde die Heldin ihres Romans *La Chamade* den gleichen, sprechenden Namen tragen: heilige Leichtigkeit.[113] Françoise schickte Kurzgeschichten an verschiedene Zeitungen und Magazine, wurde aber immer abgelehnt, und das ihrer Meinung nach zu Recht.[114] Ihre Mutter erinnert sich: »Kiki las mir die Geschichten vor, die sie an die Zeitungen schickte [...]. Keine davon ist veröffentlicht worden, aber ich merkte, dass meine Tochter Fantasie besaß.«[115] Ihre kleinen Texte, ihr Romanentwurf, sind für Françoise nicht mehr als ein Spiel gewesen. Bis sie, befreit von der lästigen Schulpflicht und eher oberflächlich mit Studieren beschäftigt, endlich die Zeit und Muße hat, sich ihrem Projekt »Schreiben« zu widmen. Doch verfolgt Françoise dabei keineswegs einen ausgefeilten Plan: »Unausgefüllt, aber überspannt schrieb ich irgendwelchen albernen Kram und überarbeitete ihn dann immer wieder. Mit diesem albernen Kram füllte ich fein säuberlich ein blaues Heft […].«[116] Aus diesem »albernen Kram«, niedergeschrieben in einem blauen Heft, wird dann nach und nach doch etwas Konkretes, ihr erster Roman: *Bonjour Tristesse*.

Mit den Arbeiten an *Bonjour Tristesse* beginnt Françoise 1952 eigentlich nur deshalb, weil sie ihren Freund*innen schon seit Monaten weismacht, sie würde einen Roman schreiben – dabei bleibt sie jedoch vage, um möglichst mysteriös und interessant zu erscheinen.[117] Diese Flunkerei ist typisch für Françoise: Sie ist gut darin, die Wahrheit ein bisschen zu verdrehen, Dinge anders erscheinen zu lassen, als sie sind: »Im Lügen war sie entschieden geschickter als in der Wahrheit.«[118] Allerdings: Um mit ihrer Lüge nicht aufzufliegen, muss Françoise liefern. Dass jemand ihren Roman verlegen möchte, daran glaubt sie während des Schreibens selber nicht. Aber darum geht es auch nicht: »Schreiben, sich der Wörter bedienen, das war wirklich das einzige, worauf ich Lust hatte, als ich mit *Bonjour Tristesse* anfing.«[119] Beim Schreiben fühlt Françoise sich frei, sie vergisst sich selbst und ihre Umgebung, in ihrem Kopf ist nur noch Platz für ihre Geschichte, ihre Charaktere.[120] Es bereitet ihr prickelndes Vergnügen, ein Adjektiv und ein Substantiv zusammenzubringen, die auf unerklärliche Weise perfekt miteinander harmonieren, Sätze zu erfinden:

»Es ist, als würde man ein unbekanntes und bezauberndes Land durchwandern. Bezaubernd, aber mitunter demütigend, wenn man es nicht schafft, das zu schreiben, was man schreiben will. Dann ist es ein kleiner Tod, man schämt sich für sich selbst, man schämt sich für das, was man geschrieben hat, man ist armselig. Aber wenn es ›läuft‹, ist es wie eine gut geölte Maschine, die perfekt funktioniert.«[121]

Und so nimmt die Geschichte Ende 1952, Anfang 1953 langsam Gestalt an. Die Geschichte von Cécile, ihrem Vater und ihrem Sommer in Südfrankreich.

IM JUNI 1953, dem Monat, in dem die 27-jährige Elizabeth Windsor in London zu Queen Elizabeth II. gekrönt wird, trifft Françoise einen früheren Bekannten wieder: Louis Neyton, über eins neunzig groß, attraktiv und ein ganzes Jahrzehnt älter als sie. Er ist für ein Praktikum in Paris und dort glücklich wiedervereint mit seinem besten Kumpel, Françoises Kindheitsfreund Bruno Morel, der Françoise und Louis vor einigen Jahren auf einer Party einander vorgestellt hat. Dazu gesellt sich Noël Dumolard, ein junger Raumausstatter. Gemeinsam hat man allerlei Schabernack im Sinn und beschließt, sich so undiszipliniert, frech und unverfroren wie nur irgend möglich zu verhalten. Eines Nachmittags kreuzt das *Trio infernale* auf einer Party bei Françoise, Boulevard Malesherbes, auf. Die anwesenden Gäste, vor allem die männlichen, erscheinen Bruno, Noël und Louis nicht besonders interessant, und auch Gastgeberin Françoise wirkt gelangweilt. Beim Tanzen kommen sie und Louis sich näher, man erneuert die einige Jahre zurückliegende Bekanntschaft.[122] Louis mag die Art, wie Françoise ihre Umgebung stets etwas spöttisch betrachtet, wie sie »alle durch ihre schnelle Auffassungsgabe«[123] erstaunt. Aus dem kleinen Mädchen, für das Louis damals kaum Interesse aufbringen konnte, ist eine junge Frau mit »undefinierbarem Charme«[124] geworden – Louis ist angetan. Das »undefinierbar« würde Françoise wohl sofort unterschreiben: Sie empfindet sich nicht als besonders hübsch oder anziehend, macht sich über ihr »Mausgesicht«[125], ihre Nase und ihr Kinn lustig und bewundert ihre attraktive Schwester Suzanne, die als Mannequin arbeitet. Ein Bekannter von damals erinnert sich: »Sie war kein atemberaubendes Mädchen, sie hatte nichts besonders … Feminines an sich und interessierte uns nicht besonders. Aber sie war süß, intelligent [...].«[126] Und sie hat dieses gewisse Lächeln, ein bisschen mysteriös, ein bisschen spitzbübisch. Ihre lässige Art, ihr Charme und vor allem ihr Humor haben durchaus Wirkung auf andere. Auf Männer wie auf Frauen. Ganz sicher auf Louis Neyton, der Françoise noch am selben Abend in seinem Peugeot mit aufklappbarem Verdeck in den Bois de Boulogne mitnimmt. Dort wird ausgiebig geknutscht – aber nur so lange, bis Schüsse erklingen. Kurz darauf tauchen zwei Polizisten neben dem Auto auf und drängen das Paar dazu, das Parkgelände möglichst schnell zu verlassen.[127] Der Anziehung zwischen Françoise und Louis tut dieses abrupte Ende ihrer Turtelei keinen Abbruch: Als Louis nach Grenoble zurückkehrt, um dort in die beruflichen Fußstapfen seines Vaters, eines Börsenmaklers, zu treten, schreiben er und Françoise sich regelmäßig; während des Sommers besucht sie ihn, er kommt mehrere Male nach Paris. In einem ihrer Briefe beschwört Françoise Eindrücke von ihrem letzten gemeinsamen Abend herauf: »Ich erinnere mich an dein etwas vorwitziges Gesicht, die schwarzen Bäume hinten und diese unheimlichen Gewehrschüsse in der Nacht.«[128] Ihre Zuneigung drückt sie, beinahe etwas unbeholfen, so aus: »Du bist lustig frisiert, du hast fast gelbe Augen, du bist schön, du heißt Louis, du bist unvergesslich.«[129] Ihre Briefe sind voller Schilderungen ihres Pariser Alltags und Fragen danach, wie Louis' Leben in Grenoble aussieht. Sie macht kleine Witze und lässt Louis wissen, welche Bücher sie gerade liest. Und immer wieder schreibt sie ihm, wie sehr sie ihn vermisst: »Ich fühle mich sehr allein und so weit weg von dir ...«[130] Romantische Gefühle zu haben und darüber zu sprechen, ist neu und ungewohnt für Françoise. Sie macht sich verletzbar – und das ist ihr unangenehm. Einen Brief an Louis beginnt sie mit der Anrede »Mon chéri«, nur um danach fast entschuldigend zu ergänzen, diese Formulierung fühle sich »komisch«[131] an. Einmal schreibt sie ihm:

> »Ich weiß auch nicht, ob ich dich liebe. Vielleicht ist es, weil wir uns nie etwas anderes gesagt haben als angenehme und süße Dinge, und um sich wirklich zu lieben, muss man sich harte und verletzende Dinge gesagt haben. Aber all das sind Theorien und du fehlst mir.«[132]

Louis ist Françoises erster fester Freund, die Beziehung wird ungefähr ein Jahr halten. Ob er auch der Erste ist, mit dem sie schläft, bleibt offen. Sehr wahrscheinlich aber hat Françoise bereits sexuelle Erfahrungen gesammelt. Sie flirtet gerne, vor allem mit Männern, die sich eher im Alter ihres Bruders befinden. Gleichaltrige Männer interessieren sie nicht besonders, sie findet sie zu ichzentriert, zu dreist.[133] Françoise hat Spaß daran, zu erobern, erobert zu werden, an verstohlenen Blicken, an Umarmungen, an Küssen. Sie ist sexuell selbstbestimmt, möchte sich aber nicht als »leichtes Mädchen« abstempeln lassen. Ihre Freundinnen, sagt sie, würden sich in zwei Kategorien teilen: »Diejenigen, die sich mit den Jungen alles erlauben, und egal mit wem, und diejenigen, die sich gar nichts erlauben …« Sie selbst aber sei weder das eine noch das andere: »Für mich stellt die Tatsache, mich einem Mann hinzugeben, kein Problem dar, aber unter einer einzigen Bedingung: dass die Frau beim Anblick des Mannes ein Gefühl des Nachgebens empfindet …«[134] Anders gesagt: Wenn Leidenschaft im Spiel ist und die Frau es will – wo ist das Problem?

*

Für Frauen sind die 1950er eine ambivalente, widersprüchliche Zeit. Unmittelbar nach dem Krieg schien es möglich, dass die Dinge sich wirklich ändern, dass Frauen und Männer die gleichen Rechte bekommen würden. Hatten nicht auch Frauen in der Résistance gekämpft? Waren nicht auch Frauen für ihr Land gestorben? Hatten sie nicht zu Hause, in Abwesenheit der Männer, neue Zuständigkeiten und wichtige Arbeiten übernommen? War nicht 1944 das Frauenwahlrecht eingeführt worden? Zeigte das nicht, dass auch Frauen ein vollwertiger Teil der französischen Gesellschaft waren? Doch die Dinge änderten sich nicht, der erhoffte Wandel blieb aus.[135] Laut Verfassung mögen Frauen und Männer gleichberechtigt sein, in der Realität sorgen Zivilrecht und katholische Moral dafür, dass Frauen Bürgerinnen zweiter Klasse sind und bleiben. Ihre Welt gilt immer noch als privat, häuslich. Ihre biologisch bestimmte Erfüllung sollen sie in Heim und Familie finden und so auf dem Arbeitsmarkt Platz für die – zurückgekehrten – Männer schaffen.[136] Einerseits. Denn andererseits wackeln die Fundamente der bürgerlichen Gesellschaft bereits. Durch den Krieg haben sich alte Gewissheiten aufgelöst und neue Fragen sind entstanden, auf die die älteren Generationen keine Antworten mehr haben. Die traditionellen Werte werden in Frage gestellt, und so langsam dämmert es auch Françoises Elterngeneration, dass ihre Kinder wohl ganz anders leben werden als sie selbst. Die Zwänge ihres Geschlechts spürt Françoise trotzdem – Zwänge, die durch ihr Alter und die gesellschaftliche Klasse, der sie angehört, verstärkt werden. Florence Malraux erzählt: »[E]s war eine merkwürdige Zeit für junge Mädchen. Wir durften weder Hosen tragen, noch uns schminken. Ich erinnere mich, dass wir am Lycée Fénélon sogar am Eingang unsere Hände zeigen mussten, damit das Personal sich von der Sauberkeit unserer Nägel überzeugen konnte.«[137] Mädchen und junge Frauen stehen unter ständiger Beobachtung, und Scham ist das beste Mittel, um dafür zu sorgen, dass sie nicht aus der Reihe tanzen. Annie Ernaux schreibt:

»Wie man sich kleidete und schminkte, war immer ›zu‹ irgendwas: zu kurz, zu lang, zu tief ausgeschnitten, zu eng, zu durchsichtig, etc. Wie hoch die Absätze waren, mit wem man seine Zeit verbrachte, wann man aus dem Haus ging, wann man zurückkam, ob man rote Flecken im Schlüpfer hatte, man stand unentwegt unter Überwachung der Gesellschaft. […] Nichts, weder Intelligenz noch Bildung, noch Schönheit, zählte so viel wie Anstand, anders gesagt, wie der Wert eines Mädchens auf dem Heiratsmarkt, über den die Mütter, nach dem Vorbild ihrer eigenen Mütter, streng wachten. Wenn du vor der Hochzeit mit einem Mann schläfst, bekommst du keinen mehr ab – was stillschweigend hieß: oder nur einen, der auf dem Heiratsmarkt ebenfalls nichts wert ist, einen Kranken oder Invaliden oder, schlimmer noch, einen Geschiedenen. Junge, unverheiratete Mütter waren das Allerletzte, sie konnten nur noch hoffen, dass sich ein Mann aufopferte und sie mit dem Produkt ihres Fehltritts aufnahm. Bis zur Ehe spielten sich alle Liebesbeziehungen unter den Blicken und dem Urteil der anderen ab.«[138]

Der Einfluss des Katholizismus im Nachkriegs-Frankreich ist groß, er prägt die allgemeinen Moralvorstellungen. So schreibt die französische Verfassung vor, dass die Rolle der Frau als Mutter durch keine anderen Aktivitäten wie etwa bezahlte Arbeit beeinträchtigt werden darf.[139] Die traditionelle Familie gilt als gesellschaftliches Ideal und wird durch eine Politik der aktiven Geburtenförderung unterstützt, Schwangerschaftsabbrüche und Verhütungsmittel sind illegal. Viele Frauen verhüten deshalb mit der sogenannten Knaus-Ogino-Methode, bei der die fruchtbaren und unfruchtbaren Tage berechnet werden – eine eher unzuverlässige Praktik, gerade für junge Frauen, deren Zyklus noch unregelmäßig ist. Also heißt es: aufpassen, hoffen und bangen. Françoise kommentiert:

» Abtreibung? Das ist eine Frage der Klasse: Wenn Sie Geld haben, dann läuft alles sehr gut, in der Schweiz oder anderswo, Sie kommen unversehrt zurück. Wenn Sie kein Geld haben, aber fünf Kinder und einen Ehemann, der nicht aufpasst, müssen Sie zur Käsehändlerin an der Ecke, die eine Krankenschwester kennt, die wiederum jemanden kennt …«[140]

Schätzungen zufolge sind ein Drittel aller Schwangerschaften zu dieser Zeit ungewollt, jährlich finden eine halbe Million illegale Abtreibungen statt, bei denen tausende von Frauen sterben.[141] Beim Verlagshaus Gallimard, wo sie seit kurzem arbeitet, kommt Florence in Kontakt mit verzweifelten jungen Frauen, die Hilfe brauchen. Françoise besorgt das nötige Geld – zunächst bei ihrer Familie, später benutzt sie ihr eigenes –, und gemeinsam begleiten die Freundinnen die Frauen in einen Pariser Vorort, wo der Abbruch vorgenommen wird.[142] Kinder, davon ist Françoise überzeugt, sollte man nur bekommen, wenn man sie wirklich will.[143]

So restriktiv das Geschlechterkorsett auch ist, in dem Frauen in den 1950ern stecken: Langsam regt sich Widerstand. Die Zeiten ändern sich, auch für junge Frauen aus gutem Hause. Es ist Simone de Beauvoirs 1949 erschienenes *Das andere Geschlecht*, welches den heimlichen Wünschen und Hoffnungen vieler, vor allem junger, Französinnen Ausdruck verleiht.[144] Sie wünschen sich eine Karriere, Zugang zu Verhütungsmitteln und zu Abtreibungen. Sie stimmen der Politikerin der Kommunistischen Partei Jeannette Vermeersch zu, die sagt: »Menschen, möglicherweise gutmeinende, behaupten, dass der Platz der Frau im Haus ist. Vielleicht sollten sie mal bei den Frauen nachfragen.«[145] Wie ihre Freundinnen Véronique und Florence hat Françoise das aufsehenerregende *Das andere Geschlecht* gelesen.[146] »Man wird nicht als Frau geboren, man wird es«[147], stellt Beauvoir darin fest und legt dar, wie Familie, Gesellschaft und Kultur die Geschlechterrollen prägen und festschreiben. Biologie ist für die Schriftstellerin und Philosophin kein Schicksal: Es gibt keine durch die Anatomie bestimmte »weibliche Essenz«, die Frauen gewisse Verhaltensweisen auferlegt. Die Kategorien »Mann« und »Frau« sind für sie letztendlich nicht mehr als soziale Konstrukte. Im Frankreich der späten 1940er, frühen 1950er reicht das, um einen Skandal auszulösen – Beauvoir stellt alles in Frage, was bisher als selbstverständlich galt. »Die Menschheit«, schreibt sie, »ist männlich, und der Mann definiert die Frau nicht als solche, sondern im Vergleich zu sich selbst: sie wird nicht als autonomes Wesen angesehen.«[148] Der Mann, so Beauvoir, sehe sich selbst als das Absolute, das Subjekt, das Eine; die Frau als das Relative, das Objekt, das Andere. Frausein, Weiblichkeit, werde mystifiziert, zu etwas nahezu Heiligem und Essenziellem gemacht. All das führe letztendlich dazu, dass die Frau dem Mann untergeordnet sei. Eine vermeintlich »natürliche« Ordnung, gegen die es zu kämpfen gilt.

Wie hat Françoise die Diskussion um *Das andere Geschlecht*, um die Rolle der Frau, um weibliche Emanzipation aufgenommen? Inwiefern hat diese Diskussion sie geprägt? Sie selbst hat sich dazu nie geäußert. Fest steht: Françoise ist niemand, der Spaß an theoretischen Debatten hat. Lieber lebt sie ihre Freiheit, statt sich in abstrakten Analysen zu verlieren. Sie will nur eins, nämlich einen eigenen Weg im Leben gehen:

> »Mit 18 Jahren, ohne irgendein politisches Ziel, hatte ich wie ein Tier Lust auf Freiheit; alle Heranwachsenden haben Lust, das zu tun, was ihnen in den Kopf kommt; ich habe versucht, die von den Älteren vorgegebenen Pfade zu verlassen, auf eine persönliche, egoistische Art, wie alle Menschen, die schreiben.«[149]

Sie verkörpert scheinbar mühelos das, was Simone de Beauvoir für Frauen so entschieden einfordert: Freiheit, Selbstbestimmung, Autonomie. Wenn Françoise raucht und trinkt, dann sind ihr die für sie als junge Frau geltenden Konventionen und Regeln egal – bewusst sind sie ihr dennoch und sie respektiert sie, solange ihr Leben dadurch einfacher wird.[150] In den von ihr frequentierten Bars und Clubs hat Françoise das Gefühl, selbst Teil des gesellschaftlichen Wandels zu sein, ihn hautnah mitzuerleben. So etwas wie ein politisches Bewusstsein besitzt sie – noch – nicht, auch wenn sie natürlich die existenzialistischen Forderungen nach politischem und moralischem Engagement, die so viele andere junge Menschen begeistern, kennt. Françoise geht es schlicht um ihre eigene Freiheit, darum, ihr Leben nach ihrer eigenen *façon* zu leben. Ihre Eltern legen ihr dabei keine Steine in den Weg: »Sie haben immer meine Handlungs- und Denkfreiheit respektiert.«[151] Im Hause Quoirez mischen sich Tradition und Moderne, großbürgerliche Sitten und unkonventionelle Lebensweisen. Gerade Nesthäkchen Kiki soll in keine Schablone gepresst werden, sondern selber schauen, was sie mit ihrem Leben anfangen will.

*

Trotz ihrer teuren Kleidung und ihrer höflichen und wohlerzogenen Art schafft Françoise es, ein Flair von Wildheit und Unangepasstheit zu verströmen. So trägt sie zwar, wie es sich für ein Mädchen ihres Alters und ihres Standes gehört, ein konservatives Ensemble aus gerade geschnittenem, eng anliegendem Rock und Kaschmirpullover oder Bluse. Aber sie findet Wege, dem Ganzen ihren eigenen Stempel aufzudrücken: ein hochgeklappter Hemdkragen, kurzgeschnittene Haare, die nie ordentlich gekämmt sind. Die Mischung aus guten Manieren und (Nach-)Lässigkeit ist so ungewöhnlich wie unwiderstehlich: Françoise ist ein weiblicher Dandy. Dabei gibt sie sich oft schüchtern – eine gespielte Schüchternheit, denn wenn sie etwas oder jemanden haben will, kennt sie keine Zurückhaltung.[152] Die Françoise, die mit ihren Freund*innen die Nacht zum Tag macht, die flirtet, die wild ist und andere mit ihrem Charme um den Finger wickelt, ist die gleiche, die harmonisch mit ihren Eltern zusammenlebt, die in der Öffentlichkeit nicht flucht, die sich ordentlich anzieht und weiß, was sich gehört und was nicht.[153] Für Françoise hat das nichts mit Selbstverleugnung zu tun: Sie kann ohne Probleme beides sein.

DIE SOMMERFERIEN 1953 verbringt Françoise mit ihrer Familie an der französischen Atlantikküste, in Hossegor. In Briefen an Louis in Grenoble beschreibt sie ihren Tagesablauf: »Um 9 Uhr 30 esse ich einen Pfirsich, um 11 Uhr gehe ich schwimmen, um 2 Uhr lese ich oder spiele mit meiner Familie Bridge, um 5 Uhr Schwimmen, um 7 Uhr Aperitif; ich esse auch zu normalen Uhrzeiten.«[154] Eine nur scheinbar perfekte Idylle, denn Anfang des Sommers ist Françoise durch ihr Examen gefallen, hat also ihr erstes Jahr an der Uni nicht bestanden. Zwar gibt es die Möglichkeit, die Prüfung im September zu wiederholen, aber Françoise hat längst beschlossen, dass das für sie nicht in Frage kommt. Ihre Uni-Karriere ist somit beendet, bevor sie richtig angefangen hat. Während ihre Familie sich gutgelaunt darüber lustig macht, überlegen Marie und Pierre Quoirez, was zum Himmel sie mit ihrer Jüngsten machen sollen. Verheiraten? Doch Françoise als folgsame Ehefrau kann sich wohl niemand wirklich vorstellen. Bleibt die Frage, was Françoise stattdessen mit ihrem Leben machen will. Vielleicht Ärztin werden? Aber das würde wiederum bedeuten, ein neues Studium zu beginnen, und das traut Françoise sich – klarsichtig – nicht zu.[155] Was bleibt also? Die Antwortet lautet, natürlich: Schreiben. Allein, um ihrer Familie zu beweisen, dass sie es sehr wohl zu etwas bringen kann.[156] Kurzentschlossen lässt Françoise ihre träge Urlaubsroutine mit Pfirsich und Bridge hinter sich und kehrt im Juli, zur großen Überraschung ihrer Familie, nach Paris zurück.[157] Nur Papa Pierre leistet ihr dort Gesellschaft. Françoise verbringt die folgenden Wochen damit, ihren in Pariser Cafés verfassten Romanentwurf zu überarbeiten. Wie schon im Jahr zuvor verzichtet sie auf Strand, Meer, einen Som-

73

mer außerhalb des stickigen Paris – aber diesmal tut sie es freiwillig. Mit zwei Fingern tippt sie auf der Schreibmaschine ihre Geschichte, die Geschichte, die kein Jahr später als *Bonjour Tristesse* veröffentlicht wird. Den Titel stibitzt Françoise aus einem Gedicht von Paul Éluard:

»Trauer leb wohl
Trauer willkommen
Eingeschrieben in die Linien an der Decke
Eingeschrieben in die Augen die ich liebe«[158]

Oft fällt Françoise das Schreiben schwer. Vor allem deshalb, weil sie Angst hat – Angst davor, nicht gut genug zu sein, den eigenen Ansprüchen nicht zu genügen. Sie kann sich kaum dazu bringen, das am Vortag Geschriebene noch einmal zu lesen, befürchtet sie doch, dass auf den getippten Seiten nur Unzulängliches steht. Stets klafft eine Lücke zwischen der im Kopf entworfenen, perfekten Geschichte und dem, was am Ende auf den Seiten landet. Ein Abgrund zwischen dem, was man schreiben möchte, und dem, was zu schreiben man in der Lage ist. Immer wieder ist Françoise in Versuchung, alles in den Papierkorb zu werfen. Aber sie macht weiter. Jeden Tag setzt sie sich hin und klappert auf der Schreibmaschine. Zum ersten Mal in ihrem Leben wählt sie Arbeit statt Müßiggang.

Nach wenigen Wochen, gegen Ende August, ist das Werk vollbracht. In einer dramatischen Geste der Befreiung wirft Françoise ihr Tagebuch ins Feuer: Sie hat sich neu erschaffen, das, was im Tagebuch steht, entspricht ihr nicht mehr. Eine neue Ära beginnt.[159] Françoise ist nicht mehr Studentin, aber noch keine Schriftstellerin. Sie befindet sich in einer Zwischenwelt ohne klar definierte Konturen, begierig darauf, endlich zu *sein*. Doch diese Veränderung hat stattgefunden, ohne dass andere etwas davon bemerkt haben. Es gibt keine äußeren Zeichen des inneren Wandels an Françoise, in den Augen ihrer Familie und Freund*innen ist sie immer noch die Gleiche: liebenswert, aber ziellos. Wie frustrierend das sein muss. Die Eltern wissen zwar, dass ihre Kiki an einem Roman arbeitet, so richtig ernst nehmen sie das Unterfangen jedoch nicht.[160] Kaum verwunderlich angesichts Françoises bisheriger »Karriere«, die aus einer schwierigen Schullaufbahn und einem abgebrochenen Studium besteht. Véronique hingegen glaubt an ihre Freundin und schlägt ihr vor, eine Wahrsagerin aufzusuchen. Ein Blick in die Zukunft kann ja nicht schaden! Die Wahrsagerin, Madame Poignant, betrachtet eingehend Françoises Hand, fährt mit ihren Fingern die Linien nach. Dann verkündet sie: »Sie sind vom Glanz des Ruhms umgeben.« Das überrascht Françoise ganz und gar nicht, vielmehr bestätigt es etwas, das sie, unbewusst, schon längst geahnt und herbeigesehnt hat: Sie ist nicht wie die anderen, und ihr Leben wird nicht gewöhnlich sein. Ruhig hört sie zu, als die Wahrsagerin ihr erklärt, sie würde ein Buch schreiben und dieses Buch würde die Meere überqueren.[161]

Als Françoise Madame Poignant nach dieser erfreulichen Enthüllung verlässt, fühlt sie sich motiviert und angespornt. Sie beschließt, ihr Manuskript professionell abtippen zu lassen. Schon allein deshalb, weil »Schriftstellerin werden« gerade der einzige Zukunftsplan ist, den sie hat. Die stets hilfsbereite Véronique springt ein und leiht ihrer Freundin das benötigte Geld. Kurze Zeit später hält Françoise mehrere abgetippte Exemplare ihres Romans in der Hand. Als sie Florence davon berichtet, ist die erst mal skeptisch. Françoise redet schon so lange von diesem Roman, dass er Florence eher wie ein Mythos vorkommt. »Und, kann ich ihn lesen?«, fragt sie. »Nein, er ist zu schlecht. Und außerdem bist du zu kritisch«, antwortet Françoise. Später überlegt sie es sich doch noch anders und übergibt Florence eines ihrer Exemplare. Die Freundin liest das Manuskript in einem Rutsch durch und ruft Françoise frühmorgens an: »Alles ist gut. Du bist eine Schriftstellerin.«[162]

IHR BUCH IST FERTIG, aber wie es jetzt weitergehen soll – keine Ahnung. Also konzentriert Françoise sich auf das, was sie gut kann: die Bars von Saint-Germain-des-Prés unsicher machen, rauchen, Whisky trinken. Im Oktober 1953 kommt es dann zu einer schicksalsträchtigen Begegnung: Françoise schafft es, sich während eines Spaziergangs spontan in die Filmstudios Billancourt de Boulogne einzuschleichen, wo die Regisseurin Jacqueline Audry *Geschlossene Gesellschaft* dreht, nach einem Theaterstück Sartres. Als Audry, darauf bedacht, dass nichts und niemand die Dreharbeiten stört, von Françoise etwas irritiert wissen will, wer sie sei, antwortet diese: »Niemand.« Beeindruckt von so viel Offenherzigkeit gibt Audry nach und erlaubt »Mademoiselle Niemand« zuzuschauen – unter der Bedingung, dass sie bleibt, wo sie ist, und die Dreharbeiten nicht stört. Während einer Pause nutzt Jacqueline Audry die Gelegenheit, den kleinen Störenfried mit dem wachen Blick näher in Augenschein zu nehmen. »Machen Sie eine Ausbildung zur Journalistin?«, will sie wissen. Françoise verneint und flunkert: »Ich bin Studentin. Ich habe einfach Lust, zuzugucken, wie man einen Film macht.« Von nun an taucht Françoise jeden Tag mit interessierter Miene im Studio auf. Schnell entwickelt sich zwischen ihr und Audry eine Freundschaft, Françoise gilt als Schützling von »Madame«.[163] Die 45-jährige Audry ist eine von nur wenigen Regisseurinnen in der französischen Filmbranche, und eine erfolgreiche noch dazu. Unter anderem hat sie sich mit *Olivia* (1951) einen Namen gemacht – einer der ersten französischen Filme, die offen und explizit von lesbischen Liebesbeziehungen handeln. Am Set trägt Audry stets eine Wildlederjacke und dazu kastanienbraune, weitgeschnittene Hosen, begleitet wird das Ensemble von einer Wolke Zigarettenrauch. Die Marke ihrer Wahl: Players. Audrys zwei Jahre ältere Schwester Colette ist eine bekannte Aktivistin und Autorin. Zusammen gehören die beiden zum Kreis rund um Jean-Paul Sartre und Simone de Beauvoir. Colette Audry kennt Beauvoir, seit die beiden 1932 gemeinsam an einer Schule in Rouen unterrichteten. Die Schwestern Audry stammen aus einer politischen Familie, ihr Großonkel war der Radikalsozialist und Präsident der Dritten Französischen Republik Gaston Doumergue. Auch Colette Audry ist politisch aktiv, hat sich als junge Frau in einer kommunistischen Vereinigung engagiert sowie in der Gewerkschaftsbewegung. Während des Zweiten Weltkriegs war sie Teil der Résistance in Grenoble. Mit Simone de Beauvoir diskutierte Colette Audry oft die Situation der Frau, ein Thema, das ihr am Herzen liegt. Von Sartre dafür belächelt, drohte Colette Audry ihm einmal, sie würde ein Buch über die weibliche Erfahrung schreiben: »Warten Sie's ab, Sartre – wenn nicht ich, dann eine andere.«[164] Sie würde recht behalten – und diese andere Simone de Beauvoir heißen.

Eines Tages überreicht Françoise Jacqueline Audry aufgeregt einen Stoß fein säuberlich getippter Seiten: ihr Manuskript. Audry wendet sich an ihre Schwester, die immerhin Literaturwissenschaft unterrichtet: »Es scheint, als habe ›Mademoiselle Niemand‹ einen Roman geschrieben. Wenn du einen Augenblick hast, um einen Blick drauf zu werfen, wäre das lieb.« Colette Audry tut, wie ihr geheißen, und ist angenehm überrascht von dem, was sie da liest: »Es war vor allem die extreme Eleganz ihrer Schreibweise, die mich beeindruckt hat. Sie war bereits sie selbst, ohne Schwerfälligkeit noch Gefälligkeit. Eine Eleganz, die eine große Hellsichtigkeit voraussetzte.«[165] Colette Audry ist Redaktionsmitglied der von Sartre und Beauvoir herausgegebenen literarisch-politischen Zeitschrift *Les Temps Modernes* und kennt darüber den Verleger René Julliard, bei dem diese seit 1949 erscheint. Julliard, findet Colette Audry, könnte ein guter Verlag für Françoise sein, setzt man dort doch vor allem auf junge Autor*innen. Der andere Verlag, den sie empfiehlt, ist Plon. Um Françoise ein persönliches Feedback zu geben, trifft Colette Audry sie in der *Bar Bac*. Sie fände ihren Roman sehr gut, sagt Audry der jungen Frau, wenn auch ein bisschen schmal. Sie würde allerdings den Schluss ändern, ihn dramatisieren. Françoise hört aufmerksam zu. Die letzten Wochen des Jahres verbringt sie damit, die von Colette Audry vorgeschlagenen Änderungen umzusetzen und eine endgültige Version ihres Manuskripts fertigzustellen.

AM 6. JANUAR 1954 ist es so weit: Während man in ganz Frankreich Dreikönigskuchen, die *galette des rois*, isst und darauf hofft, die im Inneren versteckte kleine Porzellanfigur zu finden, bereitet Françoise drei gelbe Umschläge vor, die jeweils ein Exemplar ihres Manuskripts enthalten. Auf den Umschlägen notiert sie ihren Namen, Adresse, Telefonnummer und Geburtsdatum.[166] In ihrer üblichen Uniform aus Rock und Pullover mit V-Ausschnitt, darüber einen schweren Mantel, tritt Françoise mit den Briefumschlägen in der Hand hinaus in die Kälte. Erste Station: die Éditions Julliard, auf der Rue de l'Université nahe dem französischen Parlament am linken Ufer der Seine.

*

Der Verlag ist 1942 von René Julliard gegründet worden und veröffentlicht vor allem Populärliteratur. Während des Zweiten Weltkriegs war René Julliard überzeugter *Pétainiste*, ein Anhänger von Marschall Pétain und dessen sogenannter Nationaler Revolution. Für einige Zeit zog Julliard mit seinem damaligen Verlag Sequana sogar nach Vichy, um dort in Buchform gegossene Lobpreisungen des Marschalls zu veröffentlichen. Gleichzeitig aber verlegte er unter einem Pseudonym die Romane von Jean Zay, Minister der linken Volksfront, von den Kollaborateur*innen geschmäht und 1944 von der paramilitärischen französischen Miliz ermordet. Wenn diese Episode eins zeigt, dann, dass René Julliard einen untrüglichen Riecher für den Zeitgeist hat.[167] Er ist opportunistisch, ja, aber vor allem weiß er, was die französische Durchschnittsbevölkerung möchte. Das macht ihn mit seinem zweiten Verlag, den Éditions Julliard, so erfolgreich: 1946, 1947 und 1948 erhalten drei seiner Autoren in Folge Frankreichs höchste literarische Auszeichnung, den Prix Goncourt, und Julliard etabliert sich als ernstzunehmender Konkurrent zum führenden Verlagshaus Gallimard. Er macht sich einen Namen als Talentscout, mit einem guten Gespür für vielversprechende junge Autor*innen. Die »Methode Julliard« besteht darin, möglichst viele Debütromane zu publizieren – schafft es einer davon, die öffentliche Aufmerksamkeit zu erregen, werden alle Verlagsanstrengungen auf dieses eine Buch konzentriert. Man setzt also zunächst auf Masse und nicht unbedingt auf Klasse.[168] Im Nachkriegsfrankreich, wo Bücher noch relativ teuer sind und eher als ehrfurchtgebietende Schöpfungen denn als Produkte des Massenkonsums gelten, bringt diese Strategie Julliard von der Konkurrenz mehr Spott als Respekt ein. Doch als 1953 von Hachette und Gallimard die ersten weitgehend verfügbaren Taschenbücher auf den Markt gebracht und Bücher zu etwas wurden, das sehr viel mehr Französ*innen sich leisten können, bestätigte das indirekt Julliards visionäre Strategie.[169]

Der Verleger weiß, wie wichtig es ist, aus einem Buch etwas zu formen, das Menschen haben wollen. Ein Manuskript lesen und sagen, ob es gut oder schlecht ist, das können viele. Aber aus einem Buch ein begehrenswertes Objekt zu machen und aus Autor*innen Menschen, die die Gegenwart verkörpern, das können nur wenige, und René Julliard gehört zu ihnen.[170] Urheber dieser Idee – das Buch als Ereignis, Autor*innen als Stars – ist der Verleger Bernard Grasset. Er publizierte 1923 *Den Teufel im Leib*, dessen Autor, Raymond Radiguet, das Buch mit siebzehn Jahren vollendet hatte und zum Zeitpunkt der Veröffentlichung gerade einmal zwanzig Jahre alt war (und nur wenige Monate später an Typhus starb). Grasset inszenierte das Buch als Event und lancierte es mit einer spektakulären Werbekampagne: »Das erste Buch eines 17-jährigen Romanciers«. Die Kritik fand es geschmacklos und zeigte sich Buch wie Autor gegenüber spöttisch bis feindselig. Doch am Ende setzte sich die literarische Qualität des Werks durch, und Radiguet erhielt Glückwünsche von anerkannten Schriftstellern wie René Benjamin und Paul Valéry. Auch beim breiten Publikum kam *Den Teufel im Leib* an, in den ersten drei Monaten nach Erscheinen wurden 100 000 Exemplare verkauft.[171] René Julliard, groß, elegant und mit einer runden Schildpatt-Brille auf der Nase, ist nicht Bernard Grasset – er setzt weniger auf Größenwahn als vielmehr auf gesunden Geschäftssinn. Außerdem denkt er modern und innovativ. So ist er der erste Pariser Verleger, der in seinem Verlag eine Presseabteilung einrichtet, geführt von Yvette Bessis.[172] Darüber hinaus ist Julliard bestens vernetzt, fleißig unterstützt von seiner Frau Gisèle d'Assailly, die als Journalistin unter anderem für *Le Figaro* gearbeitet hat. In der ehelichen Wohnung auf der Rue d'Université, nur wenige Schritte vom Verlagssitz entfernt, gibt sie regelmäßig Empfänge, auf denen sich alles tummelt, was in Literatur und Medien Rang und Namen hat. Das Essen im Hause Julliard, da sind sich die Gäste einig, ist nicht besonders *délicieux* – aber es wird von einem Kellner in weißen Handschuhen serviert, und wer möchte sich da beschweren?[173]

Es ist eher unwahrscheinlich, dass Françoise sich eingehend über ihren möglichen künftigen Verleger informiert hat. Stattdessen verlässt sie sich auf das Urteil Colette Audrys. Als sie an diesem kalten Januartag die Verlagsräume von Julliard betritt, ist sie furchtbar nervös. Am Empfang nuschelt sie ein »Bonjour«, übergibt der Dame dort einen ihrer drei Umschläge und trägt sich in ein Auskunftsdokument ein – das war's. Die Dame sagt, mit einer Antwort könne es dauern, sie müsse sich gedulden.[174] Françoise nickt, sie bekommt kein Wort heraus. Die erste Station ist abgehakt, weiter geht es zur nächsten.

Nur wenige Meter entfernt, auf der Rue Sébastien-Bottin, ist Françoise bei den Éditions Gallimard angekommen. Der Verlag gehört nicht zu den von Colette Audry empfohlenen – wahrscheinlich, weil diese sich nicht vorstellen kann, dass das altehrwürdige Verlagshaus, die literarische Heimat von Größen wie Proust, Beauvoir und Malraux, den Roman einer völlig unbekannten Erstautorin veröffentlichen möchte. Bei Gallimard veröffentlicht zu werden, das gilt in der französischen Kultur- und Literaturszene als ultimative Weihe, als Beweis dafür, dass man es geschafft hat. Gallimard, das steht für Weltliteratur, Prestige, Klasse. Kein Wunder, dass Françoise ihr Glück dort zumindest versuchen möchte. Florence, die ja bei Gallimard arbeitet, um Hilfe zu bitten, käme Françoise aber nicht in den Sinn – sie will ihre Freundin nicht in Verlegenheit bringen.[175] Ob sie wohl eine schnelle Antwort erhalten könne, fragt Françoise die Sekretärin am Empfang, eine Madame Laigle. Die zeigt sich pikiert und antwortet pampig. Was glaubt diese junge Frau eigentlich, wer sie ist? Für Gallimard nehmen Autor*innen doch gerne lange Wartezeiten in Kauf! Dann eben nicht. Françoise zieht mit ihrem Manuskript wieder ab. Und bei Gallimard wird man sich später über die verpasste Chance – und über Madame Laigle – ärgern.[176]

Auf zur dritten Station. Bei den Éditions Plon auf der Rue Garancière wiederholt sich der Ablauf ein letztes Mal. Wieder überreicht Françoise der Empfangsdame einen Umschlag, wieder trägt sie sich in ein Dokument ein, wieder sagt man ihr, mit einer Antwort müsse sie sich etwas gedulden. Françoise nickt und verabschiedet sich. Ihr Manuskript landet bald im Lektorat, bei Michel Déon. Der ist von dem Buch beeindruckt und empfiehlt es Cheflektor Charles Orengo – dieser aber lässt das

Manuskript einen Monat lang liegen. Als man dann auf Mademoiselle Quoirez zugeht, ist es längst zu spät.

Um zumindest zwei Briefumschläge leichter macht Françoise sich auf den Heimweg. Jetzt kann sie nichts mehr tun außer abwarten. Abwarten, ob die kleine Geschichte, die sie geschrieben hat, jemanden interessiert. Ob sie gut genug ist, veröffentlicht zu werden.

WÄHREND FRANÇOISE mit ihrer Familie Suzannes 30. Geburtstag feiert, ihre Tage mit Lesen und Musikhören verbringt und sich fragt, was wohl aus ihrem kleinen Roman wird, beginnen sich im Hintergrund zahlreiche Rädchen zu drehen, erst langsam, dann immer schneller. Ein paar Tage nachdem Françoise ihren Umschlag abgegeben hat, liest Pierre Javet, Cheflektor bei Julliard, ihr Manuskript. Vor allem deshalb, weil ihn ihr junges Alter – ihr Geburtsdatum steht ja auf dem Umschlag – erstaunt. Nach wenigen Seiten hat *Bonjour Tristesse* ihn für sich eingenommen und Javet ist überzeugt davon, etwas Besonderes auf seinem Schreibtisch liegen zu haben. René Julliard wird informiert, das Manuskript an François Le Grix weitergeleitet, mit der Bitte, sich sofort darum zu kümmern. Le Grix, Spitzname »La Grise«, die Graue, ist der penibelste und akribischste Lektor des Verlags, besessen von der französischen Sprache und ihrer korrekten Anwendung. Ein Lektor alter Schule, der der klassischen Literatur zugetan ist und das erste Manuskript von Marguerite Duras abgelehnt hat.[177] Sorgfältig liest er nun Mademoiselle Quoirez' Manuskript und schreibt anschließend ein positives Gutachten. Er lobt Ton und Charme des Textes, die Mischung aus Nachsicht und Verbitterung, Pervertiertheit und Unschuld.[178] Grammatikalisch, befindet Le Grix, müsse an dem Text allerdings noch einiges gemacht werden. Er stolpert an verschiedenen Stellen über unsaubere Formulierungen und falsche Syntax. Außerdem, wäre *Bonsoir Tristesse* nicht ein viel besserer Titel?[179] Doch trotz seiner Mängel: Das Buch hat etwas an sich, etwas Magisches, Einzigartiges. Nun wartet es darauf, endlich von René Julliard gelesen zu werden.

Der diniert am Abend des 16. Januar, einem Samstag, bei Émile Roche, Politiker der extremen Linken und künftiger Präsident des Wirtschaftsrats.[180] Gerade ist René Coty offiziell zum neuen Präsidenten der Republik ernannt worden, als Nachfolger von Vincent Auriol. Nach dem Krieg hatten sich die Französ*innen so etwas wie einen demokratischen Aufbruch gewünscht – was sie bekamen, war eine neue Verfassung, die in vielem der der Dritten Republik ähnelte.[181] Das Parlament verfügt über einen Großteil der Macht, die Regierung ist von der parlamentarischen Unterstützung abhängig. Das Problem: Das politische Spektrum ist breit gefächert, die ideologischen Gräben sind tief. Der Eiserne Vorhang, der seit dem Ende des Zweiten Weltkriegs die Welt in einen West- und einen Ostblock teilt, spaltet auch die französische Politik: Die Gaullist*innen unter Führung Charles de Gaulles und die Kommunist*innen, die stärksten Kräfte im Parteiensystem, stehen sich unversöhnlich gegenüber. Stabile Regierungsmehrheiten zu finden und diese dann auch zu halten, ist schwierig. Mal wird die aktuelle Regierung gestürzt, mal gibt es tagelang gar keine Regierung.[182] Immerhin hat Auriol sich sieben Jahre in seiner Position gehalten – und damit dreizehn Regierungen kommen und gehen sehen. Kurzum: Die Vierte Republik treibt einen in den Wahnsinn, aber sie sorgt auch für nie abreißenden Gesprächsstoff. Erst kurz vor Mitternacht kehrt Julliard in seine Wohnung zurück, wo *Bonjour Tristesse* bereits auf ihn wartet, mit besten Empfehlungen von Javet und Le Grix. Der Verleger beschließt, nicht direkt ins Bett zu gehen, sondern schnell noch einen Blick in das Manuskript zu werfen. Untypisch sind solche nächtlichen Leseeinheiten nicht, sein Kammerdiener Marco findet ihn morgens regelmäßig tief schlafend in einem Sessel, ein Manuskript auf den Knien. Nicht so in dieser Nacht: Julliard steht unter Strom, er weiß genau, was für einen Fund er hier in den

Händen hält: einen möglichen Bestseller. Vielleicht denkt er an sein Vorbild Bernard Grasset und daran, wie der den blutjungen Raymond Radiguet berühmt machte – Françoise Quoirez, die Autorin von *Bonjour Tristesse*, ist ähnlich jung, erst achtzehn Jahre alt. Möglich auch, dass Julliard an die anderen beiden jungen Françoises denkt, deren Bücher er erfolgreich publiziert hat: Françoise d'Eaubonne und Françoise Mallet. Junge Autorinnen, zumal junge Françoises, zu fördern, hat sich für ihn bisher durchaus gelohnt. Und wie schön wäre ein weibliches Triumvirat der Françoises? Sehr wahrscheinlich denkt Julliard auch an seine Konkurrenz, daran, dass ihm jemand Mademoiselle Quoirez und ihr kleines, zauberhaftes Buch vor der Nase wegschnappen könnte. Panik macht sich breit. Was tun? René Julliard will keine Sekunde länger warten. Um vier Uhr am Sonntagmorgen gibt er telefonisch ein Telegramm für Françoise Quoirez auf: »Erwarte Sie unbedingt um 11 Uhr in meinem Büro.«

Doch um 11 Uhr vormittags ist von Mademoiselle Quoirez weit und breit nichts zu sehen. René Julliard wird ungeduldig. Er lässt seine Sekretärin bei den Quoirez anrufen. Dort geht Julia Lafon ans Telefon. Sie könne Mademoiselle leider nicht stören, erklärt sie. »Ich rufe im Auftrag von René Julliard an, dem Verleger. Er muss sie heute noch treffen«, versucht Julliards Sekretärin, ihr die Dringlichkeit der Lage zu vermitteln. Julias Antwort: »Mademoiselle schläft. Rufen Sie später wieder an … nach 14 Uhr.« Das tut die Sekretärin, erreicht endlich die – nun immerhin ausgeschlafene – Mademoiselle Quoirez und bittet sie, um 17 Uhr zu René Julliard nach Hause zu kommen.[183]

*

Was spürt Françoise in dem Moment, als sie den Hörer auflegt? Fühlt sie etwas in ihrem Bauch, etwas Flatterndes, Ungestümes? Ist sie nervös? Aufgeregt? Ahnt sie, dass ihr Traum wahr wird? So viel ist sicher: Dass Julliard sie an einem Sonntag unbedingt treffen möchte, ist ein gutes Zeichen. Als Vorbereitung auf das Gespräch trinkt Françoise ein großes Glas Cognac und bittet Florence, sie zur Rue de l'Université zu begleiten. Ihren Eltern erzählt sie nichts, sie will erst abwarten, was bei dem Gespräch herauskommt. Im schwarzen Buick ihres Vaters – den Führerschein hat sie zwei Tage nach ihrem 18. Geburtstag gemacht[184] – chauffiert Françoise sich und Florence durch Paris, über den Fluss ans linke Seine-Ufer. Am Ziel angekommen verabschiedet sich Florence und wünscht ihrer Freundin alles Gute. Françoise bleibt allein zurück und betritt das Haus.

In seiner Wohnung unterzieht René Julliard seinen Gast drei Stunden lang einem Kreuzverhör: »Haben Ihre Eltern das Buch gelesen? Waren Sie selbst Vorbild für Cécile? Und Ihr Vater, ist der Raymond?« Françoise verneint. *Bonjour Tristesse* sei eine ausgedachte Geschichte, sie basiere nicht auf realen Ereignissen und Cécile sei auch nicht ihr selbst nachempfunden. Julliard nickt zufrieden und erleichtert, die Jugend seiner Autorin ist bereits Skandal genug, mehr braucht es nicht. Aus der Perspektive eines Verlegers ist Françoise die perfekte Mischung: beruhigend, da wohlerzogen und aus einer guten Familie; aufregend, da genau im richtigen Maße freiheitsliebend und emanzipiert.[185] Sie weiß sich auszudrücken, mit ihr muss man keine Angst vor öffentlichen Auftritten und Interviews haben. Nachdem das Wichtigste geklärt ist, unterhalten sich René Julliard und Françoise über Françoises Kindheit, ihre Familie, darüber, was sie interessiert. Françoise, fremden Menschen gegenüber von Natur aus zurückhaltend, taut nach und nach auf. Sie merkt, dass Monsieur Julliard sie und ihr Buch mag, dass ihm gefällt, was er hört. Am Ende des Gesprächs fragt der Verleger Françoise, was sie sich denn als Garantiezahlung vorstellen würde. Françoise, die keine Ahnung vom Verlagswesen und noch weniger von finanziellen Dingen hat, nennt eine Summe, die ihr spontan angemessen erscheint: 25 000 Francs. Eine Summe, die Julliard, ohne zu zögern, verdoppelt. Die Erstauflage soll 5000 Exemplare umfassen, nicht die für einen Debütroman üblichen 3000. Den Vertrag würde Françoises Vater für sie unterzeichnen müssen, sie selbst sei ja noch minderjährig. Ob das ein Problem sei? Aber nein.[186]

*

Als Françoise am frühen Sonntagabend auf die regennasse Straße tritt, ist sie nicht mehr Françoise »Kiki« Quoirez, kleine Schwester, aufmüpfige Schülerin, gescheiterte Studentin. Sie ist Françoise Quoirez, angehende Schriftstellerin. Beschwingt läuft sie in Richtung Boulevard Saint-Germain, wo Véronique im *Café de Flore* auf sie wartet. »Du kannst einen Whisky bestellen«, verkündet Françoise, sobald sie ihre Freundin sieht, »ich werde eine berühmte Frau sein. Ich werde im Jaguar herumfahren und ich werde Pelzmäntel haben.« Eine durchaus akkurate Vision ihres zukünftigen Selbst. Françoise ist besoffen vor lauter Glück. Zum Abendessen mit ihren Eltern erscheint sie an diesem Tag zu spät. »Ich bin Schriftstellerin, ich habe einen Vertrag mit Julliard, Papa muss ihn unterschreiben …«, sprudelt es aus Françoise heraus. Ihre Mutter beeindruckt das wenig: »Dir täte es besser, pünktlich zum Essen da zu sein.« Dass tatsächlich jemand den Roman ihrer Kiki verlegen möchte, damit hätten die Eltern nicht gerechnet. Als sie *Bonjour Tristesse* wenig später endlich lesen, findet Pierre Quoirez dennoch wohlwollende Worte: »Es ist ziemlich schön erzählt.«[187] Gleichzeitig ist er erstaunt, dass seine Tochter all das geschrieben hat: Woher nimmt sie diese Ideen? Empört vom Inhalt des Buches ist im Hause Quoirez niemand, die Eltern geben ihr Einverständnis für die Veröffentlichung. Ihr Familienname! Auf einem Buchcover! Doch es soll nicht sein. René Julliard bittet Françoise darum, sich ein Pseudonym zuzulegen. Quoirez, das hat einfach nicht den richtigen Klang einer Schriftstellerin.[188] Das *quoi* klingt wie »was«, das *rez* zu hart. Françoise willigt ein. Aber wie soll sie sich nennen? Welcher Name passt zu ihr? Eine Antwort darauf findet sie, wie so oft, in der Literatur. Genauer gesagt: bei Proust.[189] Planlos blättert sich Françoise durch sein Epos *Auf der Suche nach der verlorenen Zeit*, bis ihr ein Satz ins Auge springt:

> »›Odette, Sagan sagt Ihnen guten Tag‹, machte Swann seine Frau aufmerksam. Und in der Tat, wie in einer Theater- oder Zirkusapotheose oder auf einem alten Bild, ließ der Fürst sein Pferd zu einer großartigen Ehrenbezeugung Front machen und richtete an Odette einen theatralischen, gewissermaßen allegorischen Gruß, in dem die ganze ritterliche Höflichkeit des großen Herrn sich entfaltete, der vor dem Weibe sich neigt, mag auch eine Frau es verkörpern, mit der seine Mutter oder Schwester nicht verkehren könnten.«[190]

Bonjour und *Sagan*, das passt für Françoise zusammen, hat einen stimmigen Klang. Und *Bonjour*, wie in *Bonjour Tristesse*! Ihr gefällt auch dieser Fürst von Sagan: so flamboyant und beeindruckend und dandyesque. Sie blättert weiter, bis sie an diese Stelle kommt:

»Nun trafen allerdings diese großen Männer bei den Guermantes die Prinzessin von Parma, die Fürstin Sagan
(Françoise, die immerfort von ihr hörte, nannte sie, weil sie
das Femininum für grammatisch erforderlich hielt, die
Sagante) und manche andern Damen, aber deren Gegenwart rechtfertigte man: sie gehören zur Familie oder seien
Jugendfreundinnen, die man nicht ausschließen könne.«[191]

Da stehen sie nebeneinander, *Sagan* und *Françoise*. Zwei Wörter, die eine Einheit bilden könnten, einen neuen Namen.
Françoise Sagan.

TEIL II

EIN CHARMANTES MONSTER

1954−1956

»Zu schreiben bedeutet nicht, sich zu offenbaren,
sondern ein Bild von sich zu projizieren,
das die anderen im Gedächtnis behalten sollen,
ein Bild, das jeder selbst entdecken muss.«[1]

ALS BONJOUR TRISTESSE am 15. März 1954 erscheint, passiert vorerst: nichts. Frankreich ist mit anderen Dingen beschäftigt als mit dem Romandebüt einer 18-Jährigen. Mit dem Ende der Kältewelle beispielsweise: Im Januar und Februar sanken die Temperaturen auf bis zu −25 Grad,[2] mehrere Menschen starben und die Lage war so dramatisch, dass sich am 1. Februar ein junger Priester in einer emotionalen Radioansprache an die Französ*innen wandte:»Meine Freunde, zu Hilfe!« Er forderte seine Mitbürger*innen auf, »hinter dem Ofen« hervorzukommen, um denen zu helfen, die keinen Ofen hatten, nämlich Obdachlosen, die der klirrenden Kälte in der französischen Hauptstadt schutzlos ausgesetzt waren. Seine Ansprache machte den 1912 als Henri Antoine Grouès geborenen »Abbé Pierre« landesweit bekannt und löste eine Welle der Solidarität aus. Nun, wo die Temperaturen nicht mehr dauerhaft im Minusbereich liegen, richtet sich die Aufmerksamkeit der Französ*innen wieder auf das Weltgeschehen, vor allem auf die französische Niederlage im Indochinakrieg und auf die Wasserstoffbombe *Bravo,* die Anfang März von den USA auf dem Bikini-Atoll gezündet wurde und ungefähr tausendmal so stark ist wie die Bombe, die Hiroshima zerstörte. Mal wieder scheint die Erde kurz vor der endgültigen Vernichtung zu stehen. Es sind aufwühlende Zeiten und die denkbar schlechtesten, um ein Buch zu veröffentlichen.

*

Wie jede Autorin, jeder Autor, kann Françoise es kaum erwarten, in eine Buchhandlung zu gehen und ihr Buch dort in der Auslage zu erspähen, es in die Hand zu nehmen, es vielleicht

sogar zu kaufen. Wenige Tage nachdem *Bonjour Tristesse* offiziell erschienen ist, betritt Françoise aufgeregt eine Buchhandlung auf dem Boulevard Saint-Germain. Und tatsächlich: Da ist
es! Ihr Buch! Die Verkäuferin allerdings rümpft die Nase und
rät ihrer Kundin vom Kauf dieses höchst unanständigen Werkes ab.[3] Wenn sie wüsste, dass es sich bei der Kundin um die
Autorin höchstpersönlich handelt … Ihr eigenes Buch kaufen
ist das eine, aber noch schöner ist es für Françoise, als sie eines
Tages im Bus eine Frau beobachtet, die in die Lektüre von *Bonjour Tristesse* vertieft ist. Françoise könnte platzen vor Stolz:
»Diese wunderbare Frau las mein Buch mit jener Aufmerksamkeit, die ich mir von all meinen Lesern erhoffte.«[4] Doch die
Freude ist nur von kurzer Dauer: Die Leserin gähnt ausgiebig
und steckt das Buch in ihre Tasche. Hat die Lektüre sie gelangweilt? Das zumindest ist Françoises Interpretation. »Gebroche-
nen Herzens«[5] steigt sie an der nächsten Haltestelle aus. Das
Autorinnendasein, merkt sie, ist ein ständiges Auf und Ab,
ein Wechsel von Glücksgefühlen und Zweifeln an den eigenen
Fähigkeiten.

*

Gemäß seiner üblichen Strategie, ein Buch erst einmal auf
den Markt zu werfen und abzuwarten, was passiert, hat René
Julliard für *Bonjour Tristesse* keine große Werbekampagne geplant. Er setzt darauf, dass der Roman dank seines Themas und
seiner jugendlichen Autorin ganz von allein für Aufmerksamkeit sorgen wird. Mit einem Instant-Erfolg scheint man im Verlag allerdings nicht zu rechnen, denn sowohl René Julliard als
auch Cheflektor Pierre Javet verabschieden sich pünktlich zur
Veröffentlichung in den Winterurlaub. Und dann das: Schon
nach wenigen Tagen muss nachgedruckt werden. Da die Her-

ren Julliard und Javet abwesend und bis auf weiteres unerreichbar sind, fällt die Entscheidung, in welchem Umfang nachgedruckt werden soll, der Vertriebschefin Rolande Prétat zu. Sie muss eigenständig und unter Zeitdruck beschließen, was zu tun ist: Nachdrucken, ja. Aber wie viele Exemplare? Vorsicht oder volles Risiko? Normalerweise hätte Prétat, als Frau und Vertrieblerin, kein Recht, eine dermaßen wichtige Entscheidung zu treffen. Für sie steht viel auf dem Spiel: Entscheidet sie falsch, steht sie als inkompetent und unzuverlässig da. Doch letztendlich hat sie keine Wahl, sie kann nicht auf die Rückkehr des Männerduos Julliard-Javet warten und gibt eine zweite Auflage von 3000 Exemplaren in Auftrag. Julliard ist zufrieden, auch wenn er, zurück im Büro, kommentiert: »Ich hätte 4000 drucken lassen.« Javet hingegen gibt sich verschnupft und wirft Prétat ihre eigenmächtige Entscheidung vor. Françoise, der die tüchtige Mitarbeiterin leidtun dürfte, schließt mit ihr eine Wette ab: Ab 100 000 verkauften Exemplaren von *Bonjour Tristesse* wird sie Rolande Prétat für jedes weitere verkaufte Exemplar einen Franc geben. Die Vertriebschefin willigt gutmütig ein – für sie wie für Françoise klingt ein solches Szenario einigermaßen unrealistisch (Spoiler: Prétat wird ihren Scheck bekommen). Schon bald muss wieder nachgedruckt werden, und diesmal lässt sich René Julliard nicht lumpen: Die dritte Auflage liegt bei 25 000 Exemplaren, die vierte, die kurz vor den Sommerferien gedruckt wird, bei 50 000.[6] Ein Wahnsinnserfolg – der anfangs nur auf Mundpropaganda basiert: Keine der großen Zeitungen schreibt etwas über Françoise Sagan, nirgendwo wird *Bonjour Tristesse* besprochen.

FRANÇOISES BUCH hat also tatsächlich ganz von allein, ohne ausgefeilte PR-Strategie, sein Publikum gefunden, wird gelesen und weiterempfohlen. Worum aber geht es denn nun in diesem Roman, der so viele Leser*innen in seinen Bann schlägt? Geschrieben ist er aus der Sicht von Cécile, einer 17-jährigen Halbwaisen und Internatsschülerin aus Paris, die den Sommer mit ihrem Vater Raymond, einem charmanten Lebemann, sowie seiner jungen, etwas einfältigen Geliebten Elsa Mackenbourg in einer südfranzösischen Villa verbringt. Dass etwas passieren wird, das Céciles Leben nachhaltig verändert, deutet sich schon auf der ersten Seite an:

>Ich zögere, diesem unbekannten Gefühl, dessen Wehmut und Süße mich bedrücken, einen Namen zu geben, den schönen, ernsten Namen Trauer. Es ist ein so umfassendes, so egoistisches Gefühl, dass ich mich seiner fast schäme, während mir Trauer doch immer als etwas Achtbares erschienen ist. Ich kannte sie vorher nicht, ich kannte nur die Wehmut, das Bedauern, seltener die Reue. Heute aber umschließt mich etwas wie Seide, zermürbend und weich, und trennt mich von den anderen.«[7]

Zunächst jedoch genießt Cécile ihre Ferien. Die Tage plätschern vor sich hin, es gibt keine Verpflichtungen, nur Sonne, Meer, den Besuch von Cafés und Bars am Abend. Vater und Tochter haben eine joviale, vertraute Beziehung. Cécile beginnt eine Liaison mit dem Jurastudenten Cyril, den sie zwar mag, in den sie aber nicht ernsthaft verliebt ist: »Abends gingen wir zusammen oft in die Nachtlokale von Saint-Tropez, wir tanzten zu den verwehten Tönen einer Klarinette und sagten uns Liebesworte, die am Abend so süß klangen und die ich am nächsten Morgen vergessen hatte.«[8] Die träge Idylle wird bald von Anne Larsen gestört, einer Pariser Modedesignerin und Freundin von Céciles verstorbener Mutter. Anne stört sich an dem ziellosen Dahintreiben Céciles und hält sie dazu an, sich auf ihr Examen im Herbst vorzubereiten, welches sie beim ersten Anlauf nicht bestanden hat (woher nur kommt einem dieses Szenario bekannt vor?). Cécile, hin- und hergerissen zwischen Bewunderung und Ablehnung, empfindet die attraktive und intelligente Anne als Bedrohung für den von ihr und Raymond praktizierten Lebensstil. Ein Lebensstil, der auf Sorglosigkeit, Pflichtvergessenheit und einem vergnügten In-den-Tag-hinein-Leben basiert. Zu ihrem Entsetzen muss Cécile feststellen, dass Anne Gefühle für Raymond hat und dass er diese Gefühle erwidert. Die beiden werden ein Paar und planen zu heiraten. Ein diszipliniertes, ordentliches Leben mit Anne als Ersatzmutter und Raymond als gezähmtem Ehemann? Das kann und will Cécile sich nicht vorstellen. Sie ersinnt einen perfiden Plan, um Raymond eifersüchtig zu machen. Cyril und die geschasste Elsa, beide eingeweiht, sollen vorgeben, ein Liebespaar zu sein – und Raymond so vor Augen führen, was er aufgibt, wenn er sich für eine Ehe mit Anne entscheidet. Der Plan funktioniert, Raymond reagiert eifersüchtig und wird schwach, er und Elsa werden von Anne in einer eindeutigen Situation erwischt. Anne reagiert verletzt und gedemütigt, was Cécile zum ersten Mal bewusst werden lässt, »dass ich ein lebendiges, sensibles Wesen verletzt hatte und keine abstrakte Idee«[9]. Sie hat Schuldgefühle, doch ihre Intrige lässt sich nicht mehr rückgängig machen. Am Boden zerstört und tieftraurig fährt Anne in ihrem Auto davon. Cécile und ihr Vater erhalten einige Stunden später die Nachricht, dass sie tödlich verunglückt ist. Unfall oder Selbstmord? Das bleibt offen, aber Cécile glaubt, die Wahrheit zu kennen. Vater und Tochter kehren nach Paris zurück, in ihr altes Leben. Nur ab und zu denkt Cécile wehmütig an den Sommer, an Anne.

*

Bonjour Tristesse ist ein kurzer Roman, im französischen Original nicht einmal 150 Seiten lang. Eine leise Melancholie durchzieht die Seiten, ein Geruch von salzigem Meer und warmem Sand, von zufriedener Trägheit und tiefem Verrat. Françoises Sätze haben einen Rhythmus, eine Melodie, sind leicht und schwebend. Sie ziehen die Leser*innen hinein in Céciles Welt, in der selbst ein simples Frühstück eine ganz eigene Poesie besitzt: »Ich biss in die Orange, zuckriger Saft spritzte in meinen Mund, dann ein Schluck von dem schwarzen, kochend heißen Kaffee und wieder die Frische der Frucht.«[10] *Bonjour Tristesse* ist das, was man als perfekte Urlaubslektüre bezeichnen könnte: dazu geeignet, es in einem Rutsch und ohne allzu große Konzentrationsleistung durchzulesen. Und doch ist das, was Françoise in diesem Buch erzählt, keine oberflächliche Geschichte. Sie beschäftigt sich mit moralischen Fragen, damit, welche Konsequenzen das Handeln einzelner für andere hat. Es sind existenzialistische Fragen. In der Ferienvilla ist Anne die einzige Erwachsene: Cécile, Raymond und Elsa verhalten sich wie Kinder, sie wollen nur das machen, worauf sie Lust haben. Anne zu heiraten würde für Raymond bedeuten, diese von ihm selbst geschaffene kindliche Welt zu verlassen, und damit seine Rolle als ewig jugendlicher Charmeur. Dass er dazu bereit ist, darf bezweifelt werden, sonst würde er sich nicht so bereitwillig wieder auf Elsa einlassen und Anne verletzen. Wie Cécile übernimmt er keine Verantwortung für sein Handeln, stellt sich keine Frage nach der eigenen Moral.

Lakonisch und luftig erzählt Françoise eine Geschichte, in der es mal nicht darum geht, welchen Mann die Protagonistin am Ende heiratet. Das begeistert viele Leser*innen. Françoises Sprache ist zeitgemäß und jung, gleichzeitig aber nicht zu *avantgarde*, was ihren Roman unglaublich lesenswert und unterhaltsam macht – gerade in einer Zeit, wo der *Nouveau Roman* mit seinem experimentellen Stil als die neueste literarische Mode gilt. Autor*innen wie Alain Robbe-Grillet und Nathalie Sarraute erheben die Form über den Inhalt, machen die »Sachwelt zum Romanhelden«[11] und schreiben alles in allem Bücher, die vielen einigermaßen unlesbar erscheinen. Ganz anders Françoise: In *Bonjour Tristesse* trifft klassischer Schreibstil auf modernes Thema, jugendlicher *ennui* auf Lebensfreude.

INZWISCHEN HABEN AUCH die Medien mitbekommen, dass etwas Außergewöhnliches passiert, dass der Debütroman einer 18-Jährigen sich unerwartet zum Bestseller entwickelt hat. Der erste Artikel über *Bonjour Tristesse* erscheint in der März-April-Ausgabe der illustrierten Wochenzeitung *Paris Match*. Bebildert wird der Text mit einem Foto Françoises, die auf dem Teppich liegt und auf ihrer Schreibmaschine tippt, oder eher: so tut, als ob. Ihr Blick ist der Fotografin Sabine Weiss zugewandt, den Kopf hat sie lässig in die linke Hand gestützt, während die rechte über der Tastatur schwebt. Die dazugehörige Schlagzeile lautet: »Hinter *Bonjour Tristesse* steckt eine achtzehnjährige Colette«. Colette, welch schmeichelhafter Vergleich! *Grande dame* der französischen Literatur, Autorin von Klassikern wie der *Claudine*-Reihe, *Chéri* und *Gigi*, darüber hinaus Journalistin und Varieté-Künstlerin. Eine Frau, die wie keine andere französische Schriftstellerin vor oder nach ihr geliebt, gelesen und geehrt wurde. Colette, mittlerweile einundachtzig Jahre alt und gebrechlich, hat schon immer einfühlsam über Frauen geschrieben und sich offen mit dem Thema weibliche Sexualität auseinandergesetzt. Vielleicht kommt daher der Vergleich: Hier ist nun eine junge Autorin, die altersmäßig Colettes Enkelin sein könnte und die ebenfalls über Frauen und Sexualität schreibt – dabei haben Colette und Françoise stilistisch nicht viel gemeinsam. Aber beide sind schreibende Frauen, und bei einer 18-jährigen Colette weiß man direkt, was man bekommt: eine weibliche Sicht der Dinge, ein bisschen Sex, ein bisschen Skandal. Colette stirbt im August 1954, Françoise hat ihr vorher noch ein signiertes Exemplar von *Bonjour Tristesse* zukommen lassen: »Für Madame Colette, in der Hoffnung, dass dieses Buch sie nur ein Zehntel der Freude empfinden lässt, die mir ihre Bücher gegeben haben.«[12]

Der *Paris Match*-Text stammt von Michel Déon – jenem Michel Déon, der es als Lektor bei den Éditions Plon von *Bonjour Tristesse* nicht rechtzeitig schaffte, den Cheflektor vom Potenzial des Manuskripts zu überzeugen, und der nun seine journalistische Tätigkeit dafür nutzt, Aufmerksamkeit auf das Buch zu lenken. Es ist bezeichnend, dass es in Déons Artikel weniger um das Buch als vielmehr um die Person Françoise Sagan geht. Sie ist ein Ereignis, aber eines, das der Rubrik *People* zugerechnet wird, nicht dem Feuilleton – ein Muster, das sich in den kommenden Jahren fortsetzen wird. Auch in anderen Medien erscheinen nun nach und nach Artikel über *Bonjour Tristesse*, der Großteil davon positiv.[13] Man will ergründen, wer diese *petite bourgeoise* ist, die aus dem Nichts auftauchte und nun problemlos tausende von Büchern verkauft.

*

Richtig in Fahrt kommt *Bonjour Tristesse* im Mai 1954, als Françoise der Prix des Critiques verliehen wird. Es ist ein wichtiger Preis, seine Jury besteht aus Größen der Literaturkritik sowie des Verlags- und Buchwesens. Ebendeshalb genießt der Preis ein hohes Ansehen: Schließlich wird er von Expert*innen verliehen, die, so meint man, literarische Qualität objektiv feststellen können. Dass der Prix des Critiques während seines Bestehens von 1945 bis 1984 nur an zwei Autorinnen vergeben wurde – an Françoise Sagan und Micheline Maurel – mag an der, natürlich objektiv festgestellten, Überlegenheit männlicher Autoren gelegen haben. Oder daran, dass die Expertenjury fast ausschließlich mit Männern besetzt war. Zumindest ist sie das im Jahr 1954: Die einzige Frau im Kreise von fünzehn Herren ist Dominique Aury, geborene Anne Cécile Desclos, Redakteurin der meinungsbildenden Literaturzeitschrift *Nouvelle Revue Française* (N. R. F.). Wenige Monate später wird sie unter dem Pseudonym Pauline Réage den erotischen Roman *Geschichte der O.* veröffentlichen und damit, in noch größerem Maße als *Bonjour Tristesse*, einen Skandal auslösen. Zu Aurys Kritikerkollegen in der Jury gehören, unter anderem, der N. R. F.-Herausgeber Jean Paulhan (Aurys heimlicher Liebhaber), der Schriftsteller und Philosoph Jean Grenier, der Kritiker Émile Henriot, der führende Vertreter des christlichen Existenzialismus, Gabriel Marcel, das zukünftige Mitglied der Académie Française Robert Kemp und der Schriftsteller Georges Bataille. Es sind in der Mehrzahl ältere Herren, Männer, die bereits zwei Kriege miterlebt haben. Männer, nicht von gestern, sondern eher von vorgestern.[14] Männer, auf deren Meinung Wert gelegt wird, die für die französische Öffentlichkeit definieren, was gute Literatur ist und was nicht. All das muss man wissen, um die Außergewöhnlichkeit ihrer Entscheidung zu verstehen: den Prix des Critiques 1954 an eine gerade einmal 18-jährige Erstautorin zu vergeben, die in ihrem Roman frei, leicht und ohne falsche Scham über weibliche Sexualität schreibt.

Die Preisverleihung findet am Montag, den 24. Mai statt, und Françoise hat eigentlich nicht vor, dem Ereignis beizuwohnen, schließlich ist sie bereits zu einer anderen Party eingeladen. Es erfordert das energische Einschreiten von René Julliard, um Françoise dazu zu bewegen, sich auf dem anlässlich ihres Preisgewinns veranstalteten Empfang einzufinden.[15] Françoise erscheint, nervös, aber gefasst, in einem grauen Kleid, mit Perlenkette und Handschuhen, die sie sich von ihrer Mutter geliehen hat.[16] Journalist*innen und Fotograf*innen drängen sich um sie, rufen ihr Fragen zu, machen Fotos. *Tout Paris* ist neugierig auf das neue It Girl der französischen Literatur, auf die junge Frau, die einen so aufsehenerregenden Roman geschrieben und dafür jetzt auch noch einen wichtigen Preis gewonnen hat. Der Empfang selbst ist eine steife Angelegenheit, es gibt Alkohol, Häppchen und Small Talk. Ihr Preisgeld von 100 000 Francs erhält Françoise in bar: Weil sie noch minderjährig ist, darf ihr kein Scheck ausgestellt werden. Zu Hause stopft Françoise die Scheine in ihrer typisch-nachlässigen Art in eine Schublade – ihre Mutter bekommt am nächsten Tag einen mittelschweren Schock, als sie das viele Geld entdeckt.[17] Der Prix des Critiques gibt Françoises noch junger Karriere den entscheidenden Stoß, indem er sie vom Sternchen zum Star, vom Überraschungserfolg zur ernstzunehmenden Schriftstellerin befördert. Er bestätigt, dass Françoise eine Prominente ist, wie es sie wohl nur in Frankreich geben kann: In keinem anderen Land wird Literatur dermaßen verehrt und können Schriftsteller*innen genauso zu gefeierten und bewunderten Stars werden wie Schauspieler*innen oder Sänger*innen – siehe Victor Hugo, Colette und Sartre.[18]

Doch obwohl der Preis verliehen ist, gehen die Diskussionen innerhalb der Jury weiter. Mit nur zwei Stimmen Mehrheit ist die Wahl auf Françoise und *Bonjour Tristesse* gefallen, ein denkbar knappes Ergebnis. Ausgerechnet der konservativ-christliche Gabriel Marcel, der sich während der Jury-Sitzung darum sorgte, welches Bild der französischen Familie *Bonjour Tristesse* im Ausland vermitteln würde, hat seine Stimme im letzten Augenblick Françoise gegeben und nicht dem von vielen favorisierten Jacques Audiberti, Autor von *Les Jardins et les fleuves*.[19] Diverse Jury-Mitglieder sehen sich deshalb in den Tagen nach der Preisverleihung genötigt, die Wahl sowohl zu rechtfertigen – man will sich schließlich keine Blöße geben –

als auch ihre Bedenken zum Ausdruck zu bringen. So betont Émile Henriot in *Le Monde*, die Auszeichnung von *Bonjour Tristesse* käme, trotz des unleugbar vorhandenen Talents seiner Autorin, keinesfalls einer Empfehlung dieses »unsittlichen« Buches an das große Publikum gleich. Die im Roman dargestellte Gleichgültigkeit gegenüber Gut und Böse lasse einen »erschauern«.[20] Ein unerwarteter *Bonjour Tristesse*-Fürsprecher offenbart sich in Form von François Mauriac, Literaturnobelpreisträger und neunundsechzig Jahre altes moralisches Gewissen der Nation. Konservativ, katholisch und so ziemlich der letzte, von dem man eine positive Besprechung des Romans erwartet hätte. Und doch: Am 1. Juni widmet Mauriac seinen Leitartikel auf der Titelseite des *Figaro* Françoise Sagan. Väterlich-wohlwollend nennt er sie »ein charmantes Monster von 18 Jahren« und »ein schreckliches kleines Mädchen« (später oft zusammengefasst und zitiert als »ein charmantes kleines Monster«). Er lobt den Stil und das Talent der jungen Autorin, zeigt sich aber gleichzeitig besorgt ob der Aussage des Romans:

> »Die Schamlosigkeit der weiblichen Jugend, diese Schwäre einer Epoche, in der die Wundmale nicht mehr zählen, ist sicher nicht das einzige Merkmal dieses winzigen Romanbändchens, aus dem wir eine Lehre ziehen können – falls uns danach zumute ist.«[21]

Trotz der mahnenden Worte ist Mauriacs Artikel eine Leseempfehlung: Ein skandalöser Roman, in dem es um außerehelichen Sex geht und der so hervorragend geschrieben ist, dass er einen konservativen Literaturnobelpreisträger begeistert? Her damit! In den kommenden Jahren wird Mauriac jedes von Françoises Büchern positiv besprechen und sie gegen Kritik in Schutz nehmen. Françoise mag ein kleines Monster mit fragwürdigen Moralvorstellungen sein, aber eines, an dessen Talent er glaubt.

*

Ältere Kritiker wie Émile Henriot oder François Mauriac sind nicht die einzigen, die *Bonjour Tristesse* problematisch finden – auch viele Leser*innen sind empört. Und das nicht unbedingt aus den Gründen, die Françoise erwartet hätte. Für sie besteht das Empörungspotenzial von *Bonjour Tristesse* ganz klar in Céciles amoralischem, ja grausamem Verhalten gegenüber Anne. In der Art und Weise, wie sie gelangweilt, kühl kalkulierend und zu ihrem eigenen Vorteil Menschen wie Figuren auf einem Schachbrett hin- und herschiebt: »So trat ich die Komödie los. Gegen meinen Willen, aus Lässigkeit und Neugier.«[22] Cécile wünscht sich nichts mehr, als von Anne als Erwachsene behandelt zu werden. Sie will Respekt. Doch durch ihr Verhalten, das macht Françoise klar, verdient sie diesen Respekt nicht. Zumal ihre Reue oberflächlich wirkt. Annes Tod stimmt Cécile traurig, ja. Trotzdem hat sie das bekommen, was sie wollte: ihr freies, unabhängiges Leben mit ihrem Vater. Céciles Mangel an Moral ist es aber nicht, der Teile der Leser*innenschaft empört. Nein, es geht natürlich um Sex. Die Sexszenen in *Bonjour Tristesse* sind weder besonders zahlreich noch besonders detailliert, reichen aber aus, um in den prüden 1950er Jahren für Aufregung zu sorgen – viele junge Frauen, so das Gerücht, würden das Buch nur heimlich lesen, fern von den wachsamen Blicken der Eltern. Viel schlimmer als der Sex an sich sind für die konservative Leserschaft allerdings die ausbleibenden Konsequenzen. Françoise resümiert:

»Man hatte etwas dagegen, dass [...] ein Mädchen dieser Zeit einfach über seinen Körper verfügte und an ihm Vergnügen fand, ohne dass darauf eine bis dahin als unerlässlich betrachtete Sanktion erfolgte. Inakzeptabel war weiterhin, dass dieses Mädchen über die Leidenschaften seines Vaters auf dem laufenden war, mit ihm darüber sprach und mit ihm dadurch eine Gesprächspartnerschaft im Bereich von Themen entwickelte, wie sie bis dahin zwischen Eltern und Kindern als tabu galten.«[23]

Statt für ihr promiskuitives Verhalten bestraft zu werden, lässt Cécile die Beziehung mit Cyril einfach hinter sich und kehrt in ihr Pariser Leben zurück – ihre Liaison hat keinerlei negative Konsequenzen. Das widerspricht dem moralischen Impetus der 1950er und einem beliebten literarischen Motiv, nach dem eine junge bürgerliche Frau, die vom rechten Weg abkommt (das heißt, Sex außerhalb der Ehe hat), fortan ein Dasein als »gefallenes Mädchen« führen muss. Françoise ist das durchaus bewusst und eine potenzielle Schwangerschaft in *Bonjour Tristesse* explizit Thema. An einer Stelle fragt Cyril Cécile, ob sie denn keine Angst habe:

»Ich sagte ihm, dass ich mich da auf ihn verließe, und er schien das natürlich zu finden. Vielleicht hatte ich mich ihm deshalb so leicht hingegeben: weil er mich nicht verantwortlich machte und weil er, wenn ich ein Kind bekäme, der Schuldige wäre. Er übernahm, was ich zu übernehmen nicht ertrug: Verantwortung.«[24]

Cécile ist auf naive Weise davon überzeugt, dass ihr nichts zustoßen kann, weil in ihrem Leben bisher immer alles so gelaufen ist, wie sie es wollte. Genau wie bei ihrer tödlichen Intrige gegen Anne ist sie nicht bereit, sich selbst als handelnde Person zu begreifen und Verantwortung für ihre Taten zu übernehmen. In einer Zeit, in der junge Frauen, die außerehelichen Geschlechtsverkehr haben, nichts mehr fürchten als eine ungewollte Schwangerschaft, in der jede sexuelle Begegnung für sie drastische Konsequenzen haben kann, setzt Cécile darauf, dass im Zweifelsfall Cyril »der Schuldige« wäre. Und damit derjenige, der sich um eine Lösung kümmern muss. Instinktiv weiß Cécile, dass ihr nichts passieren kann, weil Geld da ist, um die Probleme verschwinden zu lassen. Es ist eine hellsichtige Analyse, die Françoise hier liefert und die auf ihren eigenen Erfahrungen mit ungewollt schwangeren Frauen basiert. Vielleicht ist es auch das, was an *Bonjour Tristesse* so empört: Céciles Mir-doch-egal-Haltung gegenüber einer potenziellen Schwangerschaft und was das über sie und die Scheinheiligkeit der Bourgeoisie aussagt. Auch unverheiratete Mädchen aus gutem Hause werden schwanger, scheint Françoise zu sagen – aber sie haben die nötigen Mittel, um das Problem relativ unkompliziert und ohne Gefahr für ihr Leben loszuwerden.

*

Wenn so viele junge Menschen sich von *Bonjour Tristesse* angesprochen fühlen, dann deshalb, weil Françoise eine Art hat, vom Jungsein und Erwachsenwerden zu sprechen, die nicht gekünstelt und aufgesetzt wirkt, sondern authentisch. So amoralisch und gefühlskalt Cécile auch sein mag, sie eignet sich trotzdem als Vorbild für eine Jugend, die sich von den Erwachsenen wünscht, dass sie ihr auf Augenhöhe begegnen, so, wie Raymond es mit seiner Tochter tut. 1954 sehen Jugendliche in Frankreich zwar aus wie kleine Erwachsene, sie stecken aber in einem engen Korsett aus Vorschriften und Erwartungen und haben zu Hause quasi kein Mitspracherecht. Die libertäre Cécile hingegen, mit ihrem jugendlichen Vater und ihrer frei ausgelebten Sexualität, rebelliert gegen die Ordnung der Erwachsenen, dagegen, dass ihr jemand vorschreibt, wie sie zu leben hat – und steht damit für eine Entwicklung, die in der Realität schon längst stattfindet. Junge wohlerzogene Frauen aus gutem Haus gehen mit Männern ins Bett, scheint Françoise zu sagen. Sie warten nicht mehr auf eine gute Partie, sie sparen sich nicht auf für ihren künftigen Ehemann. Sie schlafen mit Männern, einfach deshalb, weil sie Lust dazu haben. Viele bürgerliche Eltern werden sich bei der Lektüre von *Bonjour Tristesse*, nicht zu Unrecht, gefragt haben: Könnte das auch unsere Tochter sein?[25]

Unbeabsichtigt hat Françoise also einen Roman geschrieben, dessen Protagonistin eine Vorreiterin der sexuellen Revolution ist. Unbeabsichtigt deshalb, weil Françoise ihren Roman ganz sicher nicht mit der Absicht verfasst hat, zu skandalisieren – sie wollte einfach eine Geschichte erzählen. Abgesehen davon ist sie selbst alles andere als aufmüpfig, versteht sich hervorragend mit ihren Eltern und träumt davon, eines Tages eine eigene Familie zu haben, einen Ehemann, Kinder. Gleichzeitig mag sie es, zu flirten, sich zu amüsieren.[26] Aber warum sollten sich diese Dinge gegenseitig ausschließen? Es macht ihr Spaß, mit den Konventionen zu spielen, zu testen, wie weit sie diese dehnen kann – sie will sie nicht bekämpfen, sondern für sich selbst das Beste rausholen. Wahrscheinlich ist es gerade das, was Françoise zu so einem unwiderstehlichen Symbol für viele junge Französ*innen werden lässt: ihre Mischung aus bürgerlichen Manieren und unbekümmerter Freiheit sowie die Tatsache, dass sie eher wie das nette Mädchen von nebenan wirkt oder eine coole Cousine als wie eine meinungsstarke Aktivistin. Françoise selbst fühlt sich in der Rolle als Vorzeige-Jugendliche nicht wohl und erklärt, sie habe nie den Eindruck gehabt, »die Jugend zu repräsentieren, genauso wenig wie Sartre oder Mauriac die Repräsentanten von Männern ihrer Generation sind. Ich habe es einfach gemocht, das Leben eines jungen Mädchens meines Alters zu führen ... Spaß zu haben, zu lachen.«[27] Sie mag keine Etiketten oder Schubladen, will nicht Teil von etwas sein, schon gar nicht von irgendeiner Mode, und fühlt sich wohler in der Rolle der passiven Beobachterin.[28] Sie ist einfach sie selbst.

Doch ob sie es nun gut findet oder nicht: Françoise wird zum Prototyp der hedonistischen Jugendlichen, der freien jungen Frau, zum Sprachrohr einer wachsenden Gegenkultur. Sie ist, auch dank ihres Erfolgs, frei und unabhängig in einem Moment, wo junge Frauen es in der Regel nicht sein können. Außerdem passt sie wunderbar zum Zeitgeist, zu einem Land, das gerade einen wirtschaftlichen Aufschwung erlebt und die schweren Jahre des Kriegs endlich hinter sich lässt. Man sehnt sich nach Ablenkung und Unterhaltung, und zunehmend ist auch die Kaufkraft da, sich diese zu leisten. Françoise verkörpert die Sehnsüchte und Hoffnungen einer ganzen Generation – der Generation, die wie sie selbst während des Kriegs aufgewachsen ist, deren Kindheit und Jugend durch permanente Bedrohung und Mangel geprägt waren. Besorgten Müttern versichert Françoise augenzwinkernd, sie sei zwar Teil der aktuellen »Ernte der Nachkriegszeit«, aber wie allgemein bekannt sei, verstecke sich in jeder Ernte auch Unkraut.[29]

Ein paar Gemeinsamkeiten mit jungen Menschen ihres Alters stellt Françoise dann aber doch fest: »Es scheint mir, dass wir heute größere Lust haben, uns zu unterscheiden. Von unseren Eltern, von anderen. Und unsere Idole waren älter als wir, ob es sich um Sartre oder Billie Holiday handelt. Wir haben Lust, sie zu bewundern, anstatt uns mit ihnen zu identifizieren.«[30] Doch die Zeit ist gekommen für neue Idole, junge Idole. Idole, die man nicht nur bewundern, sondern mit denen man sich auch identifizieren kann. 1954 erscheint nicht nur *Bonjour Tristesse*: In Los Angeles beginnt ein 23-jähriges Nachwuchstalent namens James Dean mit den Dreharbeiten zu *Jenseits von Eden*. In Memphis, Tennessee, nimmt der 19-jährige Elvis Presley seine ersten Songs auf. Und die 15-jährige Rosemarie Magdalene Albach, die seit kurzem den Künstlernamen Romy Schneider benutzt, begegnet zum ersten Mal dem Regisseur Ernst Marischka, der sie als Sissi ein Jahr später weltberühmt machen wird. Noch gibt es ihn nicht: den Teenager als eigene soziale Gruppe, mit eigener Sprache, eigenen Codes, eigener Moral. Noch ist die Konsumgesellschaft nicht so weit entwickelt, dass junge Menschen als eigene Zielgruppe entdeckt werden. Noch gelten sie als kleine Erwachsene, werden aber wie Kinder behandelt. Noch. Denn etwas passiert. Und Françoise ist Teil davon.

DURCH DEN GEWINN des Prix des Critiques wird Françoise endgültig zu einer öffentlichen Person. Ganz Frankreich weiß, wer sie ist, und für einen kurzen, einen ganz kurzen Moment, denkt sie:»Das ist es also, was man Ruhm nennt.«[31] Sie ist glücklich, dass ihr Buch nicht nur veröffentlicht wurde, sondern dass es gelesen und gekauft wird, dass es eines Preises würdig ist. Doch der Moment zieht schnell vorüber, das überwältigende Gefühl des Glücks hält nicht lange an. Denn mit dem Ruhm ist auch die Anonymität vorbei. Françoise Sagan, die noch vor kurzem Françoise Quoirez war, ist mehr als nur eine Schriftstellerin: Sie ist ein Phänomen. Das zeigt sich, nicht zuletzt, an den Verkaufszahlen: Bis Oktober gehen 100 000 Exemplare von *Bonjour Tristesse* über den Ladentisch.[32] Ihr neues Dasein als Star-Autorin bedeutet für Françoise vor allem: jede Menge Interviews. Nachdem wochen- und monatelang nur *über* sie gesprochen wurde, will man nun endlich *mit* ihr sprechen. Françoise fügt sich, wie immer ganz die höfliche Tochter aus gutem Hause. Begeistern kann sie sich für das ewig gleiche Spiel aus Frage und Antwort aber nicht, ihr kommt das Ganze abstrus und komisch vor. Ihr erstes Interview gibt sie zu Hause bei ihren Eltern:

»Der Journalist war ein Gelegenheitsstotterer, der prompt
die Gelegenheitsstotterin weckte, die in mir schlummert
und sich immer wieder bemerkbar macht. Wir saßen also
im kleinen Wohnzimmer und folgten dem klassischen
Interview-Schema, während die Tür zum großen Wohnzimmer nebenan, in dem meine Mutter gerade Hüte auf-
probierte, halb offenstand. ›Und wie sind Sie zur Li-li-li-

teratur gekommen?‹ fragte mich mein Gegenüber neugierig. Antwort: ›Also, d-d-das kann ich Ihnen w-w-wirklich nicht so g-g-genau sagen …‹ Als ich ihn schließlich erschöpft zur Tür gebracht hatte, fand ich meine Mutter mit Lachtränen in den Augen im großen Wohnzimmer vor; ihr Gesicht war geradezu schmerzverzerrt, weil sie sich so lange bemüht hatte, diesen fürchterlichen Lachanfall zu unterdrücken.«[33]

Trotz ihrer gewohnten Zurückhaltung ist Françoise ein Naturtalent im Interviewgeben. Mehr noch: Sie macht daraus eine eigene Kunstform. Dabei kommt ihr zugute, dass sie über ein schier unerschöpfliches »Sympathiekapital«[34] verfügt: Sie ist *Everybody's Darling*, die Öffentlichkeit liebt sie. In Interviews ist Françoise authentisch und macht den Leuten nichts vor, sie begegnet ihren Gesprächspartner*innen stets zuvorkommend und aufmerksam, auf Fragen antwortet sie ruhig, ernsthaft und in formvollendeten Sätzen. Nie sagt sie etwas Dummes, immer hat sie perfekt formulierte Bonmots und amüsante Anekdoten parat. Vor allem aber lässt sie sich durch nichts aus der Fassung bringen.[35] Das beweist sie nirgends besser als in einem Interview, das der Humorist Pierre Desproges 1975 für die satirische Fernsehsendung *Le Petit Rapporteur* mit ihr führt: Desproges gibt einen dilettantischen Anfänger-Journalisten, nervös und tollpatschig. Françoise, Zigarette in der Hand, bleibt entspannt und liebenswürdig und beantwortet geduldig jede der abstrusen Fragen:

> »DESPROGES: Nun, wie geht es denn gesundheitlich so?
> SAGAN: Sehr gut, danke, es geht sehr gut.
> DESPROGES: Ihnen geht es gut?
> SAGAN: Jaja, es geht mir sehr gut …

DESPROGES: Es gibt keine Probleme?

SAGAN: Nein. Ein leichter Schnupfen, wie ihn ganz Paris hat.

DESPROGES: Äh, was will ich sagen. Nicht schlecht, das Kleid, kein schlechter Stoff, was ist das für ein Stoff?

SAGAN: Eine Mischung aus Leinen und Flanell, ich weiß es nicht.

DESPROGES: Fusselt das nicht?

SAGAN: Äh nein, es fusselt nicht, es ist ein eher trockener Stoff.«[36]

Schnell merkt Françoise, dass niemand mit ihr über ihr Buch oder ihren Arbeitsprozess sprechen möchte, was ihr ganz recht ist, weil sie beides nicht gerne diskutiert.[37] Stattdessen wird sie danach gefragt, wie voll ihr Bankkonto ist, wohin sie in den Urlaub fährt, was sie von der freien Liebe hält. Françoise antwortet bereitwillig auf alle möglichen und unmöglichen Fragen, ist offen, ohne jemals etwas wirklich Intimes preiszugeben. Intuitiv weiß sie, dass sie den Medien und der Öffentlichkeit nicht zu viel von sich selbst überlassen darf.

*

So exzellent Françoise im Interview-Ping-Pong sein mag, den Diskurs über ihr Buch kann sie trotzdem nur bedingt steuern. Immer wieder wird sie danach gefragt, wie viel von ihr in Cécile stecke: »Seit *Bonjour Tristesse* hat man mich systematisch beschuldigt, mich selbst porträtiert zu haben. […] Was auch immer ich mache, die Heldin, das bin ich! Sicher gibt es Gemeinsamkeiten. Wenn eine Frau über eine andere Frau spricht, kann es gar nicht anders sein.«[38] Für Öffentlichkeit und Medien scheint es unvorstellbar zu sein, dass Autorinnen über etwas oder jemand anderes schreiben könnten als sich selbst. Ist nicht jedes von einer Autorin verfasste Buch eine mehr oder weniger offensichtliche Autobiografie? Nur mit einem der von ihr geschaffenen Charaktere wird Françoise sich jemals öffentlich identifizieren, und das ist Lucile Saint-Léger, die Heldin ihres Romans *Chamade*: »Lucile, das bin ich […]. Sie ist ein Wesen, das gegen die Zwänge unserer kleinbürgerlichen Welt rebelliert […], das halb Frau, halb Kind ist […], eine Unverantwortliche.«[39]

*

Weil ihr Buch als skandalös gilt, geht man davon aus, dass die Autorin selbst es eben auch ist: mondän, wild, eigenwillig. Und Françoise bestätigt dieses Bild: Von ihrem ersten selbst verdienten Geld hat sie einen gebrauchten, knallroten Jaguar XK140 gekauft, mit dem sie sich und ihre Freund*innen durch Paris chauffiert. Die Liebe für schnelle Autos hat Papa Pierre ihr vererbt, der ebenfalls gerne auf der Überholspur unterwegs ist. Seine Tochter hat er zum ersten Mal »fahren« lassen, als sie acht Jahre alt war, auf seinen Knien sitzend, das große Lenkrad in den kleinen Kinderhänden.[40] Pierre Quoirez ist es auch, den Françoise um Rat fragt, als sie nicht weiß, was sie mit dem vielen Geld, das sie plötzlich besitzt, machen soll. Eigenes Geld zu haben, und dann auch noch so viel davon, ist für sie etwas Neues. Sie ist überfordert. Ihr Vater befindet: »In deinem Alter sollte man es am besten zum Fenster rausschmeißen.«[41] Genau das macht Françoise. Sie kauft den Jaguar und einen Mantel aus Leopardenfell, sie trinkt Whisky, sie raucht, sie geht feiern und bekräftigt so den Eindruck von Presse und Öffentlichkeit, dass sie, ihrer eigenen Aussage zum Trotz, doch eine ganze Menge mit Cécile gemeinsam hat. Françoise konstatiert: »1954 musste ich zwischen den beiden Rollen wählen, die man mir anbot: Skandalschriftstellerin oder junges bürgerliches Mädchen, dabei war ich weder das eine noch das andere.«[42] Sie fühlt sich als »Gefangene«[43] einer ihr aufgezwungenen Persönlichkeit, wie ein »Objekt«[44]. In den Augen der anderen ist sie eine lebende Legende, das Mädchen, das angeblich innerhalb weniger Wochen einen Bestseller geschrieben und mit diesem eine ganze Nation schockiert hat. Das Mädchen, das viel trinkt, viel feiert und immer Spaß zu haben scheint. Françoise hat Schwierigkeiten, dieses Fremdbild mit dem Bild, das sie selbst von sich hat, zu vereinen. Sie sieht sich nicht als Legende, denn letztendlich, so findet sie, besteht jede Legende doch nur aus Klischees.[45] Aber manche Klischees sind eben wahr: Françoise Quoirez und Françoise Sagan mögen beide schnelle Autos, starken Alkohol und gute Partys. Für ihre Leser*innen und die Medien ist Françoise eine literarische Heldin, deren Leben über die Buchseiten hinausgeht. Françoise merkt, wie diese Françoise Sagan, ihre eigene Schöpfung, ihr entgleitet – und das macht ihr Angst. Sie versucht, sich unsichtbar zu machen, betritt Restaurants nur noch mit gesenktem Kopf. Sie sehnt sich danach, normal zu sein, nicht ständig unter Beobachtung zu stehen. Für die einen ist sie eine perverse junge Frau, für die anderen ein kleines Naivchen oder eine Betrügerin, die ihr Buch gar nicht selbst geschrieben hat.[46] Für Françoise selbst zählt nur eins: dass sie eine Schriftstellerin ist. Eine echte: »Und vor allem war da dieses unbeschreibliche, gewaltige und unwiderstehliche Gefühl, zu schreiben und gelesen zu werden, und das konnte mir niemand wegnehmen.«[47] Françoise mag davon geträumt haben, berühmt zu sein, aber nichts und niemand hat sie darauf vorbereitet, was passieren würde, wenn dieser Traum in Erfüllung geht. Nun muss sie einen Weg finden, mit ihrer neuen Rolle klarzukommen: »Ich habe ziemlich lange gebraucht, um zu merken, dass ich eine Maske brauche, sie über mein Gesicht stülpen muss. Ich habe die Maske meiner Legende aufgesetzt, und sie hat aufgehört, mich zu stören.«[48] Die Maske stört deshalb wenig, weil sie Françoises »offensichtlichen Neigungen entspricht: der Geschwindigkeit, dem Meer, der Mitternacht, allem, was leuchtet, allem, was schwarz ist, allem, was einen in die Irre führt und dadurch ermöglicht, dass man sich findet«[49].

Die Maske ist ihr Schutzschild. Sie erlaubt es Françoise, in der Öffentlichkeit eine Rolle zu spielen, in die Haut eines Charakters – Françoise Sagan – zu schlüpfen, der vieles, aber eben nicht alles mit ihr gemeinsam hat. Françoise muss akzeptieren, dass sie kaum einen Einfluss darauf hat, wie andere sie sehen: »Meine einzige Lösung, zu der ich mich lebhaft beglückwünsche, war zu tun, wozu ich Lust hatte: feiern.«[50] Und so verkörpert sie genau das Bild, das andere von ihr haben. Haben wollen. Mit all ihren Widersprüchen und Vorlieben.[51]

BERÜHMTHEIT, DAS ZEIGT sich ärgerlicherweise, bringt viele Verpflichtungen mit sich. Ein Termin reiht sich an den nächsten. Ständig lächeln, ständig präsent sein. Bei einer dieser endlos scheinenden Veranstaltungen, einem Cocktailempfang bei den Éditions Denoël, lernt Françoise Bernard Frank kennen. Florence stellt die beiden einander vor, und Françoise ist von dem »struppigen« jungen Mann jüdischer Abstammung »mit buschigen Brauen, einer schönen Stimme und schönen Händen«[52] sofort beeindruckt. Sie kennt seinen 1953 veröffentlichten Essay *Géographie universelle* – Bernard erscheint ihr als begnadeter Autor sowie, dank seiner Freundschaft mit Sartre, »als der Intellektuelle schlechthin«[53]. Für Sartres Zeitschrift *Les Temps Modernes* schreibt Bernard vor allem über Literatur und scheut dabei vor starken Meinungen nicht zurück. Legendär ist sein Text vom Dezember 1952, der sich mit der Bewegung der *Hussards* beschäftigt, einer Gruppe junger Schriftsteller um Antoine Blondin und Roger Nimier, die sich inhaltlich wie stilistisch vor allem vom Existenzialismus sartrescher Prägung abgrenzt. Die *Hussards* – übrigens eine Bezeichnung, die sie für sich ablehnen – sind ihrem Selbstverständnis nach antikonformistisch, lässig und ungezwungen. Ihr literarischer Stil ist kurz und bissig, ihre politischen Ansichten sind eher dem rechten Spektrum zuzuordnen. Bernard findet die *Hussards* schlicht »faschistisch«[54] und lästert: »Unter ihrem frivolen Aussehen verstecken die Hussards eine wunde Seele. Sie befürchten, dass man sich ihrer *Ernsthaftigkeit* nicht genug bewusst ist.«[55] Das ist Bernard Frank, wenn er will: Jedes Wort eine Ohrfeige, ausgeführt mit selbstbewusster Arroganz und einer gewissen Schadenfreude.

Bernard ist angetan von Françoise, zeigt das aber aus Cool-ness-Gründen nicht und gibt sich ihr gegenüber »ausgespro-chen sarkastisch«[56]. Er hat *Bonjour Tristesse* zwar gelesen, kennt ansonsten aber nur die Presseberichte über die sensationelle Jungautorin und hat sie insgeheim schon als literarische Ein-tagsfliege mit wenig Tiefgang abgeschrieben. Grundsätzlich begegnet Bernard allem, was gerade angesagt ist, zunächst skeptisch. Ein wenig Eitelkeit schwingt da auch mit, denn Ber-nard wartet noch auf seinen großen Durchbruch. Anders als *Bonjour Tristesse* ist sein 1953 erschienener Debütroman *Les Rats* kein Bestseller geworden. Das ist umso frustrierender, da man in literarischen Kreisen einiges von dem 24-Jährigen er-wartet. Sartre soll ihm gesagt haben: »Sie sind intelligenter, als ich es in Ihrem Alter war.« Eine Einschätzung, die Bernard durchaus teilt. Er plant, eines Tages seinen großen französi-schen Roman zu veröffentlichen, den Roman, der ihn zu einem berühmten Schriftsteller machen wird. Dieser Tag aber wird nie kommen und Bernard stets vor allem für seine Essays, Por-träts und Aphorismen bekannt sein. Seine Stärke sind nicht die großen Geschichten, sondern die kleinen, scharfsichtigen Be-obachtungen zu Kultur und Gesellschaft.

Eine ordentliche Portion Whisky hilft über Bernards an-fängliche Distanziertheit hinweg – er und Françoise sind beide der Marke Johnnie Walker zugetan. Während Florence an ihrem Pampelmusensaft nippt, erkundigt sich Bernard bei Françoise, ob der berühmte Jaguar denn auch mit von der Par-tie sei. Eine Frage, die dem puren Eigeninteresse dient: »Weil es eine ungünstige Zeit war, um ein Taxi zu rufen, hoffte ich, von Françoise nach Hause gefahren zu werden. Zu eitel, um anfällig für ihren Erfolg zu sein, bewunderte ich sie dafür, dass sie, mit 18 Jahren, Auto fuhr.« Bernard, der selbst keinen Führerschein besitzt (und nie einen besitzen wird), findet die Vorstellung, dass eine junge, berühmte Frau ihn nach Hause chauffiert, sehr ansprechend. Doch Françoise entschuldigt sich, sie hätte gerade einen kleinen Unfall gehabt und sei deshalb nicht mit dem Auto unterwegs.[57] Bernard muss also zusehen, wie er nach Hause kommt. *Quel dommage.* Für ihn steht fest: Er will Françoise wiedersehen. Mit oder ohne ihren Jaguar.

*

Françoise aber macht erst einmal Urlaub. Um dem Presserummel, der nach dem Prix des Critiques um sie ausgebrochen ist, zu entkommen, zieht sie sich Anfang des Sommers mit ihrer Familie nach Hossegor zurück. Doch selbst hier hat sie keine Ruhe vor den Medien, die natürlich nur zu gerne wissen möchten, wie Mademoiselle ihren Urlaub verbringt. Unter den Journalist*innen sind zwei, mit denen Françoise sich anfreundet: Colette Hymans, die für das Frauenmagazin *Elle* schreibt, und Michel Déon, der es endlich geschafft hat, seine Auftraggeber bei *Paris Match* zu einem längeren Porträt über Françoise Sagan zu überreden – ein Unterfangen, das bisher immer mit dem Verweis auf Françoise Sagans mangelnde Berühmtheit abgeschmettert worden war. Als Déon Françoise in ihrem Feriendomizil aufsucht, ist er Mitte dreißig, hat bereits mehrere Romane veröffentlicht und wird den *Hussards* zugerechnet, jener Gruppe, über die Françoises neue Bekanntschaft Bernard Frank so genüsslich hergezogen ist. Während des Zweiten Weltkriegs war Déon Mitglied der faschistischen Action Française, die sich für eine Kollaboration mit dem Hitler-Regime aussprach, sowie Sekretär des rechtsextremen Dichters Charles Maurras. Im Frankreich der 1950er gelten solche Biografien nicht unbedingt als Makel, zumindest stellen sie kein berufliches Hindernis dar, weder für Déon noch für Maurras: Beide werden später zu

Mitgliedern der altehrwürdigen Académie Française gewählt. Doch noch ist Michel Déon kein »Unsterblicher« – wie die Mitglieder der Académie genannt werden –, sondern nur ein junger Autor und Journalist, der, so scheint es, mehr als nur ein bisschen angetan von Françoise ist. Als er in der von Papa Quoirez gemieteten Villa ankommt, ist die Stimmung nicht besonders ausgelassen, oder vielleicht hatte Déon nach all den Berichten über eine immer lustige, feiernde Sagan schlicht überzogene Erwartungen. Man trinkt etwas, unterhält sich. Françoise mag diesen schriftstellernden Journalisten-Lektor, obwohl er alles abzulehnen scheint, für das der von ihr hochverehrte Sartre steht. Ihre Sympathie drückt sie dadurch aus, dass sie Déon ein paar ihrer Gedichte gibt – eine durchaus ungewöhnliche Geste, denn normalerweise behält Françoise ihre Gedichte für sich. Sie ist überzeugt davon, kein lyrisches Talent zu haben. Eines der Gedichte begleitet später den gedruckten Artikel in *Paris Match*.[58] Die etwas reißerische Überschrift dazu lautet: »Françoise Sagan, einfaches kleines Mädchen, verdient Millionen, aber hat nachts Angst«. Gemeint ist: nachts im Bett. Eine fragwürdige Art, über eine erfolgreiche und preisgekrönte Schriftstellerin zu schreiben. Die Leser*innen erfahren außerdem, dass Françoise gerne in die *Bar Basque* geht und sich tagsüber am Strand sonnt. Es sind Belanglosigkeiten, doch die Öffentlichkeit stürzt sich mit Begeisterung auf jeden Fitzel aus dem ach-so-glamourösen Leben der Françoise Sagan.

*

Auch Bernard Frank liest den Artikel und beschließt, Françoise zu kontaktieren. Einige Zeit später ruft er sie in Paris an, und sie bestätigt ihm, dass sie sich natürlich noch an ihn erinnere. Einen Menschen wie Bernard Frank vergisst man schließlich nicht so schnell. Um seinen Anruf bei Françoise zu rechtfertigen, hat Bernard sich einen Vorwand überlegt: Er wolle *La Revue Blanche* neu auflegen, eine literarisch-künstlerische Zeitschrift, die von 1889 bis 1903 in Paris erschien. Ob Françoise an einer Mitherausgeberschaft interessiert sei oder zumindest daran, ein paar Texte beizusteuern? Insgeheim weiß Bernard, dass das Projekt eine Träumerei ist, aber darum geht es schließlich nicht. Françoise sagt zu, und die beiden verabreden sich bei Bernard zu Hause.[59] Das gemeinsame Vorhaben ist bald, wie erwartet, tot – dafür wird eine neue Freundschaft geboren. Als ersten Freundschaftsdienst kutschiert Françoise Bernard im Jaguar zu seinem Verleger Jean-Claude Fasquelle, der seinen Sitz auf der Rue de Grenelle hat. Françoises Parkmanöver im Hof wird von neugierigen Verlagsmitarbeiter*innen beobachtet, die alle Fenster im Haus weit geöffnet haben, um dem Spektakel beiwohnen zu können.[60] Bernard Frank wird von Françoise Sagan durch die Gegend gefahren! Na so was.

Die Freundschaft zwischen Françoise und Bernard wird Jahrzehnte überdauern und ist zeitweise so intensiv wie eine Liebesbeziehung. Françoise erklärt: »Trotz unserer diversen Häuser und Ehen waren wir immer ein Paar, und das einzige, was uns je getrennt hat, war die vergehende Zeit.«[61] Für Bernard ist Françoise schlicht die Frau seines Lebens. Er bewundert ihre Intelligenz, ihren Charme und ihre Nachsicht. Beide sind völlig vernarrt in Bücher. Man ist sich nahe, ohne vertraulich zu sein, und versteht sich ohne viele Worte – was vielleicht auch besser ist, denn wenn sie sprechen, sprechen sie so schnell, dass viele Probleme haben, sie zu verstehen. Zumal Bernard auch noch dazu neigt, undeutlich vor sich hin zu murmeln.[62]

Nicht immer geht es harmonisch zwischen den beiden zu: Bernard kann besitzergreifend, autoritär und eifersüchtig sein,[63] Françoise konfliktscheu und auf entnervende Art nachgiebig.[64] Bernard sagt Françoise nie, dass er das »kleine Meisterwerk«[65] *Bonjour Tristesse* bewundert – stattdessen behält er Françoises Büchern gegenüber stets eine ironische Distanz, spricht von ihren »albernen kleinen Romanen«[66]. Françoise hingegen zeigt Bernard offen, wie sehr sie ihn und sein Schreiben respektiert.[67] Über die Jahre hinweg wohnen die beiden immer mal wieder zusammen, oder besser gesagt, Bernard wohnt bei Françoise. So lange, bis es nicht mehr geht: »An bestimmten Tagen haben wir uns nicht mehr ertragen, wir hätten uns fast getötet.«[68] Bei so viel freundschaftlicher Leidenschaft und Liebe stellt sich die Frage: Warum versuchen Françoise und Bernard es nicht mal miteinander? Als Paar? Die beiden versuchen es tatsächlich, ein einziges Mal. Das Experiment gefällt weder ihr noch ihm. Nach dem misslungenen Beischlaf klagen beide getrennt voneinander Florence ihr Leid. Im Grunde besteht das Problem darin, dass Bernard auf ältere Frauen steht und Françoise auf ältere Männer.[69] So bleibt es eben, wie Bernard es ausdrückt, bei dieser »seltsamen Freundschaft, mehr gemacht aus langen Aussparungen, aus Zerwürfnissen und aus stillem Misstrauen als aus stürmischen Umarmungen.«[70] Wenn Françoise in einem ihrer schnellen Sportwagen durch die Straßen Frankreichs, durch ihr Leben rauscht, dann sitzt Bernard fast immer neben ihr auf dem Beifahrersitz. Weil das sein natürlicher Platz ist.

IM SEPTEMBER 1954, zwischen dem Ende ihres Sommerurlaubs und dem Beginn ihrer Freundschaft mit Bernard Frank, reist Françoise im Auftrag der *Elle* nach Italien. Hélène Gordon-Lazareff, die das Magazin 1945 gegründet hat, ist Fan der jungen Autorin und ihres frischen, leichten Schreibstils – Françoise verkörpert genau die Art von weiblicher Freiheit und Intelligenz, die Gordon-Lazareff sich für ihr Magazin wünscht. Die Mittvierzigerin ist eine erfahrene und passionierte Journalistin: Während des Zweiten Weltkriegs sind sie und ihr zweiter Ehemann Pierre Lazareff nach New York geflüchtet, wo Gordon-Lazareff, die fließend Englisch spricht, für die *New York Times* und *Harper's Bazaar* arbeitete. Zurück in Frankreich widmete Pierre Lazareff sich seiner Tageszeitung *France-Soir* und seine Frau der *Elle*.

*

Von Anfang an war *Elle* anders als andere Frauenzeitschriften. Hélène Gordon-Lazareff gestaltete sie nach amerikanischem Vorbild, nach dem, was sie bei *Harper's Bazaar* gelernt hatte. So erscheint *Elle* in Farbe und hebt sich dadurch radikal von dem eher strengen, einfarbigen – männlichen – Design der restlichen französischen Presse ab.[71] Inhaltlich setzt Gordon-Lazareff auf einen lockeren, schmissigen Ton sowie auf eine Mischung aus praktischer Lebenshilfe, Mode, Aktualität, starken Persönlichkeiten und Hochglanzbildern.[72] Dabei darf die Unterhaltung selbstverständlich nie zu kurz kommen, schließlich gilt es, Frauen vom oft deprimierenden Nachkriegsalltag abzulenken, von Nahrungsmittelrationierungen, vom Haushalt, vom Witwentum. *Elle* nimmt ihre Leserinnen ernst und ermutigt sie dazu, sich eine eigene Meinung zu bilden. Animieren, inspirieren, kreieren, so lautet die Devise.[73] Françoise Giroud, bis 1951 *Elle*-Chefredakteurin und spätere Staatssekretärin für den Status der Frau, erinnert sich:

> »Man kann nicht behaupten, *Elle* habe revolutionäre Ideen rübergebracht. […] Den Leserinnen von *Elle* predigte ich allerdings beharrlich, es gebe keine Unabhängigkeit, die nicht wirtschaftlicher Natur sei, und dass man sich die um jeden Preis erkämpfen solle – oder aufhören müsse zu klagen.«[74]

Von außen mag *Elle* glamourös und ein bisschen oberflächlich wirken. Tatsächlich aber veröffentlichen Hélène Gordon-Lazareff und ihr Team Artikel zum Thema Empfängnisverhütung, Abtreibung und sexuelle Selbstbestimmung.[75] Französische Frauen, finden sie, sollen ermutigt und befähigt werden, eine aktive Rolle in der Nachkriegsgesellschaft zu spielen – weibliche Emanzipation steht so im Dienste der Gesellschaft. Traditionelle Geschlechtsunterschiede gilt es zu wahren, schließlich soll eine spezifische – weibliche – Zielgruppe angesprochen werden: junge, gut gebildete, berufstätige und vor allem urbane Frauen, die über ein steigendes Einkommen verfügen. Die beworbenen Produkte, egal ob Kleidung, Kosmetik oder Kochzubehör, sind für die »typische« Frau produziert worden – die Mutter, die Hausfrau, die Liebhaberin.[76] Trotz aller Innovationskraft gilt es für das Team der *Elle,* die noch stark katholisch geprägte Leser*innenschaft zu bedenken. Wie Françoise Giroud trocken feststellt: »In Frankreich gibt es ganze Regionen, in denen eine Zeitschrift, die das Wort ›Liebhaber‹ zu drucken wagt, keinen Vertrieb findet.«[77]

Von ihren Angestellten und Kolleg*innen wird Hélène Gordon-Lazareff »Zarin« genannt, eine Anspielung auf ihre russischen Wurzeln und ihre Allmacht als Chefin.[78] *Elle* ist Hélène Gordon-Lazareff und Hélène Gordon-Lazareff ist *Elle*. Zusammen mit ihrem Ehemann formt sie ein *power couple*, das die Pariser Verlags- und Medienbranche dominiert. In ihrem Haus in Louveciennes, ein paar Kilometer außerhalb von Paris, geben die beiden regelmäßig Gesellschaften, auf denen sich alles tummelt, was in Medien, Kultur und Politik gerade angesagt und/oder wichtig ist. Die schönste Beschreibung des Paares stammt von Françoise Giroud:

> »Beide erschienen mir höchst außergewöhnlich, sie ähnelten einander, was die Lebhaftigkeit anging, das leidenschaftliche Interesse, das sie allem und jedem entgegenbrachten, doch sonst ähnelten sie niemandem.«[79]

Die Lazareffs haben Macht, können Themen platzieren, aufstrebende Stars fördern, kurz: mitbestimmen, worüber in der französischen Hauptstadt geredet wird. Hélène Gordon-Lazareff hat ein hervorragendes Gespür für den Zeitgeist, für Trends und für vielversprechende Talente: *Elle* gilt als das Magazin, das 1947 den von Christian Dior kreierten »New Look« lancierte und 1957 den Erfolg des jungen Couturiers Yves Saint-Laurent vorhersagte.[80] Anfang der 1950er führt Gordon-Lazareff auf den Seiten der *Elle* die amerikanisch inspirierte *sportswear* ein, die sie selbst so gerne trägt. Und 1949 zierte die unbekannte und erst 14-jährige Brigitte Bardot die Titelseite des Magazins.

*

Von ihrer neuen Autorin Françoise Sagan wünscht Gordon-Lazareff sich Reisereportagen in dem ihr unverwechselbaren Stil, aber durchaus mit Substanz. Die *Elle*-Leserin ist schließlich anspruchsvoll! Der mittlerweile 19-jährigen Françoise gefällt die Idee, den großen Schriftsteller*innen der Romantik gleich durch Europa zu reisen, Ideen und Eindrücke über die ungewohnte Umgebung zu notieren und diese sodann in kurzweiligen Texten mit einer interessierten Leser*innenschaft zu teilen. Françoises im Plauderton verfasste Texte sind voller kleiner Details und Humor. Neapel ist »Wäsche vor den Fenstern«, »Charme«, »Nichtstun«.[81] Auf Capri gilt: »Das Telefon funktioniert nicht immer, die Post trifft spät ein, Autos gibt es nur auf der winzigen Straße, Verabredungen sind nie ernst gemeint, die Menschen nie unangenehm.«[82] Weiter geht es nach Venedig, eine Stadt, die »ihre Reize offen zur Schau«[83] trägt. Die Texte sind unterhaltsam und leicht, wie Postkarten einer besonders lustigen Freundin. Es findet sich darin das ganze Arsenal der typischen Sagan-Themen: genüssliche Faulheit, die süße Freiheit des Nichtstuns, eine gewisse Langeweile und Nonchalance.

Hélène Gordon-Lazareff allerdings ist von dem Ergebnis enttäuscht. Der *Spiegel* lästert in einem späteren Artikel von 1956: »Die in ›Elle‹ veröffentlichten Reiseberichte Françoise Sagans waren so schludrig und belanglos, daß sich sogar die kaum verwöhnten ›Elle‹-Leserinnen fragten, ob man sie nicht vielleicht geblufft habe.«[84] Trotzdem gibt Gordon-Lazareff Françoise eine zweite Chance und schickt sie in Begleitung des Fotografen Philippe Charpentier in den Nahen Osten, nach Beirut, Jerusalem, Damaskus und Bagdad. Das Ergebnis fällt jedoch noch enttäuschender aus als nach der Italien-Reise, was vor allem daran liegt, dass Françoise kaum Augen für ihre Umgebung hat, sondern nur für ihren Begleiter. Nach einem Jahr Fernbeziehung Paris-Grenoble mit Louis Neyton ist sie nun wieder

Single und lässt sich nur zu gerne von Philippe Charpentier ab-
lenken. Die beiden baden, fahren Wasserski, gehen tanzen und
machen ab und zu Fotos von Zedern und Eseln. Obwohl auch
diese Reportage-Reise in den kritischen Augen von Hélène
Gordon-Lazareff kein Erfolg ist, werden alle Texte, sowohl die
aus Italien als auch die aus dem Nahen Osten, im September,
Oktober und Dezember 1954 in der *Elle* veröffentlicht. Françoise Sagan ist mittlerweile zu berühmt, als dass man von ihr
verfasste Artikel so einfach ablehnen und auf die damit verbun-
dene Publicity verzichten könnte.[85]

MIT JOURNALISTISCHEM TALENT scheint Françoise nicht bedacht zu sein. Dafür entdeckt sie eine andere Begabung: Songtexte schreiben. Dies verdankt sie ihrer neuen Bekanntschaft Michel Magne. Der Komponist und Musiker, nur vier Jahre älter als Françoise, ist im Juli 1954 mit seinem sogenannten »unhörbaren« Konzert in der Salle Gaveau bekannt geworden. Dabei kamen spezielle Tieftonlautsprecher zum Einsatz, die einen zwar unhörbaren, aber extrem unangenehmen Ultraschall (sogenannte infrasonorische Musik) verbreiteten, der bei einigen Besucher*innen Übelkeit auslöste.[86] Und weil das nicht reichte, ließ Michel außerdem die Saaltüren schließen und von durchtrainierten Rugbyspielern bewachen, damit das – erwartungsgemäß – aufgebrachte Publikum nicht fliehen konnte. Was für ein Spektakel! Es etablierte Michel Magne als echtes Original, als Provokateur und Avantgardisten. Als jemanden, der voller Ideen steckt. Er kennt *Bonjour Tristesse* und glaubt, dass dessen Autorin wunderbare Texte zu seiner Musik schreiben könnte:

> »Ich hatte *Bonjour Tristesse* aus Neugier gelesen, weil um mich herum alle davon sprachen […]. Es ist ein Meisterwerk der Poesie, der Empfindsamkeit. Es ist voller Sonne, Liebe, all das umhüllt von ein wenig Melancholie. Das inspirierte mich zu Musik. Seit langem suchte ich einen Texter, und schlagartig dachte ich, dass es wunderbar wäre, wenn Françoise Sagan etwas für mich schreiben wollen würde.«[87]

Im Frühjahr 1955 ruft Michel Françoise an, und die lädt ihn prompt zu sich nach Hause ein. Die beiden verstehen sich auf

Anhieb und begeben sich noch am selben Abend in die Bar *Les Trois Mailletz*, direkt gegenüber der Île de la Cité am linken Seine-Ufer. Michel nimmt am Klavier Platz, Françoise positioniert sich daneben, die beiden beginnen zu improvisieren. Der Komponist erzählt:»Françoise hat meine Musik sofort verstanden, und ich habe sofort ihre Poesie verstanden. Es reichte, dass ich einen Takt spielte, damit sie den Titel, den ersten Vers eines Gedichts, fand. Es reichte, dass sie Wörter zusammenfügte, damit ich eine Melodie fand.«[88] In dieser ersten Nacht, die bis in die frühen Morgenstunden andauert, komponieren die beiden *Sans vous aimer*:

> »Sans vous aimer
> Sans l'avoir jamais pu
> Je m'en vais oublier cet été
> Vous et l'été
> À jamais disparus
> Leur mémoire va bientôt s'effacer«

Das Lied wird zunächst live im Cabaret *Carroll's* gesungen, von Annabel Schwob de Lure, einem aparten Mannequin mit kurzen dunklen Haaren, auffälligen mandelförmigen Augen und androgynem Charme, das sich als Sängerin versuchen will. Annabel und Françoise werden einander von ihrem gemeinsamen Bekannten Michel Déon im *Carroll's* vorgestellt. Annabel erinnert sich:»Sie war ziemlich schüchtern, sehr kindlich, sie machte überhaupt nicht den Eindruck, eine Intelligenzbestie zu sein. Sie war zu intelligent dafür, der Ruhm amüsierte sie. Sie gefiel mir.«[89] Françoise mag Annabel ebenfalls und schlägt ihr vor, sie könne doch einige ihrer Chansons singen.[90] Zwischen den beiden entwickelt sich schnell eine liebevolle Freundschaft.

Oft treffen sich Françoise und Michel Magne bei ihm zu

Hause, in seiner kleinen Wohnung auf der Rue Lepic in Montmartre. Er improvisiert auf dem Klavier eine Melodie, sie erfindet dazu spontan Sätze, Strophen. Die perfekte Symbiose, unkompliziert und vor allem: produktiv. Gemeinsam schreiben sie zahlreiche Chansons, unter anderem für den Sänger Marcel Mouloudji.[91] Während Michel spielt, streckt Françoise sich auf seinem Samtsofa aus. An der Wand hängt eine große Fotografie, die Michel beim Dirigieren eines Chores in einer Kirche zeigt. Die Szene stammt aus dem Film *Le Pain vivant* von Jean Mousselle, für den Michel die Musik komponierte. Die Gesichter der Musiker*innen auf dem Bild sind durch die Köpfe von Freund*innen und Bekannten ersetzt worden, darunter Bernard Frank und Annabel Schwob de Lure. Im Vordergrund spielt Françoise Cello.

Chansons zu schreiben fällt Françoise leicht: Sie hat ein natürliches Gefühl für Rhythmus, für die Melodie eines Satzes – spricht man nicht seit ihrem Romandebüt von der ihr eigenen *petite musique*? Ihre Texte sind leicht und poetisch und immer durchzogen von der für sie so typischen Melancholie. Die Arbeit mit Michel fühlt sich für Françoise kaum wie Arbeit an, denn ihr neuer Freund ist nicht nur hochbegabt, sondern auch lustig und großherzig – zwei Eigenschaften, die Françoise sehr schätzt.[92] Michels Art von Humor mögen viele anstößig finden, Françoise hingegen, die selbst eine schelmische Ader hat, findet Michel schlicht zum Schreien komisch. Ach, wenn Arbeit doch nur immer so viel Spaß machen würde!

*

Das Jahr 1955 bringt Françoise eine weitere neue Freundschaft ein: die Sängerin Juliette Gréco. Natürlich haben die beiden Frauen schon voneinander gehört und sind sich begegnet, irgendwo, irgendwann, in den Bars und Cabarets von Saint-Germain-des-Prés, wo Juliette, mit ihrer dunklen, schönen Stimme, eine feste Größe ist. Am Ende spielt mal wieder Florence den *match maker* und stellt die beiden Frauen offiziell einander vor. Juliette ist ein paar Jahre älter als ihre neue Freundin. Geboren 1927 im südfranzösischen Montpellier, wuchs sie nach der Trennung der Eltern mit ihrer drei Jahre älteren Schwester Charlotte bei den Großeltern in Bordeaux auf. Die Mutter, Juliette Lafeychine, zu der Juliette stets ein schwieriges und distanziertes Verhältnis haben würde, war in den ersten Lebensjahren ihrer Töchter mehr oder weniger abwesend. Während des Zweiten Weltkriegs engagierte sich Lafeychine in der Résistance und wurde 1943 von der Gestapo verhaftet. Juliette und Charlotte flohen nach Paris, wo sie, sechzehn und neunzehn Jahre alt, ebenfalls festgenommen und ins zweitgrößte Gefängnis von Frankreich, Fresnes, transportiert wurden:

»Ich, ein Mädchen von sechzehn Jahren, lerne hier auf rüde Weise die kapitalen Fehler in der menschlichen Natur kennen. Der Ekel und mein Sinn für die Revolte haben hier ihren Ursprung; sie werden mich nie verlassen. Mein Blick auf den Menschen hat sich hier für alle Zeiten geändert.«[93]

Juliette hatte Glück, wurde ein paar Monate später nach Paris zurücktransportiert und dort entlassen. Ihre Mutter und Schwester sah sie erst nach dem Krieg wieder, die beiden waren im Konzentrationslager Ravensbrück interniert. Juliette hatte kein Zuhause, in das sie hätte zurückkehren können. Sie war ganz allein, außer einem Métro-Ticket hatte sie nichts und niemanden. Doch dann fiel ihr ein, dass ihre ehemalige Französischlehrerin Hélène Duc, eine Freundin ihrer Mutter, in Paris lebte und zugesagt hatte, im Fall der Fälle für Juliette und ihre

Schwester zu sorgen. Hélène Duc hielt Wort und besorgte der jungen Frau ein Zimmer und Essen. Außer dem blauen Baumwollkleid, das sie bei ihrer Verhaftung trug, besaß Juliette keine Kleidung. So behalf sie sich eben mit dem, was da war: Männliche Freunde – Kunststudenten und Möchtegernschauspieler – gaben ihr Klamotten, und weil diese viel zu groß waren, rollte Juliette alles auf, Hosen, Pullover, Hemden. Mit ihren langen, dunklen Haaren und ihrem exzentrischen Kleidungsstil zog sie auf der Straße die Blicke auf sich.[94] Eine neue Mode war geboren und bald schon ein neuer Star.

Juliette hatte nicht viel, aber was brauchte sie schon, außer den Bars und Bistros von Saint-Germain-des-Prés, wo man so viele interessante Menschen treffen konnte? Sie gehörte zu der von der gemeinen Bevölkerung misstrauisch beobachteten existenzialistischen Jugend – von Sartre indoktrinierte, schwarzgekleidete Möchtegernintellektuelle.[95] Dabei waren viele dieser angeblichen »Existenzialist*innen« einfach nur vom Krieg desorientierte und desillusionierte junge Menschen, die nach Alternativen zu den großen Denksystemen der Vergangenheit suchten. Existenzialismus, das bedeutete für sie, ihr Leben selber in die Hand zu nehmen, sich durch ihr Handeln zu definieren. Frei zu sein. Und frei sein, dazu gehörte eben auch: Jazz, Alkohol, Tanzen. Alles, was einen etwas spüren lässt, direkt, ganz unmittelbar. Das aber fanden viele Französ*innen anstößig. Simone de Beauvoir konnte darüber nur den Kopf schütteln: »Sartre, der die Jugend und den Jazz liebte, ärgerte sich über die gegen die sogenannten ›Existentialisten‹ gerichteten Angriffe. Umherstrolchen, tanzen, [Boris] Vian Trompete spielen hören, das sollte ein Verbrechen sein?«[96] Das Klischee von schwarzgekleideten jungen Menschen im Rollkragenpulli, die in Saint-Germain nichts anderes tun, als Jazz zu hören, zu tanzen, zu rauchen und über Philosophie zu diskutieren, hielt sich hartnäckig. Vielleicht, weil es ein so schönes Klischee war. Juliette Gréco, mit ihrem blassen Gesicht, ihren schwarzen Outfits und dem dramatischen Lidstrich, wurde in der Presse als »Muse« von Saint-Germain-des-Prés gefeiert. Zusammen mit Freund*innen betrieb sie das Kellerlokal *Le Tabou*. Sie träumte von der Schauspielerei, doch ihr Bekannter, der allgegenwärtige und umtriebige Jean-Paul Sartre, überredete sie, es doch mal mit dem Singen zu probieren:

> »Ich war 19 und eine kleine Schauspielerin, als Sartre zu mir sagte, ich solle morgen früh zu ihm kommen, ich solle singen. Ich konnte die ganze Nacht nicht schlafen und war um 9 Uhr bei ihm. Er hatte sich schon Bücher zurechtgelegt mit kleinen Papierzetteln darin. Er schlug mir Gedichte vor, die ich singen sollte. [...] Sartre hat mich zur Sängerin gemacht. [...] Er hat mir Flügel geschenkt, und ich bin damit losgeflogen.«[97]

Und wie sie flog! Sartre schrieb ein Lied für sie, dann Jacques Prévert, sie sang *Si tu t'imagines* von Raymond Queneau, und schon bald wollte alle Welt die »existenzialistische Sängerin« sehen.[98] Juliette Gréco war etwas Besonderes, das spürte das Publikum. Sie sang weniger, sondern interpretierte vielmehr Texte, verlieh ihnen mit ihrer ungewöhnlich tiefen Stimme Ausdruck. Ihre Handbewegungen waren expressiv, sie zeichnete die Worte mit ihrem Körper nach, machte sie fassbar, lebendig.[99] Juliettes Ruhm wuchs, auch im Ausland, und bald trat sie auf bedeutenden Bühnen auf, vor großem Publikum.

*

Als sie 1955 Françoise kennenlernt, ist Juliette seit zwei Jahren mit dem Schauspieler Philippe Lemaire verheiratet – die beiden werden sich 1956 trennen – und Mutter einer kleinen Tochter. Sie ist erfolgreich und gefragt. Eine Überlebende, die Verzweiflung und Armut kennt, aber auch das überwältigende Gefühl der Freiheit und des Alles-ist-möglich. Über Françoise sagt Juliette: »Unsere Leben unterschieden sich vollkommen, doch hatten wir beide den gleichen Drang nach Freiheit.«[100] Sie entdeckt in ihr eine verwandte Seele, jemanden, der ihre Freude am Risiko teilt. Gleichzeitig beobachtet sie bei ihrer Freundin jedoch »einen romantischen Hang zur Selbstzerstörung«[101], der ihr selbst fremd ist. Die beiden telefonieren fast täglich, ziehen durch die Bars und Clubs und fallen erst in den frühen Morgenstunden ins Bett. Juliette ist für Françoise jemand, der einem, ohne zu zögern, dabei helfen würde, eine Leiche im Garten zu vergraben. »Es gab niemanden, der freier, heiterer, zärtlicher, intelligenter war als Françoise Sagan«, sagt Juliette. »Es gab keine wundervollere Person. Sie machte immer das, was sie wollte.«[102]

Für Juliette schreibt Françoise zusammen mit Michel Magne sechs Chansons, die diese im Pariser Studio Blanqui aufnimmt. Zwei von ihnen sind der Firma Philips, die die Platte produziert, jedoch moralisch zu anstößig und werden gestrichen – in dem einem geht es um eine Ehebrecherin, in dem anderen liegt ein Mann tot und begraben in einem mysteriösen Garten (was gleichzeitig morbide und anzüglich klingt). Übrig bleiben die Lieder *Sans vous aimer*, *Le jour délaisse le ciel*, *Vous mon cœur* und *La valse*. Das Album *Juliette Gréco chante Sagan* erscheint 1956.[103]

AUCH IM AUSLAND ist man mittlerweile auf das französische Literaturphänomen namens Françoise Sagan aufmerksam geworden. Die Übersetzungsrechte werden in zahlreiche Länder verkauft, darunter Japan und Italien. Die deutsche Übersetzung erscheint im April 1955, und die *ZEIT* kommentiert, mit herablassender Bewunderung:

> »Literarische Sensation? Nein. Hübscheste Lektüre für den D-Zug. Zwischen Hamburg und Hannover ist es ausgelesen, so hübsch handlich, so hübsch kurz, so hübsch spannend, so hübsch übersichtlich, so hübsch empfunden, so hübsch gescheit – so hübsch, so hübsch. Und doch nicht süß, kein Kitsch, nur manchmal simpel, sehr psychologisch, instinktsicher, modernes Sujet, uralter Konflikt. Leicht und sicher erzählt, wie wir es-, nie erreichen. So menschlich proportioniert. Angenehm. Bonjour Françoise, en Allemagne!«[104]

Der *Spiegel* scheint entschlossen zu sein, das Phänomen Sagan zu ignorieren – 1955 widmet er ihr lediglich einen dürren Text, in dem es heißt, »Françoise Sagan, 18, Autorin des französischen Buchschlagers ›Bonjour Tristesse‹« arbeite an einem neuen Buch.[105] Erst 1956 veröffentlicht er einen ausführlicheren Artikel über die französische Erfolgsautorin. Darin erklärt der Verfasser, diese lebe »seit zwei Jahren von dem Nimbus [...], das verworfenste Genie-Früchtchen der französischen Literatur zu sein«[106]. Höhnisch und detailliert wird Françoises Signierstunde in einer Pariser Buchhandlung beschrieben:

137

»Galante Hände füllten ihr des öfteren das für sie obligate Whisky-Glas, und durch den süßlichen Dunst amerikanischer Zigaretten, die sie pausenlos rauchte, musterte die frivole junge Dame sybillinisch lächelnd die an ihrem Tisch vorbeidefilierende Kohorte der Autogrammjäger.«[107]

In einem ausführlichen Artikel von 1958 wird *Bonjour Tristesse* dann als »Teenager-Konfession«[108] bezeichnet. Der Begeisterung für Sagan und ihr Werk tut diese süffisante Arroganz keinen Abbruch: *Bonjour Tristesse* wird auch in Deutschland ein großer Erfolg.

Die amerikanische Übersetzung von *Bonjour Tristesse* erscheint im Februar 1955. Schon wenige Monate nach Veröffentlichung des französischen Originals hatte die in Paris lebende amerikanische Journalistin Janet Flanner in ihrer *New Yorker*-Kolumne *Letter from Paris* von dem aufsehenerregenden Debüt berichtet: Die junge Frau sei zwar eine miserable Studentin, so Flanner, dafür aber »eine geborene Schriftstellerin«[109]. Stilistisch ähnele sie Raymond Radiguet: »Er hat die gleiche jugendliche, flinke und ungekünstelte Art, Charaktere und Szenen hinzusetzen, als wären sie auf Glas geschrieben, mit dem einfachen, dauerhaften, klassischen französischen Wortschatz des achtzehnten Jahrhunderts.«[110]

In Amerika ist man gespannt auf die phänomenale Französin, und so taucht eine Gruppe amerikanischer Journalist*innen vom Magazin *Life* in Paris auf, bewaffnet mit Notizblöcken, Stiften und Aufnahmegeräten. Ihr Zielobjekt aber hat sich mit ein paar Freund*innen in den Wintersportort Megève zurückgezogen und denkt gar nicht daran, den Urlaub für ein Interview zu unterbrechen. Ein Telegramm ihres Verlags mit der Aufforderung, sich unverzüglich auf den Weg nach Paris zu begeben, beantwortet Françoise genervt: »Bin im Urlaub.

Zwecklos Geld zu verdienen, wenn nicht möglich, es auszugeben.«[111] Mal wieder erfordert es die energische Intervention René Julliards, der seine Autorin an ihre beruflichen Pflichten erinnert. Françoise fügt sich:

> »Ich gehorchte noch gern dem, was, wie man mir sagte, unerlässlich war; ich glaube noch an dieses ›Unerlässliche‹, und im Übrigen lag ich da gar nicht falsch: Publizität ist für den Verkauf eines Buches unerlässlich. Nur gibt es mehrere ›Unerlässlichkeiten‹ im Leben – und das wusste ich noch nicht.«[112]

*

Unerlässlich ist ein Besuch in den USA, wo *Bonjour Tristesse* mittlerweile mühelos zum Bestseller avanciert ist. Als jüngste Autorin überhaupt hat Françoise es auf Platz 1 der *New York Times*-Bestseller-Liste geschafft. Und so besteigt das französische Wunderkind im April ein Flugzeug nach New York, um dort höchstpersönlich sein Buch zu bewerben: »Man hatte mir gesagt, ich müsse Amerika davon überzeugen, dass die Autorin von *Bonjour Tristesse* weder eine grauhaarige alte Dame noch ein hinterlistiger Mitarbeiter des Verlags Julliard sei.«[113] Im Gepäck hat sie einen Haufen teurer Kleider, eine Leihgabe verschiedener Couturiers, die sich die Gelegenheit nicht entgehen lassen wollen, *la Sagan* einzukleiden.[114] Françoise repräsentiert schließlich Frankreich, Paris! Da darf nichts dem Zufall überlassen werden, zumal Mademoiselle bisher, abgesehen von ihrem geliebten Leo-Mantel, keine modische Finesse gezeigt hat. Ein Flugzeug vom Typ *Super Constellation* bringt Françoise und ihre Schwester Suzanne, inzwischen Mutter zweier Kinder, in siebzehn Stunden Flugzeit über den Atlantik und zum New

Yorker Kennedy Airport, der damals noch Idlewild heißt.[115] Dutzende Fotograf*innen erwarten »Mademoiselle Tristesse« und Françoise hält Einzug »im Stil von La Dolce Vita«[116].

Amerika live – was für ein Erlebnis! Françoises Alltag ist, wie der vieler junger Französ*innen, von amerikanischen Einflüssen geprägt, von amerikanischen Filmen, amerikanischer Musik und amerikanischen Stars. Unmittelbar nach dem Krieg erließen die USA dem wirtschaftlich geschwächten Frankreich 2,8 Milliarden Dollar Schulden und gewährten ihm Millionenkredite. Im Gegenzug öffnete Frankreich die heimischen Kinos für amerikanische Filmproduktionen – vorher hatte ein restriktives Quotensystem dafür gesorgt, dass in französischen Kinos vor allem französische Filme liefen. Für die Vereinigten Staaten nun die perfekte Möglichkeit, »westliche« Werte nach Frankreich zu exportieren und es gegen die verführerischen Versuchungen des Kommunismus zu impfen, vor denen der republikanische Senator Joseph McCarthy seit 1950 so eindringlich warnt.[117] In Amerika spekulierte man außerdem darauf, dass amerikanische Filme ein Mittel gegen den in Frankreich herrschenden Antiamerikanismus sein könnten. Die *Grande Nation* fühlt sich den USA kulturell überlegen, schließlich blickt man auf eine jahrtausendealte Geschichte zurück – im Gegensatz zu Amerika, das gerade einmal ein paar hundert Jahre auf dem Buckel hat. Hinzu kommt verletzte französische Eitelkeit: De Gaulle mochte direkt nach der Befreiung von Paris verkündet haben, Frankreich habe diese allein sich selbst zu verdanken – die Wahrheit, das wissen die Französ*innen, sieht anders aus. Janet Flanner fasst treffend zusammen:

»Sie hören von einem Franzosen nie eine Erklärung dafür, wieso es geschehen konnte, dass Frankreich mit seiner überlegenen alten Kultur und seiner Kenntnis dessen, was für Europa gut ist, in eine Lage kam, die es nötig machte, die unwissenden, stümperhaften und wichtigtuerischen Amerikaner ins Land zu rufen, damit sie den Karren aus dem Dreck zögen.«[118]

Wo Amerika für traditionelle und ältere Französ*innen eine Bedrohung ist, ein Angriff auf französische Werte und Kultur, saugt Françoises Generation begierig alles auf, was von der anderen Seite des Atlantiks kommt. Amerika, das steht für Moderne, für Fortschritt, für Individualität. Für alles, was das immer noch – mit Ausnahme von Paris – vorwiegend ländliche Frankreich nicht ist. Amerika ist in den Augen der jungen Generation eine wahre Weltmacht: nicht nur politisch, sondern vor allem gesellschaftlich und kulturell. Es ist aufregend, glitzernd, verheißungsvoll. Und es wartet auf Françoise.

*

Neben der Presse hat sich noch ein anderes Empfangskomitee am Flughafen in New York eingefunden: Hélène Gordon-Lazareff, die Françoise zugetan und bereit ist, sie bei der Publicity-Tour in Amerika tatkräftig zu unterstützen; und Guy Schoeller, Generaldirektor des Verlags Hachette. So sehr Françoise die *Elle*-Chefin mag, sehr viel mehr dürfte sie sich über den Anblick Schoellers freuen. Der zwanzig Jahre ältere Verleger und sie sind einander im Büro von Pierre Lazareff vorgestellt worden, irgendwann 1954, als Françoise schon längst auf der Erfolgswelle ritt. Das zweite Treffen fand anlässlich eines Dinners beim Verleger Gaston Gallimard statt, und Françoise fühlte sich dabei so gut von Guy Schoeller unterhalten, dass beide »nicht aufhörten zu lachen«.[119] Nun also das dritte Treffen, in New York. Warum ausgerechnet Guy nach Amerika geflogen ist, um eine Julliard-Autorin zu betreuen, ist unklar. Möglich, dass er als erfahrener Verlagsmann ein Auge auf Frankreichs aktuell erfolgreichsten Literaturexport haben und diesem mit Rat und Tat zur Seite stehen möchte. Möglich auch, dass er einfach ein bisschen mehr Zeit mit Françoise verbringen will. Sie gefällt ihm – und er ihr. Als Françoise und Guy sich am Flughafen gegenüberstehen, hat er gerade eine Trennung hinter sich: Das Model Bettina Graziani, eine der meistfotografierten und atemberaubendsten Frauen Frankreichs, hat ihn für den pakistanischen Prinzen Aly Khan verlassen.[120] Das wurmt Guy. Aber jetzt ist da Françoise und mit ihr die Aussicht auf einen Flirt – das Leben geht weiter, *non*?

*

Françoise ist im Luxushotel *Pierre* in Manhattan untergebracht, Ecke Fifth Avenue, mit Blick auf den Central Park. New York fasziniert Françoise vom ersten Augenblick an. Sie kann sich gar nicht sattsehen an den Wolkenkratzern, den beeindruckenden Fassaden und der schieren Höhe der Stadt: »Es ist eine *erbaute* Stadt. Keine andere wirkt geplanter, weniger dem Zufall überlassen. Wohlgeordneter Wahnsinn.«[121] Sie spürt New Yorks schnellen Pulsschlag,[122] und das erhöhte Tempo überträgt sich bald auf sie selbst: »Es ist keine anheimelnde Stadt, sondern eine gierige, hektische. Kein Platz zum Flanieren. […] Man kann sich dieser Stadt nicht entziehen, der Reisende erträgt es nicht lange, sich in der gehetzten, gleichgültigen, dressierten Menge als Tourist, als Fremder zu fühlen.«[123] An gemütliches Flanieren ist für Françoise sowieso nicht zu denken, denn es wartet jede Menge Arbeit auf sie: »Meine Tage waren so genau eingeteilt wie die eines fügsamen Sträflings.«[124] Für die amerikanischen Medien ist sie die momentan wichtigste französische Schriftstellerin, die Verkörperung dessen, was man sich in den USA unter *der* Französin vorstellt: spitzbübisch und verführerisch zugleich, mühelos chic, auf sanfte Art rebellisch, mit dem entwaffnenden Charme eines Pariser Straßenjungen und dem gewissen *Je ne sais quoi*. Man will von ihr alles wissen:

> »FRAGE: Was halten Sie von den amerikanischen Männern?
> ANTWORT: Warten Sie mal, ich bin ja gerade erst angekommen!
> FRAGE: Haben Sie all die Liebesszenen erlebt, die Sie in Ihren Büchern beschreiben?
> ANTWORT: Wenn man einzig und allein von seinen persönlichen Erfahrungen sprechen würde, hätte noch nie ein Romanautor den Tod beschrieben.«[125]

Jeden Tag absolviert Françoise Interviews, schreibt Widmungen in Bücher, gibt Autogramme, besucht Empfänge. Ihr Schulenglisch ist miserabel – man erinnere sich an die verzweifelte Shakespeare-Pantomime während ihrer Abiturprüfung –, und so unterzeichnet sie die zahllosen Exemplare von *Bonjour Tristesse* mit »With all my sympathies«, im festen Glauben, dass würde, wie im Französischen (»Avec toutes mes sympathies«) »Mit besten Wünschen« heißen. Erst nach vierzehn Tagen pflichtbewussten Signierens macht man sie freundlich darauf aufmerksam, dass diese Formulierung im Englischen so viel wie »Herzliches Beileid« bedeutet.[126] Und wennschon: Sehr wahrscheinlich finden die Amerikaner*innen diese Art morbide Widmung nicht seltsam, sondern charmant. So wie Amerika alles an Françoise Sagan charmant findet. Die altehrwürdige *New York Times* schwärmt: »Mademoiselle Sagan […] ist eine junge Dame von mittlerer Größe, maximalem Charme.« Ihr

Auftreten? »Auf lässige Weise direkt.« Ihre Frisur? »Ein Wildfang.« Ihre Grübchen? »Mörderisch.« Garniert ist das Ganze mit lässigen Aussagen Françoises, die erzählt, dass sie mit ihren Freund*innen vor allem über Philosophie, Schreiben und Musik redet und gerne schnell fährt.[127] *Fantastic!* Genauso hat man sich das Pariser Leben in Amerika immer vorgestellt!

*

Frage, Antwort. Frage, Antwort. So geht das jeden Tag. Doch selbst Françoise braucht zwischendurch eine Pause. Nur gut, dass sie bei einem Interview Daniel Morgaine kennengelernt hat, einen Korrespondenten für *France-Soir*. Der wohnt zwischen Park Avenue und Madison Avenue und kennt sich im New Yorker Nachtleben aus. Françoise zu Ehren gibt er Partys, und unter seiner Regie lernt sie im *Palace*, einem riesigen Club in Harlem, die Grundschritte des Boogie-Woogie und im *Savoy Ballroom*, ebenfalls in Harlem, den Mambo.[128] Françoise schwärmt:

> »Harlem bei Nacht, das ist Musik und Lebensfreude. Von Trompeten entfesselte Raserei, Anmut von tausend Körpern im ›Savoy ball room‹ oder sanftes Wiegen eines Rückens, eines von Melancholie gezeichneten Nackens, von der dumpfen, herzzerreißenden Melancholie des Jazz beim Anblick eines einsamen Pianisten.«[129]

Zusammen mit Guy Schoeller besucht Françoise außerdem eine Reihe von Jazz-Bars, darunter *Small's Paradise*.[130] Françoise liebt Jazzmusik, vor allem die von Billie Holiday. Und sie liebt es, ihren endlosen Verpflichtungen zu entkommen und das »wahre« New York zu entdecken. Das New York fernab der

Fifth Avenue, ein buntes, pulsierendes und aufregendes New York. Das nächtliche New York. Am liebsten wäre Françoise, sie könnte nur nachts leben: tanzen gehen, Whisky trinken und den besten Jazzmusiker*innen lauschen.

*

Aber: Die Pflicht ruft. Françoise ist zunehmend genervt: »Man stellte mir zigmal die gleichen Fragen – es ging um Liebe, Mädchen, Sexualität, damals einerseits neue, aber auch schon ermüdende Themen. Mir wurden auch Cocktailpartys, Mittagessen, Abendessen und sogar Bälle zuteil.«[131] Einer dieser Bälle ist *April in Paris*, ein großer Wohltätigkeitsball, der am 15. April im Luxushotel *Waldorf Astoria* stattfindet und im Dienste der franko-amerikanischen Beziehungen steht. Das Ganze ist eine glamouröse Angelegenheit, für die Designer wie Balenciaga, Dior und Givenchy Kleider entwerfen. Die Gästeliste ist genauso exquisit wie das klassisch französische Menü. Juliette Gréco, die Anfang der 1950er in New York aufgetreten ist, beschreibt das Spektakel so:

> »Den steinreichsten Amerikanern bietet man ein Spektakel, das von der Pracht und Herrlichkeit der Stadt Paris erzählt, alle Klischees inklusive. Vom Sonnenkönig bis zum French Cancan, die Geschichte der französischen Hauptstadt zieht in prächtigen Kulissen und fantastischen Kostümen an den Multimillionären vorbei.«[132]

Françoise erscheint in einem Kleid aus weißer Spitze und unterhält die anwesenden Journalist*innen mit Aussagen wie der, die Ehe sei in gewisser Weise wie das Ende der Ferien.[133] Schon bald findet sie sich wieder im *Waldorf Astoria* ein, diesmal zu einem vom französischen Konsul organisierten Lunch – selbstverständlich zu Ehren von Françoise Sagan, dem einer Umfrage zufolge erfolgreichsten französischen Exportprodukt neben Edith Piaf und Chanel N°5.[134] Rund fünfhundert Gäste haben sich in einem der riesigen Säle des Hotels versammelt, und Françoise tut das, was von ihr erwartet wird: Sie ist ihr übliches charmantes Selbst, unterhaltsam und amüsant. Endlich beim Dessert angekommen beschließt Françoise, dass sie sich nun eine Pause verdient hat. Sie sagt ihrer Schwester Bescheid und stiehlt sich davon. Genau diesen Augenblick wählt der französische Konsul, um eine Rede auf Françoise Sagan zu halten und die Autorin von *Bonjour Tristesse* mit der großen Colette zu vergleichen. Als er sich schließlich Françoise zuwendet, ist da nur ein leerer Platz und eine peinlich berührte Suzanne. »Verkünden Sie, dass sie krank ist«, empfiehlt der Konsul und Suzanne erhebt sich folgsam. Sie hat kaum den Mund geöffnet, als Applaus und *standing ovations* den Saal erfüllen. Aufgeregt bemüht sich Suzanne, das Missverständnis mit Handzeichen aufzuklären, aber ohne Erfolg – die Gäste halten sie für die berühmte Françoise Sagan.[135]

*

Die echte Françoise Sagan hat genug von dem alltäglichen Zirkus um sie und ihr Buch. Sie schickt einen Hilferuf nach Frankreich, zu Florence, und dann gleich noch ein Flugticket hinterher – verbunden mit der Bitte, so schnell wie möglich zu kommen. Als Florence wenige Tage später im Hotel *Pierre* eintrifft, findet sie Françoise im Bett vor, »wie ein kleines gehetztes Tier«.[136] Françoise ist am Ende ihrer Kräfte und New York, diese große, aufregende Stadt, setzt ihr zu: »New York ist eine erbarmungslose Stadt, in der eine wundersame, aufreizende Musik spielt, die einen nicht zur Ruhe kommen lässt.«[137] Françoise ist erschöpft, sie braucht dringend Erholung. Zusammen mit Florence und ihrem Kindheitsfreund Bruno Morel, der in den USA einen Teil seines Ingenieurstudiums absolviert, macht Françoise Ausflüge nach Arizona und Kalifornien, ins Death Valley, zum Grand Canyon und nach Las Vegas. In Los Angeles trifft sie den Regisseur Otto Preminger, der an einer Verfilmung von *Bonjour Tristesse* arbeitet, und bei einem Essen mit dem Produzenten Samuel Goldwyn lernt sie Marlon Brando kennen: Der 30-Jährige ist 1951 durch die Verfilmung von *Endstation Sehnsucht* bekannt und zum Idol der rebellischen Jugend geworden.[138] Bei diesem Essen trifft also das junge Frankreich auf das junge Amerika, ein weiblicher Dandy auf einen männlichen Casanova, Mademoiselle Tristesse auf den zukünftigen Paten.

ERFRISCHT KEHRT FRANÇOISE zurück nach New York. Dort erreicht sie kurze Zeit später ein Telegramm: Es stammt vom Dramatiker Tennessee Williams, der die junge Französin einlädt, ihn in Key West, Florida, zu besuchen. Françoise ist entzückt: Immer wieder hat sie in Interviews mit amerikanischen Medien betont, dass sie den Verfasser von *Endstation Sehnsucht* und *Die Katze auf dem heißen Blechdach* für einen der derzeit wichtigsten amerikanischen Autoren hält.[139] Sie überlegt nicht lange und fliegt ohne Florence, die zurück nach Frankreich musste, dafür aber zusammen mit Suzanne und Bruno nach Miami.[140] Dort mieten sie ein Auto und fahren quer durch die Sumpflandschaft Floridas. Schließlich kommt die kleine Reisegruppe in der Garnisonsstadt Key West an, deren Stadtgebiet sich auf fünf Inseln verteilt, die per Boot oder Brücke erreichbar sind. Palmen säumen die Straßen, die Häuser sind in freundlichen, hellen Farben gestrichen, und überall ist es grün und üppig bewachsen. Françoise und ihre Entourage quartieren sich im *Key Wester* ein, einem eher bescheidenen Hotel. Dann, abends um halb sieben: Auftritt Tennessee Williams. Vor Françoise steht »ein Mann von untersetzter Gestalt, blondhaarig, blaue Augen, leicht belustigt blickend«[141]. Williams hat seinen Freund Frank »Franco« Merlo, mitgebracht, der in Françoises Augen »vielleicht bezauberndste Mann von Europa und Amerika zusammengenommen«[142]. Den beiden folgt eine Frau, groß und hager, »mit blauen Augen wie Wasserpfützen, verstört blickend, die eine Hand mit Holzplättchen geschient«[143]. Es ist Carson McCullers, Autorin von *Das Herz ist ein einsamer Jäger* und Tennessee Williams beste Freundin.

Carson McCullers, die 1917 als Lula Carson Smith geboren wurde, ist in diesem Sommer 1955 in keiner guten psychischen Verfassung. Seit Jahren kämpft sie mit Depressionen und hat bereits einmal versucht, sich das Leben zu nehmen. 1953 hat sich ihr Ehemann Reeves McCullers in einem Pariser Hotelzimmer mit einer Überdosis Schlafpillen umgebracht, nachdem er vergeblich versucht hatte, Carson zum gemeinsamen Freitod zu überreden. Die Ehe war schwierig gewesen, das Paar hatte sich scheiden lassen, nur um Jahre später erneut zu heiraten. Zu oft suchten die McCullers Zuflucht im Alkohol – seine literarischen Ambitionen wurden von den ihren in den Schatten gestellt. Doch nicht nur ihre Seele, auch ihr Körper macht Carson zu schaffen: Mit fünfzehn wurde ein rheumatisches Fieber bei ihr fehldiagnostiziert und als Lungenentzündung behandelt, woraus mehrere Schlaganfälle resultierten. Seit ihren frühen Dreißigern ist Carson auf der linken Körperseite gelähmt und ihr Sehvermögen phasenweise eingeschränkt. Ihrer eisernen Arbeitsmoral aber tut das keinen Abbruch – Schreiben ist für Carson im wahrsten Sinne des Wortes überlebenswichtig.

Mit nur dreiundzwanzig Jahren veröffentlichte sie das Buch, das sie mit einem Schlag berühmt machte: *Das Herz ist ein einsamer Jäger*. Die Autorin wurde als literarisches Wunderkind gefeiert, ihr präziser Stil bewundert. Gleichzeitig fanden viele Kritiker*innen sie zu morbide, zu fokussiert auf gesellschaftliche Außenseiter*innen. Vielleicht störte sie auch nur, mit welcher Zärtlichkeit und Empathie Carson über diese vermeintlichen Freaks schreibt, über Bucklige, Stumme, Homosexuelle. Carson identifiziert sich mit diesen Menschen, fühlt sie sich doch selbst als Freak, sie, die groß, dünn und schlaksig ist und lieber Männer- als Frauenkleider trägt. Mehrfach hat Carson gesagt, sie sei als Mann geboren worden, und ihren eindeutig weiblichen Vornamen »Lula« durch den vieldeutigen Vornamen »Carson« ersetzt. In ihren Büchern sind die Protagonistinnen oft jungenhafte Mädchen mit männlichen Namen wie Frankie oder Mick. Auch Carsons Sexualität entspricht nicht der Norm: Sie ist bisexuell und war während ihrer Ehe mit dem ebenfalls bisexuellen Reeves McCullers mehrfach unglücklich in Frauen verliebt, die sie mit hartnäckiger Aufmerksamkeit verfolgte und zu erobern versuchte – doch beim Versuch ist es wohl geblieben. Carsons größte und obsessivste ihrer unerfüllten Lieben war die Schweizer Schriftstellerin Annemarie Schwarzenbach, ein hinreißender und drogensüchtiger Tomboy, der 1942 mit nur vierunddreißig Jahren starb: »Sie hatte ein Gesicht, von dem ich wusste, dass es mich bis ans Ende meiner Tage verfolgen würde, schön, blond, mit kurzen glatten Haaren.«[144]

Zur damaligen Zeit gibt es noch keine Worte für das, was Carson ist, gibt es keine Begriffe für eine Geschlechtsidentität und Sexualität abseits der Norm, keinen Platz für Mehrdeutigkeit.[145] Carson McCullers lebt in dem permanenten Bewusstsein, abzuweichen, nicht wirklich dazuzugehören, selbst inmitten ihrer Gruppe queerer Freund*innen, zu der neben Tennessee Williams auch Truman Capote, die Schriftstellerin Jane Bowles und die Burlesque-Tänzerin Gypsy Rose Lee gehören. Es ist dieses namenlose Gefühl, anders zu sein, das Carson so warmherzig und genau über Einsamkeit und Isolation, über die Unmöglichkeit von Liebe und das Unvermögen der Menschen, zu kommunizieren, schreiben lässt – Themen, die sich auch bei Françoise finden. Abgesehen davon haben die beiden Frauen eine hervorstechende Gemeinsamkeit: Wie Françoise ist Carson sehr jung sehr berühmt geworden: »Ich wurde über Nacht zu einer etablierten literarischen Persönlichkeit, und ich war viel zu jung, um zu verstehen, was da mit mir geschah oder welche Verantwortung damit verbunden war. Ich muss unerträglich gewesen sein.«[146] Carson weiß, wie es sich anfühlt, aus dem Stand einen Bestseller geschrieben zu haben und als Star gefeiert zu werden. Sie kennt den Druck, der dahintersteht: immer präsent und verfügbar sein und am besten direkt den nächsten Bestseller liefern. Der Öffentlichkeit das geben, was diese von einem erwartet.

*

Tennessee und Franco kümmern sich zärtlich um die vom Leben Gezeichnete Carson. Diese drei Menschen, das wird Françoise schnell klar, bilden eine Schicksalsgemeinschaft, eine Wahlfamilie, mit Franco als Zentrum:

> »Zwei Genies, zwei Einzelgänger, die Franco an den Armen gefasst hielt und denen er es ermöglichte, gemeinsam zu lachen, gemeinsam dieses Leben von Ausgestoßenen, von Parias, von Emblemen und Abschaumgestalten zu ertragen, das damals das Leben jedes Künstlers, jeder Randperson in Amerika war.«[147]

Tennessee und Franco bringen Carson ins Bett, helfen ihr beim Anziehen, sorgen für Zerstreuung, geben ihr alles, »was Freundschaft, Verständnis, Aufmerksamkeit einem Menschen zu geben vermögen, der zu sensibel ist, der zuviel gesehen, zuviel erlebt und daraus zuviel gewonnen, vielleicht auch darüber zuviel geschrieben hat, um es noch einmal ertragen, erleiden zu können«[148]. Dass Tennessee und Franco ein Paar sind, wird nie offen thematisiert, aber Françoise merkt natürlich trotzdem, dass da mehr ist zwischen den beiden Männern als nur Freundschaft. Für sie ist das kein Problem, aber sie kennt die gesellschaftlichen Vorurteile und Verachtung gegenüber Männern,

»die man damals mit einer Art von verächtlicher Schamhaftigkeit ›Päderasten‹ nannte und heute ›gay people‹ nennt (als ob es so ›gay‹, so ›lustig‹ wäre, vom erstbesten dahergekommenen Dummkopf wegen seiner Veranlagung verachtet zu werden)«[149]. Françoise sieht Tennessee und Franco, sieht ihre liebevollen Gesten und wie aufmerksam sie gegenüber Carson sind und fragt sich: Was soll an so einer Beziehung falsch sein? Vielleicht beginnt Françoise dort, in Key West, sich Fragen zu ihrer eigenen Sexualität zu stellen – denkbar ist das durchaus, schließlich ist sie umgeben von Menschen, die eine Sexualität jenseits der Heteronormativität leben. Die ihr zeigen, was möglich ist. Ob Françoise bereits ahnt, dass sie mit Carson eine weitere Gemeinsamkeit teilt? Dass sie sich ebenfalls sowohl zu Männern als auch zu Frauen hingezogen fühlt?

Dass sie Tennessees Einladung gefolgt und spontan nach Key West gereist ist, bereut Françoise keine Sekunde. Sie, Tennessee und Carson verstehen sich auf Anhieb, und dafür brauchen sie, zum Glück, nicht viele (englische) Worte. Françoise spürt instinktiv, dass sie hier zwei verwandte Seelen gefunden hat, melancholische und manchmal traurige Menschen, die sie auf einer tiefen Ebene verstehen, denen sie sich nicht erklären muss. Vierzehn Tage verbringen sie und ihre Entourage in Key West. Morgens trifft man sich am Strand, schwimmt, mietet Boote, veranstaltet Picknicks. Abends kehrt man heim, »heiter oder traurig, doch so oder so, das gehörte zu diesen Ausflügen«[150]. Tennessee und Carson trinken Wasser aus großen Gläsern – zumindest glaubt Françoise das, bis sie einmal einen Schluck nimmt und feststellen muss, dass das vermeintliche Wasser unverdünnter Gin ist. Gin, um dieses Zuviel an Gefühlen zu betäuben, um den Schmerz zu vergessen. Tennessee und Carson strahlen eine existenzielle Einsamkeit aus, eine Einsamkeit, deren Echo Françoise in sich selbst vernimmt. Die beiden sind auf Franco und seine fröhliche Art angewiesen, darauf, dass er sie, auf so viele Arten, am Leben hält.[151] Wie Françoise brauchen sie andere Menschen, um sich selbst, zumindest für einige Zeit, zu entkommen.

AM 15. JUNI 1955 kehrt Françoise von ihrer amerikanischen Tournee zurück. Deutschland ist soeben der NATO beigetreten, der sogenannte Ostblock hat daraufhin den Warschauer Pakt gegründet, und Frankreich befindet sich erneut im Krieg, diesmal mit seiner Kolonie Algerien. Es sind Ereignisse, die Françoise vage mitbekommt, die sie aber nicht wirklich tangieren – sie scheinen so weit weg von ihrem eigenen Leben. Ihr politisches Bewusstsein ist nicht besonders ausgeprägt. Hinzu kommt, dass Françoise gerade erst von einer anstrengenden Reise zurückgekehrt ist und jetzt nur einen Gedanken hat: Urlaub. Also packen sie und ihr Bruder Jacques ihre Sachen und fahren nach Südfrankreich. Das Ziel: Saint-Tropez, ein kleiner Ort, in dem Langusten gefischt werden. Ruhig und unspektakulär. Keine Spur von den Tourist*innenscharen, vom Glitzer und Glamour, kurz: von all dem, was Saint-Tropez später ausmachen wird – und damit das perfekte Ferienidyll für eine berühmte Schriftstellerin, die endlich mal durchatmen möchte, ohne dass ihr alle drei Minuten ein Mikrofon unter die Nase gehalten wird. Juliette Gréco hat Saint-Tropez bereits vor ein paar Jahren für sich entdeckt, als sie dort Anfang der 1950er den Kurzfilm *Saint-Tropez, devoir de vacances* drehte. Seitdem ist Juliette immer wieder dorthin zurückgekehrt.[152] Vor ihr hat es schon andere Künstler*innen und Schriftsteller*innen an die französische Riviera gezogen, Matisse beispielsweise, und natürlich F. Scott Fitzgerald, der in den 1920ern zeitweise in Antibes lebte. Hier beendete er *Der große Gatsby* und begann mit den Arbeiten an *Zärtlich ist die Nacht*.[153] Die Geschwister Erika und Klaus Mann schreiben in ihrem launigen Reisebericht über die französische Riviera:

»Diese Küste, zwischen *Ventimiglia* und *Marseille*, mit solcher Sonne, solcher milden Luft, mit solchem Meer, solchen Blumen, und einer so reizvollen Bevölkerung, die sich auf die Gastfreundschaft als Geschäft versteht, musste ein großer Menschenmagnet sein. So wurde sie eine Zeitlang zur elegantesten Küste der Erde. [...] Es gehört zu ihren Geheimnissen, dass sie jedem ganz das bietet, was er sucht. Es ist eine nachgiebige Küste.«[154]

*

Im Jaguar-Cabriolet brausen Françoise und Jacques gen Süden, auf der Nationale 7, die in fast 1000 Kilometern von Paris über Lyon und Aix-en-Provence führt. Im Morgengrauen kommen sie in Saint-Tropez an, »ein junger Mann mit zerzaustem Haar (mein Bruder), neben ihm eine junge Frau mit zerzaustem Haar (ich)«[155]. Eine Unterkunft haben sie noch nicht, und so führt der erste Weg durch schmale Gassen und vorbei an pastellfarbenen Häusern zum Grundstücksmakler, dem einzigen vor Ort. Dort entscheiden sich die Geschwister, eine große Villa in direkter Nähe zum alten Hafen zu mieten. Das Organisatorische erfolgreich abgewickelt, begießen Françoise und Jacques ihren gemeinsamen Urlaub in der einzigen Kneipe des Hafens, *L'Escale*, die von der alten Mado betrieben wird: »ein düsteres Provinzlokal, wo es nach Holz, Insektenpulver und Limonade riecht«[156]. Was jetzt noch fehlt, sind die passenden Ferienklamotten: Im *Vachon*, dem, natürlich, einzigen Kaufhaus vor Ort, werden Kleidung »aus ungebleichtem Leinen und Hanfschuhe«[157] gekauft – und die Verwandlung von zwei Pariser*innen in zwei Urlauber*innen ist perfekt.

In ihrer Villa empfangen die Geschwister den ganzen Sommer über eine Reihe von Freund*innen, darunter Bernard,

Florence, Bruno und Annabel. Zusammen verbringen sie unbeschwerte Tage. Morgens einen Kaffee im *L'Escale*, mittags einen Apéritif auf der sonnigen Terrasse des Hotels *La Ponche*. Françoise gefällt es dort so gut, dass sie im Hotel mit der Zeit zum Stammgast wird und die Besitzer*innen, Albert und Margot Barbier, ihr stets das Zimmer Nummer 22 reservieren, mit Blick auf die Terrasse. Françoise ist nicht die einzige Berühmtheit, die das Etablissement zu schätzen weiß: Manchmal kann hier der Schriftsteller und Jazztrompeter Boris Vian bei der Arbeit an einem neuen Text beobachtet werden, oder Pablo Picasso beim Genuss eines Pastis. Mittags essen Françoise und ihre Freund*innen gemeinsam, danach folgen Meer- und Sonnenbad, man spielt Boule, knobelt, unterhält sich oder bewirft sich gegenseitig mit Joghurt, ein von Jacques erfundenes Strandvergnügen.[158] Eine kleine Siesta erfrischt die Lebensgeister, bevor es zum Abendessen geht und danach in ein Tanzlokal, genauer gesagt, ins *L'Esquinade*. Dort wird getanzt, getrunken, geflirtet und gelacht, bevor gegen zwei Uhr morgens der Heimweg angetreten wird: »Zum Abschied umarmen alle sich zärtlich, wie es sich für Gemeinschaften gehört. Morgen wird ein anderer Tag sein.«[159] Ihr erster Sommer in Saint-Tropez fühlt sich für Françoise magisch an, nicht ganz von dieser Welt. Saint-Tropez ist noch unangetastet: »Dies wird der einzige Sommer und die einzige Szene meiner tropezianischen Komödie sein, in denen man zur Linken nur friedliche Strickerinnen und zur Rechten nur unbekümmerte Seeleute und Fischer sieht. Es wird also der einzige Sommer sein, in dem man Leute arbeiten sieht.«[160]

Françoise und ihre Clique nehmen den Ort ein, besetzen ihn, machen ihn zu ihrer Insel der Glückseligkeit. Jeder kennt sie, die Einheimischen beobachten diese verrückt-fröhlichen Pariser*innen mit wohlwollendem Lächeln.[161] Saint-Tropez ist noch nicht auf Tourismus ausgelegt, es gibt kein großes Angebot an Bars, Restaurants oder Geschäften. Aber das macht Françoise und den anderen nichts aus – sie haben alles, was sie brauchen. Meer, Sonne, Lachen, Tage, die sich endlos vor ihnen ausstrecken und mit *dolce farniente* gefüllt werden wollen. Die Pariser Clique spaziert durch die kleinen Gassen, an den bunten Häusern vorbei, die sich tagsüber »sonnen [...], wie Katzen oder große Hunde«[162], und die »einen bei Nacht mit Vergnügen vorübergehen«[163] sehen. Wenn Françoise später an diesen perfekten, diesen legendären Sommer 1955 zurückdenkt, dann denkt sie an die »strahlenden Tage, die durchbummelten Nächte, das ausgelassene Lachen im Halbdunkel, die Verfolgungsjagden in den Gassen, die endlosen Liebschaften und die Dummheiten ohne Folgen«[164]. Auf einem der vielen Fotos aus Saint-Tropez sitzt Françoise in einem Sessel im Wohnzimmer ihrer Villa, um sie herum das reinste Chaos: Im Zimmer liegen verstreut Sitzkissen, Zigarettenschachteln, Obst und Zeitungen sowie etwas, das wie das Modell eines Gehirns aussieht (was es wohl damit auf sich hat?). Auf einem anderen Foto, offenbar geschossen im *L'Esquinade*, trägt Jacques seine Schwester mitten auf der Tanzfläche in den Armen, beide scheinen sich dabei köstlich zu amüsieren.

*

In Saint-Tropez arbeitet Françoise, bewusst oder unbewusst, weiter an ihrem eigenen Mythos, ergänzt ihn und baut ihn aus. Hier ist sie nicht mehr Françoise Quoirez, die Tochter aus gutem Hause, oder Françoise Sagan, die berühmte Schriftstellerin. Sie ist Françoise, die *vacancière*: eine lässige, junge Frau in schmal geschnittenen Jeans oder Chinohosen, in Männerhemden oder Marinepullovern, in Espadrilles oder Schlappen, die die Sonne des Südens genießt und dabei die Zeit ihres Lebens

zu haben scheint.[165] Vergessen ist Paris mit all seinen Verpflichtungen und Terminen. Stattdessen: Sommerferien, die nie zu
Ende gehen. Françoise macht daraus eine Art Geisteshaltung.
Sie kultiviert einen Stil, ein Lebensgefühl, das sie so treffend in
Bonjour Tristesse beschrieben hat. Und dank einer Fotostrecke
von Willy Rizzo für *Paris Match* kann ganz Frankreich an den
Ferien der Françoise Sagan teilhaben, können sich junge Frau-
en Chinohosen und Männerhemden kaufen und sich unbe-
schwert fühlen, frei und frivol. Zumindest ein bisschen.

AM ENDE DIESES langen, magischen Sommers beginnt für Françoise in Paris ein neuer Lebensabschnitt: Sie zieht bei ihren Eltern aus und mit ihrem ebenfalls alleinstehenden Bruder Jacques zusammen. Die Wohngemeinschaft befindet sich auf der Rue de Grenelle, am linken Seine-Ufer, neben der Botschaft der UdSSR und in direkter Nähe zum Eiffelturm und Invalidendom.[166] Fast drei Jahre wohnen Françoise und Jacques gemeinsam in einer Erdgeschosswohnung, in der alles etwas improvisiert und zusammengewürfelt wirkt, denn Talent oder wenigstens ein Gespür für Inneneinrichtung haben beide nicht. Ihre »Behausung« besteht aus »einer überflüssigen Küche, einem Wohnzimmer mit Klavier und einem Sofa mit Leopardenmuster und, im ersten Stock, zwei Schlafzimmern mit jeweils eigenem Bad«.[167] Françoise sorgt umgehend dafür, eine Haushaltshilfe und eine Köchin einzustellen – Julia Lafon, die gute Seele im Hause Quoirez, hat ihrem Schützling nie beigebracht, wie man putzt, ein Ei kocht oder auch nur eine Tasse Tee zubereitet.[168] Nicht, dass Françoise irgendeine Bereitschaft gezeigt hätte, diese praktischen Dinge des Alltags zu lernen.

*

Sich in der eigenen Wohnung einzurichten fällt Françoise schwer, weil sie es grundsätzlich nicht mag, Dinge zu besitzen. In ihrem späteren Roman *Chamade* lässt sie Lucile sagen: »Ich will nichts besitzen [...], das wissen Sie doch. Mir graut vor Besitz.«[169] Wie Lucile ist und bleibt Françoise im Herzen eine Nomadin. Immer wieder zieht sie um, nirgendwo hält sie es lange aus: »Vielleicht, weil meine Eltern 55 Jahre lang in derselben

Wohnung gelebt haben.«[170] Sie habe, so Françoise, »keine Zeit, um zu besitzen. Ich liebe es, den Rahmen zu wechseln, ich liebe es, neuen Wolken beim Vorbeiziehen zuzuschauen.«[171] Sie verspürt eine innere Unruhe, begrüßt sie sogar – und gerät in Panik, sobald diese einem Gefühl von Stabilität weicht. Das häufige Umziehen ist deshalb auch ein Schutzmechanismus, eine Art, die innere Unruhe zu erhalten, gewisse Gewohnheiten gar nicht erst zu kultivieren, sich nicht an einen bestimmten Tagesablauf zu gewöhnen.[172] Ihr ganzes Leben lang wird Françoise eine leidenschaftliche Mieterin bleiben, die sogar ein Gedicht zu Ehren der »gemieteten Häuser« verfasst:

> »In seinen gemieteten Häusern
> Hinterlässt man
> Zwei, drei Jahre seines Lebens
> Und einen Hauch seiner Stimme …«[173]

*

Das Zusammenleben mit Jacques genießt Françoise sehr. Bruder und Schwester rauschen, wie gewohnt, durch die Pariser Nächte. Jacques fährt den Jaguar, den Françoise ihm vermacht hat, sie steuert ihr neuestes Baby, einen Gordini. Auf der Place Saint-Sulpice rasen sie mit mehr als 100 Stundenkilometer aufeinander zu, nur um im letzten Moment zu bremsen. Ein Riesenspaß für die beiden![174] Die Welt befindet sich sowieso am Rande der Apokalypse, versuchen Westen und Osten sich permanent mit atomaren Machtdemonstrationen zu übertrumpfen – also kann man sich genauso gut amüsieren, bevor alles in Flammen aufgeht: »Ich erinnere mich, dass wir uns, als ich mit meinem Bruder zusammenwohnte, sagten: ›Oh! Lasst uns lachen und verrückt sein; die Atombombe wird uns bald auf die

Nase fallen!'«[175] Für Françoise wie für so viele andere ist Humor in Zeiten des permanenten Kriegszustands und der drohenden Atomkatastrophe eine Art, vielleicht die einzige Art, zu überleben. Sich die Lebensfreude nicht nehmen zu lassen. Trotzig zu sagen: Jetzt erst recht.

WENN SIE NICHT gerade mit Autorennen beschäftigt sind, findet man die Geschwister Quoirez in einer der zahlreichen Bars von Saint-Germain-des-Prés. Oft mit dabei: der Balletttänzer Jacques Chazot, den Françoise irgendwann 1954 oder 1955 kennenlernt.[176] Für sie ist er »der beste aller Freunde und der lustigste aller lustigen Männer von Paris«[177]. Wie kein anderer bringt er sie zum Lachen, ist in seinen Späßen unendlich erfindungsreich.[178] Als Françoise und Jacques sich anfreunden, ist er noch Solotänzer an der Pariser Nationaloper, 1956 wechselt er zur Opéra-Comique. Nebenbei hat er für den Bildhauer Alberto Giacometti posiert und für den Maler Bernard Buffet, Annabel Schwob de Lures späteren Ehemann.[179] Er ist außerdem als Erfinder von Marie-Chantal bekannt, einer bourgeoisen Pariserin, deren Abenteuer 1956 als *Les Carnets de Marie-Chantal* veröffentlicht werden. Marie-Chantal steht für Weltfremdheit und Snobismus gepaart mit dümmlicher Arroganz. Sie ist ein fiktionalisiertes Konglomerat der Erlebnisse und Anekdoten, die Jacques in den Salons der gehobenen Pariser Gesellschaft gesammelt hat. Ein typischer Witz geht so: »Ein Obdachloser bittet Marie-Chantal um ein wenig Geld. ›Ich habe seit drei Tagen nicht gegessen.‹ Marie-Chantals Antwort: ›Dann müssen Sie sich eben dazu zwingen.‹«[180]

Jacques ist flamboyant und mondän, verströmt Witz und Wärme. Zwischen ihm und Françoise ist es Freundschaft auf den ersten Blick. *Coup de foudre.* Wie auch Bernard Frank sieht Jacques in Françoise die ideale Frau: »[S]ie ist die Einzige, die ich kenne, die alle Vorzüge vereint. Sie ist zugleich Intelligenz, Zerbrechlichkeit, Liebenswürdigkeit, gute Laune, Natürlichkeit. Und, selbstverständlich, Talent. Und ihres ist unendlich.«[181] Obwohl oder gerade weil Jacques offen schwul ist, ist die Beziehung zwischen ihnen eine große Liebe. Zärtlichkeit und Zuneigung ohne Eifersucht oder besitzergreifendes Verhalten. Die totale Freiheit und das totale Vertrauen.[182] Die beiden harmonieren so gut, dass Françoise Jacques bei einem Abendessen Jahre später, in einer etwas deprimierten und traurigen Stimmung, vorschlägt, sie zu heiraten. Sie fühlt sich einsam und will jemanden an ihrer Seite haben. Aber Jacques ist gerade verliebt in einen jungen Mann. »Einverstanden, Schatz, später«, antwortet er. Einige Monate nach diesem Gespräch ist Jacques unglücklich single und teilt Françoise, wiederum bei einem Essen, mit: »Ich habe nachgedacht, wir werden heiraten.« Doch auch diesmal stimmt das Timing nicht: Heute sei sie nicht deprimiert, sagt Françoise. Das Angebot ist somit vom Tisch. Jacques, das macht er später klar, fand die Idee, Françoise zu heiraten, alles andere als lächerlich und wäre bereit gewesen, für diese unkonventionelle Lebensgemeinschaft Opfer zu bringen: »Ich habe seitdem nie aufgehört zu denken, dass ich vielleicht etwas verpasst habe, das mein Leben verändert hätte. Ich hätte zweifellos meine Verhältnisse mit Männern aufgegeben: Ich hätte es nicht ertragen, dass meine Ehefrau lächerlich gemacht wird.«[183]

Einmal, Ende der 1960er, fahren die beiden zusammen nach Saint-Tropez, wo sie, wie üblich, im Hotel *La Ponche* unterkommen. Françoise hat dort für den gesamten Juni ein Studioapartment gemietet, das sie sich teilen. Jeder hat ein großes Bett und die Vereinbarung lautet, dass sie bis zum Abendessen mit ihren jeweiligen Eroberungen dort herumlungern können, sich aber ab zehn Uhr abends »wie zwei brave Internatszöglinge, Bruder und Schwester«[184] schlafen legen. Nachmittags arbeitet Françoise mit dem Regisseur Alain Cavalier am Drehbuch zur Verfilmung ihres Romans *Chamade*. Jacques teilt sie mit, wenn er nicht vor 17 Uhr zurückkomme, würde sie bis dahin das gemeinsame Zimmer für die Arbeit mit Cavalier nutzen:

»Doch dank der Unterstützung der Götter und der menschlichen Triebe tauchte Chazot oft flankiert von seiner neuesten Eroberung auf, während wir noch mitten in der Arbeit steckten. Er sah zu, wie wir hastig unsere Zettel und Stifte zusammensuchten und zur Terrasse hinuntergingen, um dort vom Wind umtost weiterzumachen – ich brummelnd, Chazot voller Ungeduld –, wobei ich mir spöttische Bemerkungen ausdachte und er die passenden Antworten darauf.«[185]

Die verdutzten Blicke von Alain Cavalier kann man sich nur allzu lebhaft vorstellen.

*

Jacques Chazot ist fester Bestandteil dessen, was in der Öffentlichkeit etwas höhnisch Françoises »Clan« genannt wird: ein Hofstaat, der dazu diene, die Sagan zu bestätigen und zu feiern. Françoise weist diese Darstellung entschieden zurück:

»Ich hatte immer sehr liebe, aber auch unerbittliche Freunde, die von meiner Schreiberei nicht sonderlich beeindruckt waren. Ich musste aus diesem Kreis stets eher mit bissigen Kommentaren als Bewunderung rechnen, und diesen ehrerbietigen und begeisterten Hof von lobhudelnden Schmarotzern, den man mir bisweilen angedichtet hat – ich gestehe, es gab schon Tage, da habe ich ihn mir wirklich erträumt.«[186]

Ihr sogenannter Hofstaat ist in Wahrheit eine Mischung aus engen Freund*innen und einer Reihe von wechselnden Bekannten und Zufallsbekanntschaften. Menschen, die in Françoise einfach sie selbst sehen und nicht die berühmte Schriftstellerin. Für Françoise sind sie eine selbstgewählte Familie,

> »eine Verwandtschaft, die aus Schweigen, Blicken und Gesten besteht, aus unterdrücktem Lachen und unterdrückter Wut, die Verwandtschaft mit einem Menschen, der sich über dieselben Dinge aufregt und über dieselben Dinge lacht wie man selbst«[187].

Wer Françoises Herz erobern will, und sei es nur auf eine rein platonische Art, muss sie zum Lachen bringen: Humor ist für sie gleichbedeutend mit Intelligenz.[188] Und wenn es danach geht, ist Jacques Chazot in Françoises Augen der intelligenteste Mensch von allen. Ihre tiefe Verbundenheit wird Françoise später auf besondere Weise ausdrücken: Als sie 1962 Mutter wird, macht sie Jacques Chazot zum Paten ihres Sohnes Denis. Jacques nimmt seine Rolle sehr ernst und kauft kurz vor der Taufe beim Luxusjuwelier *Boucheron* eine Kette sowie einen Anhänger mit dem Bildnis des Heiligen Dionysius (französisch: Denis). Allerdings: Der Legende nach trug der geköpfte Dionysius seinen abgeschlagenen Kopf erst zu einer nahegelegenen Quelle, um ihn zu waschen, und dann sechs Kilometer in Richtung Norden, zu der Stelle, wo er begraben werden wollte. Sein Pate, so Denis Westhoff, sei sehr überrascht gewesen, »als ihm die Verkäuferin einen enthaupteten Heiligen anbot«[189]. Jedes Jahr zu seinem Geburtstag ruft Jacques Denis an oder geht mit ihm essen, meistens in der Brasserie *Lipp*.[190] Dabei besteht Jacques darauf, dass sein Patenkind ihn nicht duzt oder mit seinem Vornamen anspricht, sondern nur mit »Sie« und »Pate«.

Der Grund: Jacques' Homosexualität ist in Paris allgemein bekannt und er möchte nicht, dass man Denis für seinen »Gigolo« hält. Denis erklärt, die Meinung anderer sei ihm völlig egal, und sie würde nichts an der Tatsache ändern, »dass ich sein Patenkind war, dass die Zuneigung, die wir füreinander empfinden, unangreifbar war. Nichts zu machen. Es war und würde immer ›Pate‹ sein.«[191] Der beste und lustigste aller Paten.

*

Ein wichtiger Bezugspunkt für Françoise und ihre Freund*innen ist Régine. Noch arbeitet diese in verschiedenen Bars in Saint-Germain-des-Prés und sorgt dafür, dass dort alles läuft – von der Garderobe bis zum Ausschank. 1956 wird sie ihren ersten eigenen Club aufmachen, das *Chez Régine* auf der Rue du Four, und 1961 das *New Jimmy's* auf dem Boulevard Montparnasse. Mit der Zeit wird Régine gut zwanzig verschiedene Etablissements auf der ganzen Welt eröffnen und zur »Königin der Nacht« werden, bei der die Stars ein und aus gehen. Françoise erinnert sich lebhaft an ihre erste Begegnung mit Régine: »Ich hatte eine Schwester gefunden. Ich fühlte mich wohl. Bei dir [Régine, Anm.] und mit dir konnte mir nichts Schlimmes passieren. Das war wichtig, denn damals waren die Leute verrückt mit ihren Fotos und ihren Autogrammen.«[192] Régine sorgt dafür, dass jede*r, egal, wie berühmt, sich fallen lassen kann. Sie ist diskret, loyal und mütterlich um ihre Kundschaft besorgt. Eine Schutzpatronin der Nachtschwärmer*innen. Auf sie kann man zählen. Und zählen tun auf sie viele – ob George Pompidou, Brigitte Bardot oder eben Françoise Sagan.

Innerhalb ihrer »Familie« ist Françoise um Harmonie bemüht. Sie mag keine peinlichen Situationen, verletzenden Worte oder Szenen,[193] sie leidet, wenn die Stimmung schlecht ist, ihre Freund*innen sich zanken oder Uneinigkeit herrscht. Als Annabel und Juliette sich einmal aus irgendeinem unerfindlichen Grund streiten, organisiert Françoise ein großes Abendessen, um die beiden wieder zu versöhnen.[194]

Doch selbst inmitten ihrer engsten Freund*innen fühlt Françoise sich oft einsam, hält sich abseits, bleibt eher für sich und gibt wenig davon preis, wie es in ihr aussieht.[195] Dieses Gefühl der Einsamkeit gehört zu ihr, sie akzeptiert es und ahnt, dass ihm niemand entkommt: »Ich bin zutiefst davon überzeugt, dass alle sich alleine ›fühlen‹ und aufgrund dieser Tatsache zutiefst unglücklich sind.«[196] Ihre Freund*innen lenken sie von ihrer Einsamkeit ab, komplett vertreiben aber können sie diese nicht. Hinzu kommt, dass Françoise vieles mit sich selbst ausmacht und persönliche, intime Fragen, die sie zum Nachdenken und Grübeln bringen könnten, vermeidet, so gut es geht.[197] Introspektion liegt ihr nicht, vielleicht, weil sie Angst vor dem hat, was sich ihr offenbaren würde.

IHRE ZAHLREICHEN sozialen Verpflichtungen – lange Nächte bei Régine, Autorennen in den Straßen von Paris – lassen Françoise dennoch Zeit, an ihrem neuen Roman zu arbeiten, der mit Spannung erwartet wird. Er erscheint im März 1956, heißt *Ein gewisses Lächeln* und ist Florence Malraux gewidmet. Françoise hat ihn zu großen Teilen in Saint-Tropez geschrieben, auf dem Bett in ihrem Zimmer liegend, während von unten das Gelächter ihrer Freund*innen heraufdrang.[198] Für sie ist das die absolut beste Art zu schreiben: alleine, aber nicht einsam, bequem und mit den Stimmen ihrer Liebsten als wohltuende Hintergrundmusik. Schreiben, das ist für Françoise vor allem die pure Freude: »Sämtliche Verheißungen der Muße sind nichts gegen dieses unbezahlbare Geschenk, dieses stets dargebotene gute Gewissen, dieses unablässig treibende Verlangen und die Freiheit, die daraus entspringt: das Vergnügen zu schreiben.«[199] Nichts bereitet ihr mehr Vergnügen, als sich selbst und anderen eine Geschichte zu erzählen,[200] mit Worten und Sätzen zu spielen, so lange, bis es richtig klingt, bis die *petite musique* vernehmbar ist. Françoise ist niemand, der stundenlang am Schreibtisch sitzt oder sich tagelang zurückzieht, um an einem Buch zu arbeiten. Sie inszeniert sich in Interviews nicht als gequälte Schriftstellerin, die darüber spricht, wie viel ihr der kreative Prozess abverlangt. Im Gegenteil: Sie betont, dass Schreiben »auch eine Handwerksarbeit«[201] ist, und erzählt von ihrer eigenen Faulheit – davon, dass sie lieber auf dem Bett liegt, den Wolken beim Vorbeiziehen zusieht und Krimis liest, als sich an die Arbeit zu machen.[202] Schreiben ist für Françoise etwas, das ihr schlicht und einfach Spaß macht. Was nicht heißt, dass es ihr immer leichtfällt: Phasenweise ist es eine Übung in Demut. Schreiben, das bedeutet auch, sich zu irren, zu zweifeln.[203] Doch selbst wenn das Schreiben zur Qual werden, wenn niemand ihre Bücher lesen wollen würde, Françoise könnte nicht aufhören, sich Personen und Geschichten auszudenken und die Seiten mit Wörtern und Sätzen zu füllen.[204] Denn Schreiben, das ist für sie Freiheit: Wenn sie schreibt, hat sie das Gefühl, genau das zu tun, wofür sie geboren wurde.[205]

*

Das »gewisse Lächeln«, um das es in Françoises zweitem Roman geht, gehört Dominique, Studentin an der Sorbonne. Sie langweilt sich, vor allem in der Beziehung mit Bertrand, einem Kommilitonen, in den sie nicht wirklich verliebt ist: »Dieser Mangel an wirklichen Gefühlen erschien mir als die normalste Lebensform. Leben hieß im Grunde nichts anderes, als sich so einzurichten, dass man möglichst zufrieden war. Und schon das war gar nicht so einfach.«[206] Eines Tages stellt Bertrand Dominique seinen Onkel Luc vor, den diese ungleich interessanter findet als seinen Neffen: »Eine Sekunde lang fuhr es mir durch den Kopf: ›Er gefällt mir. Er ist ein bisschen alt, und er gefällt mir.‹«[207] Luc ist verheiratet – mit einer Frau namens, ausgerechnet, Françoise –, und auch Dominique ist ja eigentlich in einer (wenn auch eher wenig enthusiastisch geführten) Beziehung. Die beiden beginnen eine Affäre und verbringen gemeinsam zwei Wochen in Cannes. Ihr gegenseitiges Versprechen: Sie werden sich nicht ineinander verlieben. Doch als die zwei Wochen vorüber sind, im Moment des Abschieds, erkennt Dominique, die sonst allem mit Gleichgültigkeit begegnet, dass sie sehr wohl Gefühle für Luc hat – dieser aber nicht für sie. Die beiden verbringen erneut einige Nächte zusammen, Dominique aber nun in dem Bewusstsein, dass aus Luc und ihr nie ein Paar werden wird. Als Françoise, die Dominique sehr gern hat, von der Affäre erfährt, muss Dominique sich damit abfinden, dass diese nun endgültig vorbei ist. Das fällt ihr überraschend schwer:

> »Flach auf dem Bauch liegend, den Kopf in den Armen vergraben, presste ich meinen Körper gegen das Bett, als sei meine Liebe zu Luc ein warmes sterbliches Tier, das ich so, in wilder Auflehnung zwischen meiner Haut und dem Leintuch, zermalmen könnte. Und dann begann der Kampf. Meine Erinnerungen, meine Phantasie wurden zu grimmigen Feinden. Da war Lucs Gesicht, Cannes, das, was gewesen war, und das, was hätte sein können.«[208]

Dominique, die von sich immer gesagt hat, sie liebe niemanden, steht der Welt nun nicht mehr so gleichgültig und unbeteiligt gegenüber. Sie ist »eine Frau, die einen Mann geliebt hatte«[209].

*

Es heißt, das zweite Buch sei das schwierigste. Niemand hat auf Françoises Debütroman gewartet, auf ihr zweites Buch dafür die ganze Welt. *Ein gewisses Lächeln* enthält vieles von dem, was *Bonjour Tristesse* so phänomenal erfolgreich gemacht hat: eine junge Heldin, die sehr viel abgeklärter und zynischer auftritt als ihrem Alter angemessen; ein charismatischer älterer und ein konturloser jüngerer Mann; eine melancholische Grundstimmung; Themen wie Langeweile und Einsamkeit. Vor allem aber ist da Françoises Sprache. Diese Leichtigkeit. Da sind Gedanken schon mal »eiskalt und glatt wie Fische«[210], ist das Glück eine »ebene Fläche ohne Marksteine«[211] und sind die Straßen »sommerlich verstreut«[212]. Erneut erweist Françoise sich als Meisterin der kleinen Details, die sie stilsicher und souverän skizziert. Wieder geht es ihr mehr darum, eine bestimmte Stimmung zu beschreiben, eine Atmosphäre zu schaffen, als sich ausführlichen Beschreibungen von Personen, Umgebungen oder Natur zu widmen: »Bernard Frank hat mal gesagt, meine einzige Naturbeschreibung fände sich in *In einem Monat, in einem Jahr* und bestünde lediglich aus der lyrischen Feststellung: ›Der Herbst war goldrot‹.«[213] Trotzdem ist *Ein gewisses Lächeln* kein simpler Abklatsch von Françoises Erstlingswerk, es variiert seine Themen und Motive, fügt ihnen neue Nuancen hinzu. Und zeigt, dass Françoise Sagan wirklich schreiben kann, dass *Bonjour Tristesse* kein Zufallstreffer war und sie ihren eigenen Stil hat: *saganesque*.

Die Reaktionen zu *Ein gewisses Lächeln* fallen durchwachsen aus, wenngleich skeptische Kritiker*innen anerkennen müssen: Die Sagan hat Talent. Françoise frohlockt: »Die Journalisten verschiedener Blätter hatten, wenn auch unter Qualen, zugegeben, dass ich nicht nur das Ergebnis einer Werbekampagne war, sondern eine ernstzunehmende Schriftstellerin.«[214] Während die Besprechungen in den großen Tages- und Wochenzeitungen voll des Lobes sind, urteilen die Literaturzeitschriften hingegen hart.[215] Man wirft Françoise vor, schluderig zu sein und zu schnell zu schreiben;[216] ihre Figuren seien flach. Es sind Vorwürfe, die sie bei jeder Veröffentlichung zu hören bekommen wird. In der linksgerichteten Zeitschrift *Combat* veröffentlicht der Schriftsteller Alain Bosquet einen »Offenen Brief an Françoise Sagan«. Darin führt er all ihre Grammatikfehler auf, Wiederholungen, die übermäßige Verwendung von Adverbien. Sie sei »noch keine Simone de Beauvoir«, verkündet er, und im Übrigen sei eine ja auch genug – was sich nicht nur wie eine Kritik an Françoise Sagan liest, sondern auch wie ein Seitenhieb auf Beauvoir (Jahre später wird man Beauvoirs Roman *Die Welt der schönen Bilder* übrigens vorwerfen, er sei zu wenig Beauvoir und zu viel Sagan). Er wünsche Françoise Sagan, so Bosquet, eine niedrigere Auflage und ein höheres intellektuelles Niveau ihrer Leserschaft. Na danke. Bernard Fallois befindet in der *Nouvelle Revue Française*: »Françoise Sagan hat nichts zu sagen, aber sie verblüfft.«[217] Wie ein Kompliment liest sich auch das nicht, sondern eher wie der verschnupfte Kommentar eines neidischen Mannes, der nicht glauben kann, dass eine junge Schriftstellerin – eine Frau! – so erfolgreich ist. Und dann auch noch eine, die vergnügt zugibt, nicht besonders arbeitsam zu sein und sich lieber dem Nichtstun zu widmen als dem Romanschreiben. Ein Proust oder Stendhal ist sie wahrlich nicht.

Françoise Sagan, das zeigt sich erneut, wird vor allem als mediales Phänomen gesehen, nicht als literarisches. Wenn über ihre Bücher, ihren Stil geschrieben wird, dann geht es meistens nur um Françoises Leben. Stil bedeutet hier: Lebensstil. Es scheint vielen Kritiker*innen unmöglich, die junge Frau, die in Südfrankreich urlaubt, wie ein Schlot raucht, bei jeder Gelegenheit ein Glas Whisky in der Hand hält und angeblich barfuß im Sportwagen durch die Gegend düst (was sie in Wahrheit nur auf dem Rückweg vom Strand zum Ferienhaus tut[218]), von ihrem Werk zu trennen.[219] Vielleicht, weil Françoise so sehr wirkt wie eine von ihr selbst erdachte Romanfigur. Vielleicht aber auch, weil die Öffentlichkeit sich von jeher schwer damit tut, Schriftstellerinnen und ihr Werk auseinanderzuhalten. Françoise zufolge interessieren sie Kritiken nur dann, wenn sie »von meinen Büchern sprechen, ohne sich um Sagan zu kümmern«.[220]

Den Leser*innen sind verdrießliche Kritiken und unfreundliche Vergleiche mit Simone de Beauvoir egal: *Ein gewisses Lä-*

cheln verkauft sich in den ersten vier Monaten nach Erscheinen 35 000 Mal,[221] und 20th Century Fox erwirbt die Filmrechte. Françoise versucht, die schlechten Kritiken zu ignorieren und sich darauf zu besinnen, warum sie das tut, was sie tut: Sie schreibt, weil sie das Schreiben liebt. Weil sie gar nicht anders kann, als sich Charaktere und Geschichten auszudenken. Ja, stilistisch ist sie nicht besonders experimentierfreudig, und mit dem avantgardistischen Genre des *Nouveau Roman*, mit seiner nur peripher – wenn überhaupt – anwesenden Handlung und seinen endlosen Beschreibungen, kann sie nichts anfangen. Aber ihr geht es ja gar nicht um eine raffinierte Technik, sondern darum zu beschreiben, was in den Köpfen und Herzen der Menschen passiert, was sie bewegt.[222] Ihre Bücher möchte sie keinem bestimmten Genre zuordnen, sie sind eben Teil einer Literatur, »die meine ist«[223]. Eine Literatur, die unterhalten will und nicht vorgibt, mehr zu sein. Manche Kritiker*innen werfen Françoise genau das vor, fanden schon *Bonjour Tristesse* zu luftig, zu oberflächlich. Françoise trifft dieser Vorwurf durchaus. Erstens, weil hinter der Art, wie sie schreibt, sehr wohl eine Haltung steckt. So ist es ihr bei ihren Figuren wichtig, dass sie nicht durch äußere Ereignisse oder Einflüsse definiert werden, sondern ihr Handeln sich aus ihrem Charakter ergibt – insbesondere, wenn es um die Liebe geht:

>»In meinen Liebesgeschichten ließ ich nie andere Hindernisse als die Schwäche oder Stärke meiner Figuren gelten, und schon gar nicht irgendwelche äußeren Ereignisse. Das war meine Art von Existentialismus (um es mal philosophisch auszudrücken): den Leuten die Freiheit zu lassen, nach ihrem Gutdünken zu handeln und sich ausschließlich über ihre Handlung zu definieren.«[224]

Zweitens kann sie nicht verstehen, was an dem Anspruch, unterhaltsame Bücher zu schreiben, so verwerflich sein soll: »Ein aufgebrachter Autor oder Kritiker hat mir mal vorgeworfen, dass ich es wage, unterhaltsame Romane zu schreiben, dass ich mich ›was schämen‹ sollte usw. Ich hätte ihm gerne Dickens, Aldous Huxley, Evelyn Waugh, Voltaire und andere entgegengehalten [...].«[225] Es ist im Übrigen nicht so, dass Françoise sich selbst als große Schriftstellerin sieht. Im Gegenteil: Was ihre eigenen Fähigkeiten angeht, ist sie gnadenlos realistisch. Sie wird kein *Auf der Suche nach der verlorenen Zeit* schreiben, und auch kein *Anna Karenina*. Na und? Sie kennt ihre Grenzen, und das bedeutet für sie, nicht jemand sein zu wollen, der sie nicht ist.[226] Sie ist Françoise Sagan und sie schreibt *ihre* Bücher, weil nur sie es kann: »Ich bin der Ansicht, dass ich Talent habe. Mehr Talent, als viele Menschen sagen. Aber vielleicht weniger, als gewisse Leute behaupten.«[227]

WENN IHR IN PARIS alles zu viel wird, der Trubel, die Kritiken, die Fans, flieht Françoise nach Saint-Tropez, das sie zu ihrem alljährlichen Feriendomizil auserkoren hat. Dort begegnet sie im Frühjahr 1956 beim Strandspaziergang mit ihrem Schäferhund Popov einer jungen Frau, die ebenfalls ihren Hund, einen schwarzen Cockerspaniel namens Clown, ausführt. Es ist die Schauspielerin Brigitte Bardot. Man grüßt sich und wechselt ein paar Worte. Brigitte hat *Bonjour Tristesse* gelesen, und Françoise kennt die schöne blonde Frau vor allem über ihren Ehemann, den angehenden Regisseur Roger Vadim. Obwohl sie sich in ähnlichen Kreisen bewegen, hatten sie bisher noch nie die Gelegenheit, sich zu unterhalten. Am Strand in Saint-Tropez begegnen sich an diesem Tag zwei junge Frauen, die die Gesichter eines neuen Frankreichs repräsentieren. Françoise und Brigitte, Jahrgang 1935 und 1934, sind Idole einer Jugend, die sich enthusiastisch in die Zukunft werfen will, und das mit einer Lässigkeit, die ihrer Elterngeneration komplett abgeht.

Trotzdem scheinen die beiden Frauen auf den ersten Blick nicht viel gemeinsam zu haben. Hier die Intellektuelle, der Shooting Star der Literaturszene. Dort die Schauspielerin, die mit ihrer Mischung aus Sex und Unschuld verführt. Doch dieser Eindruck täuscht: Beide stammen aus der oberen Mittelschicht, aus einem eher konservativen Milieu, halten Tiere für die besseren Menschen und haben einen unbändigen Freiheitsdrang, ein Bedürfnis, nach eigenen Regeln zu leben. Während Françoise ihren Durchbruch bereits geschafft hat, steht Brigitte der ihre noch bevor. Sie hat bereits mehrere Filme gedreht, darunter *Reif auf jungen Blüten* und *Gier nach Liebe*, war auf dem Cover der *Elle* und hat bei den Filmfestspielen von Cannes 1953 im Bikini alle Blicke auf sich gezogen. Diszipliniert und uner-schrocken ist Brigitte bereit, für ihren Traum, eine berühmte Schauspielerin zu werden, alles zu geben. Ihr Ehemann Roger Vadim, den sie mit nur achtzehn Jahren heiratete, hat gerade das Drehbuch zu seinem ersten eigenen Film fertiggestellt: *Und immer lockt das Weib* wird dieser heißen und Brigitte in der Rolle der sinnlichen Juliette weltberühmt machen. Die Außen-szenen des Films werden in dem kleinen südfranzösischen Fi-scherdorf gedreht, in dem die Familie Bardot traditionell ihren Urlaub verbringt: Saint-Tropez.

Als *Und immer lockt das Weib* im November 1956 in die fran-zösischen Kinos kommt, sind die Reaktionen zunächst verhal-ten. Man weiß nicht genau, was man mit dieser sinnlichen Kindfrau anfangen soll, die so schamlos ihre Sexualität auslebt und sich dabei so offenkundig wohl in ihrem Körper fühlt. Der Schriftsteller Paul Reboux befindet, Brigitte sähe aus wie ein Dienstmädchen und spräche wie eine Analphabetin.[228] Dafür übertrifft der Film in den USA alle Erwartungen, wird ein Rie-senerfolg und von den Kritiker*innen geliebt. Was wiederum dazu führt, dass man sich auch in Frankreich plötzlich für *Und immer lockt das Weib* und seine Hauptdarstellerin interessiert. Für diese junge Frau, die im Film so hemmungslos und wild in einer Bar tanzt, wie in Trance, dem Rhythmus ausgeliefert. B. B. wird Kult – und zur bekanntesten Französin weltweit, zu einem Sexsymbol. Für die einen ist die von ihr gespielte Juliette eine sexuell befreite Frau, für die anderen ein anstößiges Flittchen. Françoise, die eine Schwäche für schöne Frauen hat, schreibt:

»Man sieht eine Frau, im Jahr 1954 (gemeint ist wohl 1956, Anm.), Liebe machen, weil sie darauf Lust hat, einen Mann lieben, dann einen anderen, und deswegen keinerlei Scham empfindet, sondern, im Gegenteil, ein Gefühl von Freiheit, das berauschend ist […]. 1954 galt es, tugendhaft zu sein, und Bardot war es nicht. […] Wie jedes mit Vernunft begabte Tier hatte sie nichts zu tun mit der christlichen Kultur und ihren Tabus, und gleichzeitig hatte sie nichts zu tun mit der Zerstörung und dem Hass dieser Tabus.«[229]

Brigitte erlebt das, was Françoise zwei Jahre zuvor erlebt hat: Sie ist schlagartig berühmt. Und wie Françoise weiß sie nicht, wie sie damit umgehen soll: »Ich war auf ein Leben als Star nicht vorbereitet, es brach ohne Vorwarnung über mich hinein.«[230] Brigitte fühlt sich unwohl mit der Rolle, die man ihr zuschreibt, die der sinnlichen Lolita. Die schönste Frau Frankreichs ist in Wahrheit eine Frau voller Komplexe, die kein Vertrauen in ihre schauspielerischen Fähigkeiten hat, sich hässlich findet und bereits mehrere Selbstmordversuche hinter sich hat.[231] Vor allem fürchtet sie, wie Françoise, das Alleinsein und verliebt sich vielleicht auch deshalb ständig:

»Ich ertrage die Stille eines Hauses nicht, in dem ich nur meine eigenen Schritte höre. Dann steigt in mir ein Angstgefühl auf, das mich nicht mehr loslässt. Ich galt zwar immer als das Symbol für eine ›befreite‹ Frau, doch wenn ich es dann wirklich war, fühlte ich mich jedesmal total vereinsamt.«[232]

Im Prinzip verkörpert Brigitte genau das, was *Bonjour Tristesse* so skandalös machte: sexuelle Freiheit und Selbstbestimmung. Eine neue und ungewohnte Mischung, ist Brigitte doch weder ein unschuldiges Mädchen noch eine gesittete Ehefrau. Wie Simone de Beauvoir in einem Essay über das Phänomen Brigitte Bardot feststellt: »Die erwachsene Frau bewohnt jetzt die gleiche Welt wie der Mann, aber die Kindfrau bewegt sich in einem Universum, das er nicht betreten kann.«[233] Beauvoir bemerkt außerdem, wie sehr Brigitte Bardot den Heldinnen einer gewissen Françoise Sagan ähnelt: Frauen, die sich von Männern holen, was sie wollen; die sowohl jagen als auch gejagt werden; die natürlich sind; die sich selbstverständlich dem Mann gleichgestellt fühlen.[234] Wenn man so will, ist die von Françoise erfundene Cécile ein perfektes Amalgam aus ihr und Brigitte: ein schmaler, knabenhafter Körper gepaart mit unschuldiger Sinnlichkeit und ohne Scham dafür, so zu sein, wie man – als junge Frau – eben ist.

Brigitte Bardot wird verehrt. Und verdammt. Für eher traditionelle Französ*innen ist sie so etwas wie Fleisch gewordene Sünde. Billig, ordinär, ein dummes Blondchen mit Schmollmund und ständig wechselnden Liebhabern. Der Schauspieler Jean Gabin bezeichnet sie als »dieses Ding, das nackt spazieren geht«. Das ist noch schmähender als das, was ein Kritiker über Françoise sagt: Zusammen mit Coca-Cola sei sie das »Übel unserer Zeit«.[235] Brigitte und Françoise werden benutzt, um andere junge Frauen auf ihren Platz zu verweisen, um ihnen klarzumachen, wie sie auf keinen Fall sein dürfen. Doch das sind, natürlich, vergebliche Mühen, dreht die Welt, dreht Frankreich, sich doch längst weiter. Und Brigitte und Françoise sind nicht nur Teil dieser Entwicklung, sie sind Vorreiterinnen, Katalysatorinnen. Für angebliche Tabus haben sie keinen müden Blick übrig – nicht, weil sie sich so gerne in der Pose der Revolutionärinnen sehen, sondern weil sie selbst zu sein sich für sie nicht sonderlich revolutionär anfühlt. Sie sind keine Feministinnen, haben keine politische Agenda, kein gesellschaftliches Anliegen. Aber sie zeigen, in ihren Filmen, Büchern und vor allem durch ihre eigene Persönlichkeit und Lebensweise, dass Weiblichkeit viele Facetten hat. Und keine Ansammlung von Männern erdachter Stereotypen ist. Indem sie »maskuline« Elemente in ihren Kleidungsstil und ihr Verhalten integrieren, bieten sie eine Alternative zum geltenden Modell von Weiblichkeit, wenn auch nur bis zu einem gewissen Grad.[236] Der Schauspieler Jean-Louis Trintignant, Brigittes Filmpartner in *Und immer lockt das Weib* (sowie ihr Liebhaber abseits des Filmsets), fasst treffend zusammen: »Ihre Unverfrorenheit war äußerst nützlich, denn ohne Feministinnen zu sein, waren sie zwei Flaggen der Freiheit der Frau.«[237]

Zwischen Paris und Saint-Tropez kreuzen sich die Wege der beiden Frauen über die Jahre immer wieder. Françoise widmet Brigitte mehrere Essays und interviewt sie. Brigitte wiederum lädt Françoise zu ihrem 40. Geburtstag ein, den sie 1974 im *Club 55* feiert, am Strand von Saint-Tropez. Enge Freundinnen werden die beiden nie, aber sie schätzen und verstehen sich.[238] Und als Françoise 2004 stirbt, ist es Brigitte, die zur Beerdigung einen Grabkranz schickt mit der Aufschrift *À ma jumelle* – für meinen Zwilling.[239]

ZU IHREM 21. GEBURTSTAG, dem Tag ihrer Volljährigkeit, macht Françoise sich selbst das schönste Geschenk: Von ihrer Party in Saint-Tropez begibt sie sich schnurstracks ins legendäre Casino *Palm Beach* in Cannes.[240] Diese »Begegnung« ist, wenn man so will, unvermeidlich gewesen, denn Françoise mag das Risiko, den Nervenkitzel und ist überzeugt: »Man wird zum Spieler geboren, so wie man rothaarig, intelligent oder als Griesgram auf die Welt kommt.«[241] Außerdem empfindet sie keinerlei Respekt für Geld, hasst es ihrer eigenen Aussage nach sogar, weil es so oft die Beziehungen zwischen Menschen definiert.[242] Sie sieht es stattdessen als Spielzeug – und was sollte man damit anderes tun als spielen: »[W]ährend man spielt, wird das Geld wieder das, was es eigentlich stets sein sollte [...], Jetons, etwas Austauschbares und seiner Natur nach Bedeutungsloses.«[243] Für sie beginnt an diesem 21. Juni 1956 eine große Liebesgeschichte. Oder, je nach Perspektive, eine verhängnisvolle Affäre.

In Cannes angekommen betritt Françoise »entschlossenen Schrittes«[244] das *Palm Beach*. Sie, die normalerweise eine solche Abneigung gegen Disziplin und Regeln hat, versteht sofort und mühelos die Gesetzmäßigkeiten des Spiels.[245] Mit ihrem frisch erworbenen Wissen setzt sie sich an den Roulette-Tisch, gewinnt ein bisschen, verliert ein bisschen. Weiter geht es am Baccara-Tisch, wo Françoise lernt, dass das Wichtigste bei dieser Art von Kartenspiel ist, »seine Gefühle zu verbergen«[246]. Sich ein Pokerface zuzulegen, schafft Françoise trotzdem nicht – möglicherweise deshalb, weil Poker für sie ein ausgesprochen männliches Spiel ist: »Man muss den Tod des anderen wollen, und das ist ein Gefühl, das ich nicht kenne.«[247] Françoise vergisst alles um sich herum, Zeit, Ort, Menschen. Sie versinkt völlig im Spiel. Durchströmt von einer neuen Leidenschaft, verbringt sie Stunde um Stunde in fröhlicher Gesellschaft ihrer Glückszahlen – die 3, die 8 und die 11.[248] In ihrem Kopf formt sich eine neue Erkenntnis; das Wissen, dass Spielen eine gewisse Art ist, zu leben.[249] Alles ist vergänglich und zufällig, alles kann in einem Moment schon ganz anders sein als noch kurz zuvor. Das Glück wendet sich oder kommt zurück, man gewinnt oder verliert, man stirbt ein bisschen, um dann wie ein Phönix aus der Asche wiederaufzuerstehen. Spielen bedeutet Leben. Und Leben bedeutet Spielen. Zumindest für Françoise, die in den folgenden Jahren den Lockrufen der Casinos weder widerstehen kann noch will: »Ich bin eben hoffnungslos angezogen von allem, was nicht beruhigend ist, alles, was eine Lebensweise aufs Spiel setzt.«[250]

*

Mit *Bonjour Tristesse* hat Françoise innerhalb kürzester Zeit sehr viel Geld verdient und gibt es seitdem mit vollen Händen aus. Geld, das ist für sie vor allem Freiheit: Freiheit, das Leben zu genießen und sich keine Gedanken machen zu müssen.[251] Geld, das sie unabhängig macht, mit dem sie sich jeden Komfort kaufen kann: ein Mittel zum Zweck. Geld erlaubt ihr, sich als jemand zu behaupten, der nach seinen eigenen Regeln spielt, der Exzess und Verschwendung liebt, der frei ist. Und damit anders als andere.[252] Ihrer eigenen privilegierten Situation ist Françoise sich dabei durchaus bewusst: »Ich habe das Glück – verdient oder nicht –, mit meinen Büchern Geld zu verdienen.«[253] Dennoch pflegt Françoise ein ambivalentes Verhältnis zu Geld, es ist für sie Freiheit und Bürde zugleich.[254] Françoise ist fest davon überzeugt, dass man nicht reich wer-

181

den kann, ohne dabei eine gewisse Hartherzigkeit zu entwickeln.[255] Ihr Geld einfach auszugeben, mag Françoise als eine logische Antwort auf dieses Dilemma erscheinen. Und als ein Weg, ihrem ewigen Begleiter, der Einsamkeit, zu entkommen, zu vergessen, Spaß zu haben.

Kein Wunder also, dass Françoise mit ihrem Geld extrem sorglos umgeht. Es ist schließlich so viel davon da! Und wenn das Geld ausgeht, reicht es, beim Verlag vorbeizuschauen und sich neues auszahlen zu lassen, um dieses sodann in Alkohol, Autos oder Ausgehen zu investieren.[256] René Julliard drückt ein väterliches Auge zu, übernimmt klaglos Françoises Spielschulden und manchmal sogar die von Bernard.[257] Wenn sie mit ihren Freund*innen unterwegs ist, bezahlt selbstverständlich Françoise und übernimmt sämtliche Rechnungen, die ihren Namen tragen.[258] Manchmal schreiben ihr wildfremde Leute und bitten sie um Geld. Kein Problem, Françoise stellt einen Scheck aus und schickt ihn los.[259] Ihre Großzügigkeit kennt keine Grenzen. Françoise selbst hat nur eine vage Vorstellung davon, wofür sie ihr Vermögen – zwischen 1954 und 1966 verdient sie schätzungsweise 500 Millionen Euro[260] – ausgibt. Dass ihr Vermögen und die Art, wie sie es verprasst, ständig Thema in den Medien ist, nervt sie: »Mit 18 Jahren war ich reich und berühmt: Das hat man mir nicht verziehen. […] Ich weiß übrigens nicht, ob man es mir mehr ankreidet, dass ich viel Geld verdient habe oder dass ich es ausgegeben habe.«[261]

ENDE 1956 REIST FRANÇOISE zum zweiten Mal in ihrem Leben nach New York, diesmal in Begleitung von Michel Magne. Die beiden haben beschlossen, dass sie unbedingt Billie Holiday live sehen müssen. Sie sind besessen, bezaubert von der Sängerin und ihrer Stimme, »die wollüstige, rauhe und kapriziöse Stimme des Jazz im Rohzustand«[262]. Françoise und Michel steigen im Hotel *Pierre* ab, dem einzigen Hotel in der Stadt, das Françoise kennt. An der Rezeption erkundigen sich die beiden Jazzfans, ob denn ihr Idol immer noch in der Carnegie Hall sänge. Man informiert sie, dass die Sängerin aufgrund von Drogenkonsum Auftrittsverbot in New York habe. Françoise und Michel können es nicht fassen: Wer wagt es, einer Frau wie Billie Holiday das Singen zu verbieten? Und was wird jetzt aus ihrem geplanten Live-Erlebnis, dem Grund ihrer Reise? Durch tagelanges, hartnäckiges Herumfragen erfahren sie schließlich, dass Holiday in einem Lokal in Connecticut singt. Connecticut? Wie weit kann das sein?, fragen sich die zwei naiven Französ*innen und steigen ins Taxi. Fast 300 Kilometer lassen sie sich durch die eisige Kälte fahren, bevor sie am Ziel, einer Country-Bar, ankommen. Kaum haben sie das Lokal betreten, erhebt sich aus dem Publikum eine Frau, schwarz und kräftig. Es ist Billie Holiday, »die Augen zu Schlitzen verengt, die sie kurz ganz schloss, ehe sie zu singen begann und wir sofort in Milchstraßenhöhen erhoben wurden: heiter, verzweifelt, sinnlich oder zynisch, wie es ihr gerade gefiel. Wir waren überwältigt, wir hätten uns nicht mehr erträumen können.«[263]

Nach ihrem Auftritt werden Billie Holiday die beiden begeisterten Französ*innen vorgestellt, die hunderte von Kilometern im Taxi quer durch Connecticut gefahren sind, nur um sie singen zu hören. »Oh dears«, sagt die Sängerin, »how crazy you are!«[264] Für Françoise und Michel steht nach diesem Abend fest, dass sie den Rest ihres Aufenthalts ganz Billie Holiday widmen werden. Zwei Wochen verbringen sie mehr oder weniger exklusiv im New Yorker Jazzclub *Eddie Condon's*, wo Billie Holiday trotz ihres Auftrittsverbots singt. Um 3.30 Uhr, nachdem die letzten Gäste gegangen sind, schließt Eddie Condon – selbst ein begabter Jazzgitarrist – die Vordertür ab und lässt durch den Dienstboteneingang das Publikum hinein, das gekommen ist, um ab vier Uhr morgens Billie Holiday zu lauschen.[265] Vor elf oder zwölf Uhr mittags verlassen Françoise und Michel das verräucherte Lokal nicht. Zusammen mit Holiday laufen sie die Fifth Avenue entlang, bevor die Sängerin sich verabschiedet und in ein wartendes Auto steigt. Françoise erinnert sich: »Ich möchte schwören, New York um die Mittagsstunde völlig leer gesehen zu haben, erfüllt nur von dieser großartigen Frau […].«[266] Für die Dauer ihres Amerika-Aufenthalts schlafen Françoise und Michel kaum, sie bewegen sich »wie Zombies in einer taubstummen Stadt«[267].

Manchmal begleitet Michel Holiday auf dem Klavier, was ihn, und wohl auch Françoise, sehr stolz macht.[268] Abend für Abend – oder eher: Morgen für Morgen – hören Françoise und Michel Billie Holiday singen, hören, wie sie »aus ihrer Kehle dieses Stöhnen hervorquellen ließ, belustigt, zynisch und doch zutiefst verletzlich … unnachahmlich, der Aufschrei einer triumphierenden und despotischen Persönlichkeit, königlich im perfekten Naturell, denn an ihr war nichts Gekünsteltes, nichts offenkundig Kompliziertes«[269]. Françoise kommt die Frau auf der Bühne stark vor, stolz. Sie weiß noch nicht, dass Holiday krank ist, ausgezehrt von Drogen und Alkohol, von ihren Beziehungen zu gewalttätigen Männern – auch wenn sie mitbekommt, dass Holiday sagt, sie habe zu viel getrunken, dass sie

Strophen vertauscht, den Text vergisst:[270] »Ich wusste nicht, dass sie ein zum Zerreißen gespannter, fast blutender Körper war, der sich ins Leben stürzte unter Schlägen und Liebkosungen, denen sie, wie es schien, einfach durch ihr Atmen trotzte.«[271]

*

Zwei Jahre später, im November 1958, sieht Françoise Billie Holiday in Paris wieder. Doch die Billie Holiday, die im *Mars Club* die Bühne betritt, ist eine völlig andere als die, mit der Françoise in New York fast jeden Tag verbracht hat. Sie ist abgemagert und um Jahre gealtert, an ihren Armen sind Einstiche zu sehen:[272] »Sie hatte nicht mehr jene natürliche Selbstsicherheit, jenes körperliche Gleichgewicht, das sie wie eine Marmorstatue erscheinen ließ inmitten der stürmischen Ereignisse ihres Lebens.«[273] Françoise wird schlagartig bewusst, dass sie und Billie Holiday Welten trennen, und dass die Sängerin sie dies in New York auf wunderbare Weise hat vergessen lassen:

> »Alles, was bei unserer ersten Begegnung beiseite gelassen worden war, das Problem ihrer Rasse, ihr Mut, ihr erbitterter Kampf gegen das Elend, die Vorurteile, die Anonymität, die Weißen und die Nicht-Weißen, gegen den Alkohol, die schlimmen Feinde, gegen Harlem, gegen New York, gegen den Zorn, den eine Hautfarbe und – da ist der Zorn oft kaum weniger heftig – Talent sowie Erfolg auszulösen vermögen. An all das hatte sie uns, Michel und mich, damals gar nicht denken lassen, und wir hätten vielleicht wirklich von selbst drauf kommen sollen. Wir, die empfindsamen Europäer, waren die unbekümmerten Barbaren der Geschichte gewesen. Und dieser Gedanke trieb mir die Trä-

nen in die Augen, die auch der weitere Verlauf des Abends nicht recht trocknen wollte.«[274]

Françoise schämt sich. Sie muss sich eingestehen, dass sie keinen Augenblick über Billie Holidays Situation als Afroamerikanerin nachgedacht hat. Dass sie wohl nie genau auf den Text von Holidays Song *Strange Fruit* geachtet hat, in dem diese von Lynchmorden an Afroamerikaner*innen singt:

> »Southern trees bear a strange fruit
> Blood on the leaves and blood at the root
> Black bodies swinging in the southern breeze
> Strange fruit hanging from the poplar trees.«

Zugegeben, in Paris haben es Afroamerikaner*innen leichter, zumindest ein wenig: Die Tänzerin Josephine Baker, die Schriftsteller Richard Wright und James Baldwin, sie alle sind irgendwann aus ihrer Heimat nach Paris gekommen, weil es sich dort angenehmer lebt, weil man sie dort würdigt. In den USA hingegen weigern sich Hoteliers, Josephine Baker auch nur ein Hotelzimmer zu vermieten; Richard Wright, der mit dem Kommunismus liebäugelte, wurde vom FBI beobachtet und von Hollywood-Filmstudios auf die schwarze Liste gesetzt; und Ella Fitzgerald bekam 1955 nur deshalb einen Auftritt im *Mocambo*, einem berühmten Nachtclub in Los Angeles, weil ihre Freundin Marilyn Monroe dem Clubbesitzer (der Fitzgerald zu schwarz und übergewichtig fand) versprach, bei jedem Auftritt in der ersten Reihe zu sitzen und so weitere Promis anzulocken.[275] Juliette Gréco, die in Paris eine Beziehung mit dem Jazzmusiker Miles Davids führte, erinnert sich: »Sartre fragte Miles, warum wir nicht heirateten, aber Miles, sagte er, liebte mich zu sehr, um mich zu heiraten. Du würdest in den USA als eine ›N***-Hure‹

gesehen werden, sagte er mir, und das würde deine Karriere zerstören.«[276] Afroamerikaner*innen sind in den USA alltäglichem und strukturellem Rassismus ausgesetzt – dieser ist in Gesetzen und Institutionen verankert, sodass Afroamerikaner*innen wie Bürger*innen zweiter Klasse behandelt werden. Und oft noch weniger als das. Erst ein Jahr ist es her, dass die Bürgerrechtlerin Rosa Parks sich in einem Bus in Alabama weigerte, ihren Platz für einen weißen Fahrgast zu räumen, und dafür festgenommen und zu einer Geldstrafe verurteilt wurde. Die rassistische Gesellschaftsstruktur ist bei weitem nicht bloß ein amerikanisches Phänomen, sind es in Frankreich doch Algerier*innen, die diskriminiert werden. Wenn Françoise genau hinschauen würde, würde sie merken, dass auch ihre Heimat ein Rassismusproblem hat.

*

Nur ein halbes Jahr nach ihrem Wiedersehen mit Françoise stirbt Billie Holiday an den Folgen einer Leberzirrhose, ausgelöst durch jahrelangen Alkoholmissbrauch. Sie wird nur vierundvierzig Jahre alt. Und Françoise, geschockt vom Anblick der damals so kaputten, zerstörten Billie in Paris, wird, vielleicht zum ersten Mal, bewusst, was der Exzess anrichten kann. Was passiert, wenn er zur einzigen Bewältigungsstrategie von Traumata und Einsamkeit wird.

TEIL III

VOLLBREMSUNG

1957–1960

»Ich bin jemand,
der sich weh tut.«[1]

ES IST ANFANG 1957 und Françoise hat sich in die Moulin de Coudray zurückgezogen, eine Mühle in der Nähe von Milly-la-Forêt, ungefähr eineinhalb Autostunden von Paris entfernt. Die Mühle gehört dem Modedesigner Christian Dior, ein wahrhaft glamouröser Vermieter. Françoise hofft, den verlockenden Ablenkungen des Pariser Nachtlebens dort für eine Weile zu entkommen und ein bisschen Ruhe und Frieden zu finden sowie Muße, an neuen Projekten zu arbeiten. Mit dabei ist ihr aktueller Liebhaber, der 25-jährige Journalist Voldemar Lestienne. Die beiden sind sich zum ersten Mal Anfang 1956 bei Florence begegnet, wo Françoise eine Grippe auskurierte. Voldemar kam vorbei, um sie für einen Artikel zu interviewen. Er fragte sie, was sie am nächsten Tag vorhabe, und sie antwortete, sie würde sich in ein Haus in der Nähe von Milly-la-Forêt zurückziehen, um ein Buch zu schreiben. Voldemar hatte eine spontane Eingebung: »Ich komme mit Ihnen.« Er dürfe aber nicht kälteempfindlich sein, warnte Françoise, denn im Haus gäbe es keine Heizung.[2]

Neun Monate später verbringen die beiden wieder gemütliche Tage zusammen, diesmal in der Mühle. Sie schlafen, lesen, unterhalten sich, gehen mit Schäferhund Popov spazieren und machen Ausflüge mit dem Auto. Den dafür nötigen Sprit besorgen Françoise und Voldemar sich in Pierre Quoirez' Fabrik in Argenteuil,[3] denn Benzin ist zum Luxusgut geworden. Seit Ende 1956 machen sich in Frankreich die Folgen der Suezkrise bemerkbar, Öl und Benzin werden knapp und Frankreich ist, wie andere westeuropäische Länder, darauf angewiesen, Rohöl und Treibstoffe vorwiegend gegen Dollar aus Amerika zu beziehen. Das ist teuer und aufwendig und reicht trotzdem nicht aus. Zunächst wird ein Tankverbot von Samstagmittag bis Montagmittag erlassen, in der Hoffnung, Autofahrer*innen würden ihren Benzinverbrauch so um 30 Prozent senken. Doch die Maßnahme zeigt keine Wirkung. *Le Monde* stellt fest: »Der Versuch, ohne Rationierung auszukommen, ist gescheitert. Er verlangt zuviel von dem Durchschnittsfranzosen, der es lieber seinem Nachbarn überläßt, sich an seiner Stelle einzuschränken. Die Hamsterer haben sich bedient.«[4] Vor den Pariser Tankstellen stauen sich die Autos, man wartet bis zu drei Stunden auf ein paar Liter Benzin. In vielen Industriezweigen wird die Produktion wegen der Rohstoff- und Treibstoffknappheit um 15 Prozent gedrosselt, was den französischen Haushaltsplan für 1957 durcheinanderbringt. Die Stimmung im Land ist nicht die Beste, niemand weiß, wann wieder Normalität einkehren wird.

In der Mühle hingegen ist die allgemeine Verfassung, zumindest auf den ersten Blick, gut. Françoise arbeitet fleißig an einem neuen Buch, vergräbt sich in ihrer Arbeit. Voldemar ist sehr verliebt in Françoise, aber die sieht in ihm eher eine Ablenkung von ihrer eigentlichen Sorge: Guy Schoeller. Denn der Verleger hat es ihr schwer angetan. Dabei ist er nicht gerade das, was man einen schönen Mann nennen würde: Fotos zeigen ihn mit hoher Stirn, weit vorangeschrittenen Geheimratsecken und eher groß geratener Nase. Aber Schoeller hat Charme, oh, viel Charme. In Paris hat er einen Ruf als Casanova und wird oft mit den schönsten Models der Stadt gesichtet.[5] Er brilliert mit seinem scharfen Verstand, ist gebildet und kultiviert und besitzt einen erlesenen Geschmack. Seine Interessensgebiete umfassen, in keiner bestimmten Rangfolge: Arbeit, Frauen, Großwildjagd in Afrika, Pferde, edlen Wein und, natürlich, Literatur.[6] Auf den ersten Blick scheint dieser intellektuelle Lebemann nicht viel mit Françoise gemeinsam zu haben. Da ist der große Altersunterschied. Dann die Tatsache, dass Guy ein nimmermüdes Arbeitstier ist, dem sein Job alles bedeutet – während Françoise eigener Aussage nach eigentlich nur deshalb arbeitet, weil die Gesellschaft es von ihr verlangt.[7] Vor allem haben die beiden völlig unterschiedliche Lebensweisen: Guy ist diszipliniert und organisiert und nicht gerade ein Partylöwe; Françoise lebt in den Tag hinein, macht, wonach ihr der Kopf steht, liegt gerne lesend im Bett und treibt sich nachts mit ihren Freund*innen in Bars und Clubs herum. Ihn sieht man ständig mit umwerfenden Frauen, sie behandelt ihre Liebschaften äußerst diskret. Er hat etwas Aristokratisches an sich, sie etwas Wildes, Ungezähmtes. Trotzdem – oder gerade deshalb – fühlen sich die beiden sehr zueinander hingezogen. Sie mag seine »traurigen«, grauen Augen, seine »langsame Stimme« und »großen« Hände,[8] seinen Humor und seine, nicht nur berufsbedingte, Liebe zur Literatur – wie sie schätzt er Stendhal, Proust und Poesie. Er wiederum bewundert ihre Feinfühligkeit und ihren Charme. Außerdem, so Guy, sei Françoise die intelligenteste Frau, die er kenne: »Ich habe sie nie eine Dummheit sagen gehört. Sehr jung hatte sie bereits alles über die menschlichen Beziehungen verstanden.«[9]

Seit dem gemeinsamen New-York-Aufenthalt 1955 sind die beiden sich nähergekommen und haben mehrere Rendezvous gehabt. Für beide ist es mehr als ein Flirt. Ganz unkompliziert ist die noch junge Beziehung nicht, Françoise spricht von einer »gefühlsmäßige[n] Achterbahnfahrt«[10]. Sie ist sich nicht sicher, wie Guy empfindet. Liebt er sie? Oder ist sie für ihn doch nur eine Affäre? Françoise ist zugleich fasziniert und eingeschüchtert von Guy und ahnt, dass sie beide trotz aller Gemeinsamkeiten in einigen Bereichen nicht kompatibel sind – trotzdem kommt sie nicht von ihm los: »[…] unser Zusammentreffen war in mancherlei Hinsicht wie ein Cello im Hintergrund meines Lebens, das er, ohne es eigentlich zu wissen, ausschließlich und ausgiebig dirigierte. Um dem zu entfliehen, flüchtete ich mich nach Milly-la-Forêt […].«[11] Die Zeit in der Mühle will Françoise dafür nutzen, ihre Gefühle für Guy zu sortieren. Liebt sie ihn? Beziehungsweise: Liebt sie ihn genug, um sich an ihn zu binden? So richtig?

In ihr arbeitet es. Tagelang, wochenlang. Sie trifft eine Entscheidung. Eines Abends, Françoise und Voldemar haben es sich vor einem prasselnden Kaminfeuer gemütlich gemacht, verkündet sie ihm, Guy Schoeller heiraten zu wollen. So zumindest schildert Voldemar später die Ereignisse. Für ihn kommt das völlig überraschend – ihm war nicht einmal bewusst, dass es einen anderen Mann in Françoises Leben gibt und er selbst nur eine nette Ablenkung vom eigentlich Auserwählten ist. Wie immer hat Françoise alles mit sich selbst ausgemacht und es geschickt vermieden, Unangenehmes zu thematisieren. Vielleicht weiß sie in dem ganzen Gefühlschaos mit Guy aber einfach selbst nicht, wo ihr der Kopf steht. Was beziehungsweise wen sie will. Unklar ist, ob sie und Guy das Thema Ehe überhaupt jemals angesprochen haben – angesichts ihres komplizierten Beziehungsstatus eher unwahrscheinlich. Aber für Françoise scheint ein »Ja« zu Guy auch ein »Ja« zu einer potenziellen Ehe mit ihm zu bedeuten. Überrumpelt und verletzt packt Voldemar seine Sachen und nimmt den Bus zurück nach Paris. Er geht fest davon aus, dass Françoise ihn bald anrufen und sich für ihr Verhalten entschuldigen wird. Aber sie ruft nicht an.

Nach der getroffenen Entscheidung für Guy breitet sich Ruhe aus. Vorerst. Denn schon bald steht Françoise der Sinn erneut nach Ablenkung und Gesellschaft. Sie lädt enge Freund*innen für ein April-Wochenende zu sich in die Mühle ein. Véronique, Bernard und ihr Bruder Jacques machen sich auf den Weg.[12] Ebenso Voldemar, der, obwohl immer noch beleidigt, Françoise einfach nicht widerstehen kann – wen sie einmal an der Angel hat, der kommt davon so schnell nicht mehr los. Warum Françoise am Ende doch zum Telefon gegriffen und Voldemar eingeladen hat, bleibt unklar. Will sie ihn sich warmhalten, obwohl ihr Herz klar für Guy schlägt? Und falls ihre Einladung als Beschwichtigungsversuch oder Entschuldigung gemeint war, erfüllt sie ihren Zweck kaum, denn die Stimmung in der Mühle ist angespannt: Voldemar schmollt, und auch Bernard hat Françoise mit ihrer Entscheidung für Guy kalt erwischt. Er kann nicht verstehen, was sie an diesem arroganten Frauenhelden findet, und lässt sie das auch spüren. In den letzten Monaten hat er sich zurückgezogen und ist auf Distanz zu Françoise gegangen. Ihr Friedensangebot kam in Form eines Telegramms, als Bernard sich in einem Krankenhaus von einer akuten Alkoholvergiftung erholte: »Mein Liebling, komm und erhol dich doch auf dem Land.«[13]

*

Der 14. April 1957 ist ein Sonntag. In der Mühle bereiten sich Françoise, Jacques, Bernard, Véronique und Voldemar auf den Besuch des amerikanischen Regisseurs Jules Dassin und seiner Partnerin, der griechischen Schauspielerin Melina Mercouri, vor. Begleitet werden die beiden vom Literaturagenten Alain Bernheim und seiner Frau Marjorie. Jules Dassin und Co werden zum Mittagessen erwartet, doch die Zeit vergeht und sie sind immer noch nicht da. Dassin ruft von unterwegs an, um sich für die Verspätung zu entschuldigen: Man habe nahe Orly eine Reifenpanne gehabt, Françoise und ihre Freund*innen sollten doch bitte schon mal mit dem Essen anfangen. Das kommt für Françoise natürlich überhaupt nicht in Frage, und sie beschließt, den Gästen entgegenzufahren. Sie schwingt sich hinter das Steuer ihres aktuellen Flitzers, eines Aston Martin, begleitet von Voldemar, Véronique und Bernard. Fröhlich fahren sie los, Jacques soll bis zu ihrer Rückkehr die Stellung in der Mühle halten. Kurz vor Corbeil steht Jules Dassins Peugeot. Es gibt ein großes Hallo, und zusammen machen sie sich auf den Rückweg. Françoise fährt voraus, beschleunigt, bald verlieren Joe Dassin und seine Begleiter*innen den Aston Martin aus den Augen. Wenige Minuten später, gegen 14.15 Uhr, auf der Nationale 448, zwischen Le-Plessis-Chenet und Auvernaux, passiert der Unfall: Der Aston Martin beginnt zu schlingern und Françoise verliert in einer Senke die Kontrolle über den Wagen. Er kommt von der Straße ab, stürzt eine Böschung hinab und bleibt schließlich auf dem Rücken in einem Feld liegen. Véronique, Bernard und Voldemar sind durch den Aufprall aus dem Auto geschleudert worden und dadurch nur leicht verletzt – Françoise hingegen sitzt immer noch eingeklemmt hinterm Steuer, bewusstlos.[14] Als der Peugeot kurz darauf den Unfallort erreicht, stürzt Jules Dassin direkt zu Françoise und versucht, sie durch Mund-zu-Mund-Beatmung wiederzubeleben. Jahre später stellt Françoise verschmitzt fest: »Ich bin die einzige Frau, die Jules Dassin, der verführerische Jules Dassin, eine gute halbe Stunde lang unter den Augen von Melina geküsst hat. Aber leider war ich bewusstlos …«[15] Allerdings berichtet Alain Bernheim später, er habe die Mund-zu-Mund-Beatmung durchgeführt.[16] Abgesehen davon, dass Françoise selbst während des Vorfalls bewusstlos war und sowieso nicht mitbekam, wie ihr geschah, würde es zu ihr passen, dass sie die Fakten ein wenig verdreht, um so die dramatischste Geschichte zu erzählen. In diesem Fall: Wie ein sexy Regisseur mit einer ebenso sexy und leidenschaftlichen Partnerin sie mit seinem Mund zurück ins Leben zu bringen versuchte. Wer kann das sonst schon von sich behaupten?

Am Unfallort laufen Melina Mercouri und Marjorie Bernheim zum Straßenrand und versuchen, vorbeifahrende Autos
auf sich aufmerksam zu machen. Einige hilfsbereite Menschen
packen sofort mit an und hieven den Aston Martin hoch,
der immer noch auf die bewusstlose Françoise drückt. Dass
Françoise schwer verletzt sein muss, ist allen Anwesenden klar:
Sie hat offensichtliche Kopfverletzungen und blutet aus der
Nase. Mittlerweile ist auch Jacques, der in der Mühle vergeblich
auf Françoises Rückkehr gewartet hat, mit seinem Jaguar am
Unfallort eingetroffen. Er sieht seine Schwester, seine kleine
Schwester, blass und blutüberströmt und regungslos. Die vier
Unfallopfer werden ins Krankenhaus nach Corbeil gebracht.[17]
Bei ihrer Ankunft dort befindet Françoise sich in einem derart
schlechten Zustand, dass ein herbeigerufener Priester ihr die
letzte Ölung gibt: »Dies war mein erster Tod. […] (die Engel
rückten schon ein Stück zu Seite) […].«[18] Françoise, das steht
fest, muss dringend operiert werden, damit sie überhaupt eine
Chance hat, zu überleben. Doch der diensthabende Chirurg ist
abwesend und nicht erreichbar. Jacques, der sich nicht damit
abfinden will, dass Françoises Leben so endet, in einem Pro-
vinzkrankenhaus mit mangelhafter medizinischer Versorgung,
ruft bei einem befreundeten Chirurgen an. Glücklicherweise
wohnt dieser in der Nähe und ist zu Hause, wo er mit einem
Kollegen aus der Neurochirurgie Karten spielt. Die beiden Ärzte begeben sich unverzüglich ins Krankenhaus, begutachten
Françoise und beschließen, sie in die Klinik Maillot im Pariser Vorort Neuilly-sur-Seine zu verlegen. Die Frage ist: Wird
Françoise den Transport überleben?[19] Die Prognose sieht nicht
gut aus. Jacques steigt in seinen Jaguar und begleitet den Kran-
kenwagen. Er weiß nicht, ob er je wieder mit seiner Schwester
sprechen wird. Françoise atmet kaum, ihr Herz schlägt
schwach, zwischendurch bleibt es kurz stehen. Doch als sie ge-

gen 18 Uhr endlich in der Klinik ankommt, lebt sie, immer noch. Es besteht also Hoffnung. Vor der Klinik wartet bereits eine Horde von Journalist*innen – die Presse hat mitbekommen, dass das nationale Kulturgut Françoise Sagan einen Autounfall hatte und jetzt zwischen Leben und Tod schwebt. Blitzlichtgewitter, Drängen, gereckte Hälse. Vor Françoises Zimmer hält eine Polizeieskorte Wache. Jacques' Freund, der Chirurg, diagnostiziert bei Françoise einen doppelten Schädelbruch, ein Schädeltrauma, einen eingedrückten Brustkorb und eine Beckenfraktur. Ein Team von Ärzten beugt sich über die junge Frau und überlegt, was zu tun ist. Man beschließt, dass eine Operation zum jetzigen Zeitpunkt zu riskant ist. Erst einmal muss dafür gesorgt werden, dass Françoise leichter atmen kann. Sie bekommt Morphium gegen die Schmerzen und dann heißt es: abwarten.

Jacques verbringt die Nacht im Krankenhaus, schlaflos, minütlich damit rechnend, schlechte Nachrichten zu bekommen, in die ernsten Gesichter der Ärzte zu blicken und zu hören: »Wir haben alles versucht …« Doch Françoise überlebt. Sie ist immer noch nicht bei Bewusstsein, als morgens ihre Schwester und ihr Vater eintreffen: Pierre Quoirez hat vom Unfall seiner Tochter aus der Presse erfahren, als er beruflich in Mailand unterwegs war. Marie Quoirez reist wenig später aus Cajarc an. Von überall her treffen Genesungswünsche und Blumen ein. Annabel kommt zu Besuch, und Bernard schickt aus dem Krankenhaus in Corbeil einen liebevollen Gruß. René Julliard befindet sich auf einer Kreuzfahrt in der Karibik, als ihn ein Radiotelegramm über den Unfall seines Schützlings informiert.[20] Guy hat im Auto von Françoises Unfall erfahren und sich ohne Umschweife in die Klinik begeben, wo er zusammen mit Jacques auf Nachrichten wartet. Als Françoise endlich wieder bei Bewusstsein ist, kann sie sich an nichts mehr erinnern:

»Ich hoffe, dass ich niemanden getötet habe? Ist jemand verletzt? War Florence im Wagen?« Sie ist noch sehr schwach, aber außer Lebensgefahr und immerhin wieder so bei sich, dass es für Scherze reicht. Ihrem Vater erklärt sie: »Du hattest mir gesagt, dass ich Ärger mit dem Gordini haben würde. Siehst du, Papa, es ist der Aston Martin.«[21]

*

Alle sind erleichtert, dass Françoise überlebt hat. Guy, dem der Unfall überdeutlich vor Augen geführt hat, wie wichtig ihm Françoise ist, hält im Krankenhaus »trotz der Bandagen und Blutergüsse«[22] endlich offiziell um ihre Hand an. Genauer gesagt, er gibt ihr ein Versprechen: »Wenn du gesund wirst, heirate ich dich.«[23] Wenn das die Presse wüsste … Die ist jedoch damit beschäftigt, die französische Bevölkerung laufend über Françoises Gesundheitszustand zu informieren. *France-Soir* veröffentlicht am 24. April auf der Titelseite das Foto einer lädierten Françoise im Krankenhausbett. Die Schlagzeile: »Erstes Foto von Françoise Sagan während der Genesung nach ihrem Unfall«. Der Leserschaft wird versichert, die Autorin habe »ihr Lächeln wiedergefunden« und werde in einer Woche die Klinik verlassen.[24] Andere Medien schlagen einen größeren Bogen: Eineinhalb Jahre zuvor, im September 1955, ist James Dean bei einem Autounfall ums Leben gekommen, mit gerade einmal vierundzwanzig Jahren. Auch er war gerne schnell in seinem Porsche unterwegs, auch er war ein Jugendidol. Georges Hourdin schreibt in *Le Monde*, Dean und Sagan hätten, durch ihren Lebensstil jeweils auf ihre Art, den Schmerz der Jugend ausgedrückt.[25] *Paris Match* titelt: »Romantische Helden, Dean und Sagan sind Bruder und Schwester«.[26] Tatsächlich sollte Françoise ihren »Bruder« während ihres USA-Aufenthalts 1955 zu einer gemeinsamen Motorradtour treffen, aber Dean tauchte zur Verabredung nicht auf – was Françoise nicht weiter schlimm fand, er war sowieso nicht ihr Typ.[27] Françoises Unfall macht weltweit Schlagzeilen, Zeitungen wie die *New York Herald Tribune* bringen ihn auf der Titelseite.[28] Die *New York Times* schreibt: »Mademoiselle Sagans Hobby sind schnelle Sportwagen. […] Während eines Besuchs in den Vereinigten Staaten sagte sie, dass sie Tempolimits nicht möge, denn ›Ich finde, sie sollten dich mindestens 140 Stundenkilometer fahren lassen‹.«[29]

*

Françoise hätte nichts tun können, was charakteristischer für sie wäre und mehr dem Zeitgeist entspräche, als einen Autounfall zu haben. In den 1950ern und 1960ern ist ganz Frankreich besessen von Autos.[30] Der Philosoph und Semiotiker Roland Barthes spricht gar von einer »Mythologie des Automobils«[31]:

> »Ich glaube, dass das Automobil heute die ziemlich genaue Entsprechung der großen gotischen Kathedralen ist. Soll heißen: eine große epochale Schöpfung, die mit Leidenschaft von unbekannten Künstlern entworfen wurde und von deren Bild, wenn nicht von deren Gebrauch ein ganzes Volk zehrt, das sie sich als ein vollkommen magisches Objekt aneignet.«[32]

Waren Privatautos kurz nach dem Krieg 1946 noch ein rares Gut – es gab nur 700 000 von ihnen in ganz Frankreich –, liegt ihre Zahl 1957 bereits bei vier Millionen.[33] Autos stehen für Fortschritt und Moderne, für Freiheit und Unabhängigkeit. Und niemand verkörpert diese Vorstellung besser als eine

Françoise Sagan, die immer auf der Überholspur unterwegs ist und in ihrem Fuhrpark die exklusivsten der exklusiven Automobile versammelt: Im Laufe der Jahre fährt sie unter anderem zwei Jaguars, einen Gordini, einen Aston Martin, einen Ferrari und einen California Spyder. Françoise beschreibt den Reiz der Geschwindigkeit so:

>»Wenn man das Leben liebt, fühlt man sich durch sein Gegenteil, den Tod, angezogen. In der Leidenschaft für die Schnelligkeit ist die für den großen Sprung, für die Herausforderung. Ein bisschen wie bei der leidenschaftlichen Liebe, wenn eine Person sich vollkommen einbringt und buchstäblich erfasst wird von ihrer Leidenschaft.«[34]

Ihre Liebe für erhöhtes Tempo, für den Rausch der Geschwindigkeit, hat Françoise schon früh entdeckt, in Cajarc, auf dem Rücken ihres Pferdes Poulou. Mit ihm galoppierte sie durch Wiesen und Wälder, den Wind in den Haaren, ein unglaubliches Gefühl von Freiheit im Herzen. Manchmal ritt sie so schnell und halsbrecherisch, dass sie Hindernissen nur knapp ausweichen konnte und sich Freude und Angst auf betörende Art mischten. Es sind diese Momente, für die Françoise lebt und denen sie nachjagt, ob auf einem Pferd oder im Auto: »Diese glücklichen Momente, in denen der Tod Ihnen wie ein Unfall erscheint, wenn nicht vorsätzlich, dann zumindest herbeigeführt.«[35]

Dass das Sehnsuchtsobjekt Auto nicht nur gefährlich, sondern auch tödlich sein kann, verdrängt man in Frankreich nur allzu gern. Bis James Dean. Bis Albert Camus. Bis André Malraux' Söhne, Florence' Halbbrüder, 1961 in ihrem Alfa Romeo tödlich verunglücken, mit gerade einmal achtzehn und zwanzig Jahren. Und fast hätte auch Françoise zu denen gehört, für die das Auto zur Todesfalle wird. Fast hätte ihr Leben, wie in *Bonjour Tristesse*, mit einem Autounfall geendet.

*

Die Ärzte sind sich einig: Bis Françoise wieder vollständig gesund ist, wird es Monate dauern. Sie muss sich schonen. Am 30. April verlässt sie die Klinik in einem blauen Morgenmantel, warm zugedeckt und auf einer Trage liegend.[36] Das Leben hat sie wieder. Die Folgen des Unfalls aber werden sie noch lange beschäftigen. So wird gegen Françoise ein Verfahren eröffnet, um festzustellen, inwiefern sie selbst den Unfall verschuldet hat – angeblich fuhr sie viel zu schnell, als ihr Auto von der Straße abkam und sich überschlug. Doch im Nachhinein lässt sich weder die genaue Geschwindigkeit feststellen (die Angaben von Françoise und ihren Mitfahrer*innen bewegen sich zwischen 90 und 130 Stundenkilometern), noch, ob der Schalthebel bereits vor dem Unfall defekt war und diesen dadurch mitauslöste oder erst durch den Unfall beschädigt wurde. Im Herbst 1957 muss Françoise sich vor dem Landesgericht Corbeil verantworten und wird wegen fahrlässiger Körperverletzung zu einer Geldstrafe verurteilt. Sie legt Berufung ein, aber das Urteil wird 1959 durch ein Berufungsgericht bestätigt. Im Prozess tritt Bernard, genau wie Voldemar, als Nebenkläger auf und verlangt eine Million Francs Schmerzensgeld. Angesichts seiner engen Freundschaft mit Françoise eine denkbar merkwürdige Aktion, die, so könnte man meinen, im Freundeskreis für Irritationen sorgt. Das tut sie aber nicht. Véronique, das vierte Unfallopfer, erklärt: »Seltsamerweise haben wir es Voldemar Lestienne sehr übel genommen, dass er geklagt hat, aber Bernard Frank überhaupt nicht.«[37] Voldemar ist eben nur eine Liebelei – Bernard hingegen gehört zum inneren Kreis, zur

Familie. Seine Freundschaft zu Françoise und den anderen nimmt keinen langfristigen Schaden. Trotzdem: So richtig nachvollziehbar ist weder Bernards Verhalten noch die achsel-zuckende Reaktion seiner Freund*innen. Auch mit einem ihrer behandelnden Ärzte trägt Françoise einen juristischen Streit aus, der Grund sind ausstehende Honorare von angeblich einer Million Francs, die Françoise sich weigert zu zahlen: »200 000 oder 300 000 Francs, das wäre normal gewesen. […] Ich habe genug davon, exorbitante Summen zu überweisen, unter dem Vorwand, dass ich viel Geld verdiene.« Doch es hilft nichts: Im Mai 1959 beschließt das Gericht, dass Françoise zahlen muss.[38] Der Unfall kostet Françoise einiges, viel mehr, als es zunächst den Anschein hat.

AUCH MONATE NACH ihrem Unfall ist Françoise in Pariser Redaktionen, in Salons und auf Dinnerpartys Gesprächsthema, die Gerüchteküche brodelt. Schon seit einiger Zeit munkelt man, Françoise Sagan und Guy Schoeller seien verlobt. Journalist*innen gegenüber dementiert Françoise – wenig überzeugend – die Beziehung und nennt Guy »meinen größten Freund«.[39] Im Spätsommer allerdings bestätigt Guy von Kenia aus offiziell die Verlobung.[40] Bis zu diesem Zeitpunkt hat die Öffentlichkeit nie etwas von Françoises Liebschaften mitbekommen, stets ist sie mit äußerster Diskretion vorgegangen. Was vielleicht auch daran lag, dass es ihr mit niemandem so ernst gewesen ist wie mit Guy. »Guy Schoeller und mich verbindet eine lange Freundschaft«, erzählt Françoise den Medien, die nach Informationen über die bevorstehende Hochzeit gieren. »Ich schätze ihn, ich kenne ihn und ich liebe ihn seit langem. Er repräsentiert für mich das Idealbild, welches eine Frau sich von einem Mann machen kann.«[41] Zusammen haben die beiden Verlobten im Sommer ein paar Tage in einer Villa in Beauvallon verbracht, bevor Guy zur Großwildjagd nach Kenia aufbrach. Ein intimer Urlaub zu zweit war das Ganze aber nicht, denn selbstverständlich lud Françoise ihre Freund*innen nach Beauvallon ein, darunter Annabel und Michel Magne. Inmitten ihrer Entourage feierte Françoise am 21. Juni ihren 22. Geburtstag, ein Geburtstag, den sie fast nicht mehr erlebt hätte. Spaßvogel Jacques Quoirez überraschte seine Schwester mit einem ganz besonderen Geschenk: ein Gipsbein – gefüllt mit 22 Zündkerzen.[42]

*

Im Hause Julliard ist die Freude über die Verlobung groß, steht doch die Veröffentlichung von Françoises drittem Roman *In einem Monat, in einem Jahr* unmittelbar bevor – eine bessere Publicity könnte es nicht geben, zumal Françoise den Roman auch noch Guy Schoeller widmet. Der Buchtitel stammt aus dem Stück *Bérénice* von Racine: »In einem Monat, in einem Jahr, wie werden wir leiden!« Eine, wie sich später herausstellen wird, prophetische Aussage. Publikum und Presse erwarten Françoises neuen Roman ungeduldig, mit einer Erstauflage von 200 000 Exemplaren ist er das literarische Ereignis der Saison. Doch als *In einem Monat, in einem Jahr* am 2. September 1957 erscheint, sind die Kritiken durchwachsen.[43] Das härteste Urteil stammt von Françoise selbst:

> »Für mich ist dieses Buch so etwas wie das hässliche kleine Entlein aus dem Märchen, es gehört zu denen, die mich am meisten unterhalten haben. Es steckt voller moralinsaurer Sätze wie zum Beispiel: ›Jene schreckliche moralische Gesundheit, die einem der Ehrgeiz verleiht.‹ […] Woher nahm ich damals bloß diese Ausdrucksweise einer zynischen alten Frau?«[44]

Françoises Romane sind bisher nie dicke Wälzer gewesen, aber mit *In einem Monat, in einem Jahr* übertrifft sie sich selbst: Das Buch ist noch schmaler, bietet dafür aber ein erstaunlich großes Ensemble an Figuren, die sich in den verschiedensten Konstellationen zusammenfinden. Da ist Béatrice, der ihr Lachen »nicht stand«[45], Bernard, den Schreiben »demütigt«[46], und Josée, die eine »starke Versuchung« empfindet, »zwischen sich und den anderen etwas zu zerstören«[47]. Das Skizzenhafte, Flüchtige, das Françoises Charaktere kennzeichnet und das in ihren beiden ersten Büchern so gut funktioniert hat, sorgt in

In einem Monat, in einem Jahr dafür, dass die Personen blass bleiben, nicht mehr als ein Entwurf. Sie bewegen sich durch leere Zimmer, leere Straßen, eine leere Welt – Françoises Schreibstil ist knapper als in ihren beiden ersten Büchern, weniger atmosphärisch und dicht. Françoise erklärt ihr etwas chaotisches Buch, diesen »mickrigen Text«[48], mit den Wirren ihres Privatlebens: Erst die Achterbahn der Gefühle mit Guy Schoeller, dann der Unfall … Und, so behauptet Françoise, das Buch sei ja eigentlich noch zwanzig Seiten länger gewesen, dummerweise seien diese aber »zum Fenster des Hôtel Lucretia am Boulevard Raspail hinausgeflattert«[49]. Insgesamt werden von *In einem Monat, in einem Jahr* in Frankreich in eineinhalb Jahren 450 000 Exemplare[50] verkauft, eine Zahl, von der andere Schriftsteller*innen nur träumen können – aber angesichts der enormen Erwartungen doch ein Misserfolg.[51] Françoise nimmt sich das Ganze sehr zu Herzen, fühlt sich »aus dem Gleichgewicht geworfen«[52] und kann die mitleidigen Blicke ihrer Gesprächspartner*innen nicht mehr ertragen.[53] Sie befürchtet, dass ihr bisher so unendlich scheinendes Sympathiekapital aufgebraucht ist. Dass man genug von ihr und ihren Geschichten hat. Ihr nächstes Buch, beschließt sie, muss besser werden – ein Erfolg, eine Rückkehr zu ihrer alten Stärke.

DOCH WIE STARK SEIN, wenn man sich so schwach fühlt? Die Wahrheit ist: Françoise hat sich von ihrem Unfall im April immer noch nicht richtig erholt. Was auch daran liegt, dass sie sich schnell – zu schnell – wieder in die Arbeit gestürzt hat. Sie hat die Dreharbeiten von *Bonjour Tristesse* an der französischen Mittelmeerküste besucht und mit Michel Magne an Chansons für die große Édith Piaf gearbeitet – Chansons, die nie richtig fertig und so auch nie von Piaf gesungen werden. Macht nichts, Françoise und Michel hatten bereits eine neue Idee: Warum nicht ein Ballett schreiben? Eine Art Oper-Ballett mit Musik von Michel und Dialogen von Françoise?[54] Das Ganze nennt sich *Le rendez-vous manqué* und handelt, wie der Name schon sagt, von einer verpassten Verabredung. Am 3. Januar 1958 feiert es im Théâtre du Casino de Monte-Carlo Premiere, in Anwesenheit von Fürstin Grazia Patricia und Fürst Rainier. Doch es kann weder Publikum noch Kritik überzeugen. *Le Figaro* findet das Spektakel schlicht »banal«. Am 21. Januar folgt die erste Aufführung von *Le rendez-vous manqué* im Théâtre des Champs-Élysées, und trotz des erlesenen Publikums, darunter Brigitte Bardot, Jean Cocteau und Edgar Faure, sind auch hier die Reaktionen zurückhaltend.[55] Das Bühnenbild (von Bernard Buffet) wird als zu tragisch, die Choreografie als zu mittelmäßig, die Musik als zu lärmend empfunden. Trotzdem wird das Stück drei Wochen lang im Théâtre des Champs-Élysées gezeigt und bricht danach zu einer zweieinhalb Jahre dauernden Welttournee auf.[56] Was zeigt: Der Name Sagan zieht, selbst wenn es sich um ein doch recht gewöhnungsbedürftiges Ballett handelt.

*

Im Spätsommer 1957 allerdings ist nicht die Arbeit das Problem oder die mangelnde Ruhe. Sondern dass Françoise abhängig ist von einem Morphinderivat, das man ihr im Krankenhaus gegeben hat: Palfium 875 (Dextromoramid). Noch Monate nach dem Unfall leidet sie unter kaum zu ertragenden Schmerzen, denn die Nerven in ihren Beinen sind entzündet. Sie fühlt sich psychisch labil, einsam, nicht mehr wie sie selbst.[57] Immer hat Françoise sich für unverwundbar gehalten. Und warum auch nicht? Sie ist jung, intelligent, talentiert und hat im Leben immer Glück gehabt. Doch Glück, das hat ihr der Unfall ganz deutlich gezeigt, kann ein launischer Begleiter sein. Sie ist sehr wohl verwundbar – und verfügt nicht über die nötigen Mittel, mit Rückschlägen und schwierigen emotionalen Situationen umzugehen. Ihre üblichen Taktiken, wie Ausgehen, Feiern, Exzess, Humor (»die einzige Waffe des Menschen gegen die Grausamkeit seiner Götter und die Sinnlosigkeit seines Daseins«[58]), sind durch die ständigen Schmerzen, dieses überwältigende Gefühl von Schwäche, unmöglich geworden. Oft bricht Françoise in Tränen aus, ohne zu wissen, warum, fühlt sich gefangen in einem Körper, der unkontrollierbar geworden ist.[59] Sie hat Angst, nie wieder dieselbe zu sein, die Françoise vor dem Unfall: »Wenn man nicht sicher ist, dass man erneut ganz man selbst sein wird, ist man verrückt vor Angst. Die Krankheit, das ist die Unmöglichkeit der Freiheit, alles wird unmöglich […].«[60] Die alte Françoise, die unzerstörbare Françoise, der nichts passieren konnte und die sich leicht und rasant durchs Leben bewegte, ist verschwunden. Freund*innen und Familie kümmern sich liebevoll um sie, allen voran Annabel, die während des gemeinsamen Sommerurlaubs in Beauvallon auch nachts aufsteht, um kühle Kompressen auf Françoises schmerzende Beine zu legen.[61] Guy ist in Kenia und bekommt so vom Leiden seiner Verlobten wenig mit. Das liegt, natürlich, an der

Distanz, aber wahrscheinlich auch daran, dass Françoise sich vor ihm nichts anmerken lassen will. Sie will stark sein. Tatsächlich schafft Françoise es an manchen Tagen kaum, aufzustehen, und benötigt eine Gehhilfe, um sich fortbewegen zu können.[62] Der Unfall hat sie einmal mehr darin bestätigt, dass jeder Mensch alleine auf der Welt ist. Ganz alleine.[63] Sie fühlt sich hoffnungslos und hat Angst davor, nie wieder richtig laufen zu können, dauerhaft krank zu sein, isoliert. Die Kombination aus körperlichen Schmerzen und Einsamkeit – es ist ihr schlimmster Albtraum.[64] Françoise weiß, dass es so nicht weitergehen kann. Sie muss sich helfen lassen.

*

Im Herbst 1957 beginnt Françoise ihre Entgiftungskur in einer Klinik im Pariser Vorort Garches, die von Doktor Morrel geleitet wird. Morrels Ansatz beruht darauf, dass die Patient*innen selbst darüber entscheiden, welche Menge »ihrer« Substanzen sie sich zuführen, und die Dosis freiwillig nach und nach verringern.[65] Während ihres Aufenthalts in der Klinik führt Françoise ein Tagebuch, in dem sie schonungslos über ihren Genesungsprozess und die damit verbundenen Qualen schreibt:

> »Ich muss wohl nach unten gegangen sein, um die Krankenschwester zu holen. Auf den Stufen der Treppe sitzend fand ich mich wieder, in mich zusammengesunken, und mit einer Stimme wie ein kleines Kind sagte ich unablässig zu ihr, dass ich seit über sechs Stunden … Als sie mich wieder hinaufbegleitete, hatte ich plötzlich eine Ahnung davon, wie Verfall sich anfühlt.«[66]

Françoise berichtet von Erfolgserlebnissen (»Ich habe gestern 13 Stunden ohne Ampulle durchgehalten«[67]) und Rückschlägen (»Alles, was ich tue, richtet sich gegen mich, es ist einfach grauenvoll«[68]). Vor allem muss sie lernen, mit sich selbst alleine zu sein. Sie, die sich sonst immer mit Freund*innen und Trubel abzulenken weiß, um genau das zu vermeiden: »Ich hatte schon lange nicht mehr mit mir selbst gelebt. Das wirkt sich seltsam aus.«[69] Manchmal fragt sie sich, wann sie wohl wieder ihren geliebten Aston Martin fahren kann, manchmal blickt sie mit spöttischer Zuversicht in die Zukunft:

> »Ich werde mich in mich selbst verlieben, mich pflegen,
> mich bräunen, meine Muskeln nach und nach aufbauen,
> mir Kleider kaufen, unendlich behutsam mit meinen Nerven umgehen, mir Geschenke machen, mir in den Spiegeln
> ein verwirrtes Lächeln zuwerfen. Mich lieben.«[70]

Der Aufenthalt in der Klinik ist für Françoise ein Kampf mit ihren eigenen Dämonen. Sie wird mit ihren tiefsten Ängsten konfrontiert, mit ihrer Einsamkeit, mit der Tatsache, dass sie sterblich ist. Eine unangenehme Erkenntnis.

Die Tage in der Klinik bieten Françoise aber auch Zeit, sich Gedanken darüber zu machen, wie es weitergehen soll – vor allem mit ihm: Guy Schoeller. Wie Annabel und Véronique (im Tagebuch: Annibal und Verinoc) besucht er seine Verlobte mehrmals, und Françoises Gedanken kreisen darum, welchen Eindruck sie auf ihn macht: »Ungefähr in einer Dreiviertelstunde werden Guy und Annibal hier sein. Es wäre mir peinlich, wenn ich in ihrer Gegenwart einen Erstickungsanfall bekommen würde.«[71] Sie sehnt sich nach Guy, fragt sich, wann er das nächste Mal kommen und ob sie dann noch wach sein wird.[72] An einer Stelle schreibt sie resigniert: »Ich glaube, ich liebe niemanden mehr«, um dann fortzufahren: »Vermutlich wird 1958 irgendeiner vorbeikommen und dieses langsame Abgleiten in die Schizophrenie aufhalten. Und vermutlich wird er«[73] … Der Satz endet hier. Der Maler Bernard Buffet, dessen Illustrationen den gedruckten Text begleiten, setzt hier nur ein großes Fragezeichen. Steht das Fragezeichen für Guy? Sieht Françoise in ihm ihre Rettung? Jemanden, der ihr dabei helfen kann, gesund zu werden?

Als Françoise die Klinik nach gut zehn Tagen verlässt – ein ihrem Naturell entsprechend rasanter Entzug –, ist sie drogenfrei. Die Erfahrung, krank zu sein, hat sie, so glaubt sie, widerstandsfähiger gemacht: »Dieser lange Kampf, ermüdend, ekelerregend, hat es mir erlaubt, eine gewisse Selbstachtung zu erlangen […]. Ich habe entdeckt, dass ich stärker war, als ich dachte.«[74] Sie hat den Grund, ihren Grund, weiterzuleben, nicht vergessen. Literatur. Schreiben. Das Problem ist nur: Die Schmerzen sind immer noch da, und Françoise hat nun nichts mehr, um sie zu betäuben. Ihre Befürchtung, über kurz oder lang auf einen Rollstuhl angewiesen zu sein, scheint sich zu bestätigen, und Françoise denkt an Selbstmord: »Ich glaube, dass ich es getan hätte. Ich war stark genug, um die möglichen und denkbaren Behandlungen zu ertragen, aber ich befürchte, ich wäre nicht stark genug gewesen, um in einem Rollstuhl zu leben.«[75]

Doch den Rollstuhl braucht Françoise nicht, denn nach und nach bessert sich ihr Zustand. Françoise behauptet, sie habe die Schmerzen mit warmen Bädern, Spaziergängen und Vitamin B in den Griff bekommen.[76] In Wahrheit greift sie auf ein ganz anderes Hilfsmittel zurück: Alkohol.[77] Sie, die zwar immer viel, und vor allem harten Alkohol, getrunken hat, greift nun nicht mehr zum Whisky, um das Leben zu beschleunigen und zu genießen, sondern um zu vergessen, um sich zu betäuben. Sie

selbst sagt: »Mich hat es immer gereizt, mein Leben zu verbren-
nen, zu trinken, mich zu betäuben.«[78] Ihr stets vorhanden ge-
wesener Hang zum Exzess und zu Genussmitteln entwickelt
sich nach ihrem Unfall und den schwer ertragbaren Schmerzen
zu einem Überlebensmittel – sie wird abhängig. Erst von den
ihr verabreichten Medikamenten, dann von Alkohol, später
von Drogen. Von Amphetaminen und, als diese in Frankreich
offiziell verboten werden und Françoise aufgrund einer Zyste
an der Bauchspeicheldrüse nicht mehr trinken darf, von Kokain. Von allem, was das Leben erträglich macht. Gut möglich,
dass Françoises Drogenabhängigkeit lange als harmlos und un-
bedenklich durchgeht, weil Alkohol ein gesellschaftlich akzep-
tiertes Rauschmittel ist, das in Massen konsumiert wird. Weil
Amphetamine in den 1950ern legal und auf Rezept erhältlich
sind – nach dem Motto: Wenn der Arzt es verschrieben hat …
Und, ja, weil so viele Dichter*innen und Denker*innen auf
Drogen und Alkohol zurückgriffen, um ihre Kreativität anzu-
regen oder sich zu betäuben: Charles Baudelaire, Guillaume
Apollinaire, Jean-Paul Sartre, André Malraux, Charles Bukow-
ski, F. Scott Fitzgerald, Dorothy Parker, Marguerite Duras …
Françoise befindet sich also in guter Gesellschaft. Aber harmlos ist diese Form der Schmerzbewältigung nicht. Françoise hat
das, was ihr im Leben am wichtigsten war, einer dumpfen und
künstlich erzeugten Betäubung geopfert: ihre Freiheit und Unabhängigkeit. Der Unfall hat sie nachhaltig verändert. Mehr, als
sie selbst wahrhaben will.[79]

WÄHREND FRANÇOISE NOCH damit beschäftigt ist, sich von ihrem Unfall zu erholen, macht sich anderswo Ungeduld breit. Schließlich ist Françoises Verlobung schon seit einigen Monaten öffentlich bekannt. Diverse Zeitungen fragen sich: »Wird Françoise Sagan in einem Monat, in einem Jahr heiraten?« Doch die Sache ist die: Auch Françoise selbst weiß es nicht. Denn obwohl sie Guys Heiratsantrag angenommen hat, ist sie alles andere als sicher, dass eine Hochzeit tatsächlich das ist, was sie will. Immer und immer wieder wiegt sie die Vor- und Nachteile ab. An ihren Gefühlen für Guy gibt es keinen Zweifel. Aber kann sie das wirklich: eine Ehefrau sein? Ihr bisheriges Leben aufgeben, Madame Schoeller werden? Das Aufgebot ist bereits bestellt, was bedeutet, dass Françoise und Guy ihren Hochzeitstermin relativ spontan festlegen können.[80] Es bedeutet auch, dass Françoise sich mit ihrer Entscheidung noch ein wenig Zeit lassen kann. Und das tut sie. Anfang 1958 verzieht sie sich mit ihrem Bruder Jacques ins schweizerische Klosters. Vielleicht schafft die frische Bergluft es ja, das Durcheinander in ihrem Kopf und ihrem Herzen zu bereinigen. Françoise will zur Ruhe kommen, ungestört nachdenken, ihre Zukunft planen. Eine Zukunft mit oder ohne Guy? Das ist die Frage.[81] Sie weiß: »Den idealen Mann gibt es nicht. Der ideale Mann ist der, den man zurzeit liebt.«[82]

In der Presse macht das Gerücht die Runde, Françoise wolle sich in ihrem Geburtsort Cajarc vermählen. Eine Meute von Reporter*innen fällt in den beschaulichen Ort ein und interviewt die Bewohner*innen. Auch der ältliche Pfarrer, Abbé Brau, der Françoise Quoirez getauft hat, kommt zu Wort – und zeigt sich wenig begeistert von einer saganschen Hochzeit in seiner Kirche. Hat Mademoiselle Sagan nicht erst kürzlich im Radio verkündet, Gott sei ihr egal? Und zeugen ihre Bücher nicht von mangelndem Respekt gegenüber der Kirche und den moralischen Prinzipien, die diese vertritt? Etwas anderes sei es, so Abbé Brau, wenn Mademoiselle Reue zeigen würde und die kirchliche Hochzeit für sie nicht nur reine Formsache wäre: »Dann könnten wir uns verstehen.«[83] Eine reumütige Françoise, die sich zu Gott und Kirche bekennt? Nicht mehr als ein frommer Wunsch. Anfang März verbringen Françoise und Guy ein Wochenende in Saint-Tropez, um dort nach einer Villa für den Sommerurlaub zu suchen. Die Presse geht hingegen davon aus, dass die Hochzeit im Süden stattfinden wird, nun, da Cajarc dank Abbé Brau keine Option mehr ist. Ständig sind Françoise und Guy von Reporter*innen umgeben, die ihnen sogar zu den Häusern folgen, die sie besichtigen.[84] Françoise ist es gewohnt, von der Presse umzingelt zu sein, aber für Guy, der bisher ein eher ruhiges Leben geführt hat, ist diese Art der Aufmerksamkeit neu. Er bekommt einen ersten Vorgeschmack davon, was es bedeutet, der Mann an Françoise Sagans Seite zu sein. Mittlerweile gibt es einen Termin für die Hochzeit, und zwar den 13. März – sprich, Françoise hat nun wirklich nicht mehr viel Zeit und muss sich endlich entscheiden. Aber: Sie grübelt immer noch, ob die Ehe mit Guy das Richtige für sie ist. Am Vorabend der Hochzeit erlaubt sie sich einen Scherz und ruft bei ihrer Schwester und mehreren Freund*innen an: Sie habe gründlich nachgedacht und beschlossen, Guy doch nicht zu heiraten. Alle denken, Françoise meint es ernst, niemand glaubt an einen Scherz.[85] Was einiges über Françoises Unentschlossenheit aussagt, aber auch darüber, wie Françoises Geschwister und Freund*innen die Beziehung und geplante Hochzeit mit Guy sehen. Bernard zufolge bilden die beiden »kein richtiges Paar«,[86] was auch immer das heißen soll. Guy, so

Bernard, sei ein Angeber, der sich mit seinen Eroberungen brüste und Dinge von sich gebe wie: »Als Verleger darf man nicht zu anständig sein.«[87] Wie Véronique, Jacques, Florence, Annabel und die anderen, fragt Bernard sich, ob Frauenheld Guy Françoise wirklich glücklich machen kann. Und sie ihn.

Françoise zumindest möchte daran glauben. Daran, dass es möglich ist, mit dem Mann, den sie liebt, zusammenzuleben. Daran, dass ihre Liebe hält.[88] Am 13. März werden Françoise und Guy in Paris getraut, im Rathaus des 17. Arrondissements. Sie trägt ein weißes, knielanges Kostüm, er einen dunklen Anzug. Während der Trauung versucht der stellvertretende Bezirksbürgermeister, der die Zeremonie durchführt, sich an einem Wortspiel: »Madame, ich hoffe, dass Sie, mit einem gewissen Lächeln, nicht für einen Monat, noch für ein Jahr, sagen werden: Adieu Tristesse.« Charmant. Flankiert von ihren Trauzeugen, Jacques Quoirez und dem Verleger Gaston Gallimard, murmelt das Paar ein kaum hörbares *Oui*. Trauringe werden nicht ausgetauscht, man hat im Vorfeld der dann doch eilig geplanten Hochzeit schlicht vergessen, welche zu besorgen. Françoise Sagan, geborene Quoirez, und Guy Schoeller sind nun offiziell Mann und Frau. Vor dem Rathaus warten hunderte von Fotograf*innen darauf, ein Foto von ihnen zu schießen. Françoise und ihr frisch angetrauter Ehemann drängen sich durch die Pressescharen zu Guys Wagen, einem schwarzen Alfa Romeo, und machen sich auf den Weg nach Louveciennes, zur Villa der Lazareffs, wo das offizielle Hochzeitsessen stattfindet.[89] Schließlich war es Pierre Lazareff, der Françoise und Guy in seinem Büro einander vorgestellt, also indirekt Amor gespielt hat. In Louveciennes findet sich eine erlesene Gesellschaft ein, bestehend unter anderem aus dem Hausherrn und der Hausherrin, dem Brautpaar, den Trauzeugen, dem Model Sophie Litvak, Frau des Regisseurs Anatol Litvak, und dem

Schriftsteller François Gall.[90] Wie schon bei der Trauung fehlen auch hier Françoises und Guys Eltern sowie ihre zahlreichen Freund*innen – warum, ist nicht ganz klar. Für die Trauzeremonie hat das Paar auf absoluter Intimität bestanden (so intim, wie das Ganze mit hunderten Fotograf*innen vor der Tür eben sein kann), aber warum werden Familie und Freund*innen auch bei der Feier außen vor gelassen? Insofern von »Feier« überhaupt die Rede sein kann, denn das Vergnügen währt nur kurz: Gegen 16 Uhr kehrt Guy Schoeller, stets pflichtbewusst, ins Büro zurück, und Françoise bereitet mit Hilfe ihres Bruders ihren Umzug in die eheliche Wohnung vor, die sich auf der Rue de l'Université befindet und deren letzte Mieterin die Schauspielerin Jeanne Moreau war.[91] Ein Foto von ihrem Hochzeitstag zeigt Guy und Françoise vor ihrer Wohnungstür. Von ihm sieht man nur den Rücken, er trägt einen schwarzen Mantel sowie eine karierte Schiebermütze – und in seinen Armen Françoise, die, die Arme um den Hals ihres Mannes gelegt, verschmitzt über seine Schulter lächelt.

*

Françoise richtet sich ein in der neuen gemeinsamen Wohnung, in ihrem neuen Leben. Versucht es zumindest. Das Zusammenleben mit einem Mann, ihrem Mann, macht ihr Angst.[92] Ab jetzt kann sie nicht mehr in ihrem üblichen Chaos hausen, in einer zusammengewürfelten Einrichtung und so, wie es ihr gefällt. Ihr neuer Haushalt ist organisiert und bürgerlich, Guy drückt ihm seinen Stempel auf. Es gibt viele Bücher und Gemälde, schwere Vorhänge und Seidentapeten, teure Möbel. Von Françoise, nun offiziell eine »Madame«, wird erwartet, dass sie sich ihrer Umgebung anpasst und als Hausherrin auftritt. Sie soll Abendgesellschaften geben und der Köchin sagen, welches

Essen Monsieur wünscht. Das Haus gilt als Domäne der Frau, als ihre Zuständigkeit, in der alles um den meist abwesenden (da mit Erwerbsarbeit beschäftigten) Hausherrn kreist. Ihn gilt es, glücklich zu machen, seine Bedürfnisse gilt es, zu identifizieren und zu erfüllen.[93] Für französische Frauen hat die Ehe in den 1950er Jahren konkrete wirtschaftliche Nachteile: Von ihnen wird erwartet, dass sie, sobald sie verheiratet sind, ihr vorheriges (Berufs-)Leben aufgeben und sich ganz ihrem Ehemann und Zuhause widmen, möglichst bald schwanger werden und so ihre wahre Erfüllung finden: die Mutterschaft.[94] Zwar ist es nicht mehr völlig verpönt, wenn Frauen einer Erwerbsarbeit nachgehen – gerade in den unmittelbaren Nachkriegsjahren war das für viele eine wirtschaftliche Notwendigkeit –, aber dies muss selbstverständlich in Einklang mit ihren Aufgaben als Ehefrau und Mutter geschehen.[95] Frauen wissen, wie ihre Prioritäten aussehen sollten, und das gilt auch für erfolgreiche Schriftstellerinnen. Roland Barthes resümiert:

> »Frauen sind auf der Welt, um den Männern Kinder zu schenken. Sie mögen schreiben, soviel sie wollen, sie mögen ihre Lage verschönern: Entscheidend ist, dass sie aus ihrer Situation nicht herauskommen, dass ihr biblisches Schicksal durch die Förderung, die sie erhalten, nicht beeinträchtigt werde; dass sie für jenes Bohèmeleben, das man mit dem Schriftsteller gewöhnlich verbindet, alsbald den Tribut ihrer Mutterschaft zahlen.«[96]

Eine Zeitlang machen Françoise ihre neuen Aufgaben Spaß, es ist, als würde sie Theater spielen. Sie gibt sich mehr Mühe mit ihrem Aussehen, ihrer Kleidung.[97] Aber schon bald fühlt sie sich zunehmend erdrückt von der Rolle der braven Hausfrau. Sie überlässt es Guy, der Köchin Anweisungen zu geben und sich darum zu kümmern, dass alles rundläuft.[98] Haben Françoise und Guy vor ihrer Heirat jemals darüber gesprochen, wie sie sich ihr Leben als Ehepaar vorstellen? Ob sie den traditionellen Weg gehen – oder einen ganz eigenen? Oder sind sie davon ausgegangen, dass sich alles schon irgendwie fügen würde? Dass ihre Liebe ausreicht? Aber Liebe allein reicht nicht aus, denn weder Françoise noch Guy sind bereit, ihren bisherigen Lebensstil aufzugeben und einen gemeinsamen Lebensstil als Paar zu finden. Oder, wie Guys Ex-Freundin Bettina es ausdrückt: »Guy Schoeller lebte getreu Guy [...]. Und Sagan, gemäß Sagan. Diese beiden starken Individualitäten sind Gefangene ihrer Persönlichkeiten [...].«[99] Françoise hat nie aufgehört, Françoise Sagan zu sein – und für Guy ist es völlig unvorstellbar, seinerseits »Monsieur Sagan« zu werden.[100] Beide sind wie Romanheld*innen, bloß sehr unterschiedliche: Guy fände sich eher in einem der französischen Klassiker des 18. oder 19. Jahrhunderts, geschrieben von einem Victor Hugo, Gustave Flaubert oder Guy de Maupassant. Françoise hingegen ist durch und durch eine Figur Fitzgeralds: modern, frivol, libertär und immer auf der Suche nach Ablenkungen. Trotzdem plant das Paar, so wie es für Eheleute üblich ist, Kinder zu bekommen, und Françoise macht sich Gedanken über die Erziehung:

»Wenn ich ein Mädchen habe, lasse ich es sein Leben selber genießen. Wenn ein Mädchen Lust hat, die Liebe kennenzulernen, kann nichts es davon abhalten. Was es bremsen könnte, ist die Angst, Kinder zu bekommen. Ich würde um nichts in der Welt wollen, dass meine Tochter panische Angst hat, wenn sie schwanger ist, und sich nicht traut, es zu sagen. Ich würde alles daran setzen, sie darauf vorzubereiten, glücklich zu sein.«[101]

Vor ihrer Heirat sagte Françoise einmal: »Keine Liebe dauert länger als zwei oder drei Jahre. Mit der Zeit verblasst sie, nutzt sich ab und endet damit, dass sie zerbricht ...«[102] Ihre und Guys Liebe schafft es noch nicht einmal bis zum zweiten Jahr. Nur wenige Monate vergehen, bevor dem Paar bewusst wird: Es passt einfach nicht. Françoise stellt fest, sie seien »beide glücklich, aber auch unglücklich miteinander«[103] gewesen. Sie habe eine solche Angst gehabt, »ihm zu missfallen, dass ich nicht mehr lachen und nicht mehr schreiben konnte. Und da ich auch anderen gefiel, geschah, was geschehen musste.«[104] Soll heißen: Françoise lebt ihr Leben so, wie sie es vor der Hochzeit tat. Sie geht mit ihren Freund*innen aus, treibt sich in Pariser Bars herum und nichts könnte ihr unwichtiger sein, als abends pünktlich zum gemeinsamen Essen mit ihrem Mann zu erscheinen. Anfangs versucht Guy sich an Françoises Lebensstil anzupassen, begleitet seine Frau in ihre geliebten Clubs – aber die ganze Nacht trinken, tanzen und reden, das ist nichts für ihn. Er steht lieber früh auf, um einen Ausritt auf dem Pferd zu machen, bevor er pünktlich um 9.30 Uhr in seinem Büro auf der Rue Galliéra sitzt.[105]

Guy kann mit Françoise nicht mithalten, oder sie nicht mit ihm. Je nachdem. Schon bald wird Guy wieder in Begleitung schöner Frauen gesichtet, er betrügt Françoise, und die ist zutiefst verletzt. Dabei ist sie eigentlich nicht der eifersüchtige Typ – aber Guy, so fühlt es sich an, zwingt sie, es zu sein.[106] Indem er sich mit all den schönen Frauen trifft, Frauen, denen Françoise rein äußerlich nicht das Wasser reichen kann. Ob Guy weiß, dass er damit einen wunden Punkt getroffen hat? Resigniert stellt Françoise fest, in jeder Liebesbeziehung gebe es immer »einen, der mehr liebt als der andere, einer, der leidet, ein anderer, der darunter leidet, Leid zu verursachen«[107]. In der Vergangenheit mag sie einige Liebschaften gehabt haben und von Mann zu Mann gezogen sein, aber im Grunde ihres Herzen ist Françoise eine Romantikerin.

> »Ich glaube, dass die Ehe eine gute Sache ist. Zu zweit leben, wenn man sich liebt, erscheint mir ideal. Aber das Zusammenleben ist eine furchteinflößende Sache. Im Grunde stellt die Ehe ein sehr einfaches Problem dar. Entweder man zieht es vor, mit jemandem zusammenzuleben, indem man Zugeständnisse macht, oder die Langeweile, zu zweit zu wohnen, übertrifft das Vergnügen, welches man Seite an Seite empfindet.«[108]

Françoise, die so sehr gehofft hatte, dass die Ehe ein Ausweg aus der Einsamkeit sein würde, erkennt: »Der erste Reflex ist dieser: Ich war einsam, nun werden wir zu zweit sein. Später weiß man, dass das nicht stimmt.«[109] Das Problem ist, dass Françoise Guy liebt, trotz allem. Wenn nur nicht dieser unbändige Drang nach Freiheit wäre, das Bedürfnis, sich ungehindert bewegen und atmen zu können. Wenn die Ehe nur nicht so eine bürgerliche Institution wäre, in der es festgelegte Regeln und Rituale gibt. Andere Paare mögen ihre eigenen Regeln machen und weniger traditionelle Beziehungen führen, doch das scheint bei Françoise und Guy nie zur Diskussion gestanden zu haben. Ziemlich schnell geben beide die Beziehung auf, treffen sich mit anderen (Françoise sucht Trost in den Armen des attraktiven Autors Jean-Paul Faure) und haben sich zu Hause nicht mehr viel zu sagen. Wie immer geht Françoise unangenehmen Situationen einfach aus dem Weg, statt sich mit ihnen auseinanderzusetzen, und auch Guy schafft es offensichtlich nicht, das Gespräch zu suchen.

*

Ihren Sommerurlaub, der gleichzeitig als Flitterwochen fungiert, verbringen Françoise und Guy trotz allem wie geplant in Saint-Tropez, in der Villa, die sie im Frühling, kurz vor ihrer Hochzeit, ausgesucht haben. Vielleicht in der Hoffnung, die Ehe doch noch retten zu können. Es ist Juli, und in der Presse zirkuliert bereits das Gerücht, die Ehe Sagan-Schoeller sei unrettbar zerstört. In Saint-Tropez kommt wie üblich gleich eine ganze Schar von Françoises Freund*innen zu Besuch. Guy ist schnell genervt von dem täglichen Trubel, vor allem von Jacques Chazot, dessen Witze er flach und dumm findet.[110] Es passt tatsächlich nicht, das ist zumindest Françoise am Ende des Urlaubs endgültig klar. Zurück in Paris trifft sie eine Entscheidung: »Eines Abends, als ich zum Essen nach Hause kam, schnappte ich mir meinen Hund Youki, eine Reisetasche und einen Morgenmantel, murmelte ein paar unverständliche Sätze und verschwand ohne weitere Erklärungen.«[111] Im März 1959, ein Jahr nach der Hochzeit, zieht das Ehepaar offiziell aus der gemeinsamen Wohnung aus und Françoise mietet eine Erdgeschosswohnung auf der Rue de Bourgogne.[112] Ihr geht es schlecht, sehr schlecht. Zum ersten Mal in ihrem Leben erfährt sie, was Liebeskummer ist – und dass er sich wirklich wie eine Krankheit anfühlen kann.[113]

So ganz kommen die Noch-Eheleute nicht voneinander los. In Saint-Tropez treffen sie nach ihrer Trennung, aber vor der Scheidung (die im Juni 1960 erfolgt), noch einmal aufeinander, in Begleitung ihrer jeweiligen Liebhaber*innen. Wann genau dieser Urlaub stattfindet, ist nicht ganz klar, doch es muss wohl im Sommer 1959 sein. Zwischen Françoise und Guy ist plötzlich das altbekannte Prickeln wieder da. Heimlich treffen die beiden sich

»an verschwiegenen Orten [...], die uns Freunde kopf-
schüttelnd zur Verfügung stellten. Innenhöfe, kleine Sei-
tenstraßen, Nachtclubs und einsame Strände dienten uns
als Versteck für unsere flüchtigen Umarmungen. Dabei
waren wir vor dem Gesetz immer noch verheiratet, und ich
betrog meinen Geliebten mit meinem Ehemann. Es kam
mir vor wie ein Stück von Anouilh, nur nicht so mitreißend
und eher grausam als amüsant.«[114]

Jetzt, nach dem Entschluss, sich scheiden zu lassen, verlebt das
Paar schöne Stunden und kann einfach wieder Françoise und
Guy sein, nicht Madame und Monsieur Schoeller. Ist das vielleicht die Lösung? Aus seinem Ehemann seinen Geliebten zu
machen?[115] Eines Abends, Ende Juli, fährt das Bald-nicht-mehr-
Ehepaar im Auto von Gassin nach Saint-Tropez. Guy sitzt
hinterm Steuer, und Françoise liest ihm das Manuskript ihres
neuen, vierten Romans vor, der *Lieben Sie Brahms ...* heißen
wird. Danach legt sie eine Kassette von Billie Holiday ein – es ist
ein perfekter, ein harmonischer Augenblick.[116] Hätte es in ihrer
Ehe doch nur mehr solcher Augenblicke gegeben. Françoise genießt diese unbeschwerte Zeit mit Guy. Gleichzeitig weiß sie,
dass es kein Zurück mehr gibt und etwas endgültig zu Ende
gegangen ist: »Es kam mir vor wie ein Stück von Anouilh, nur
nicht so mitreißend und eher grausam als amüsant. Auf einer
Terrasse in Gassin, gegen Jean-Paul gelehnt, der mir gefiel, wie
er überhaupt den Frauen sehr gefiel, vergaß ich Guy allmählich.«[117]

Françoises große Liebe, sie ist gescheitert. Doch Françoise
und ihr erster Ehemann werden in der Öffentlichkeit nie ein
schlechtes Wort über den jeweils anderen verlieren – im Gegenteil. In Interviews spricht Guy über Françoises Intelligenz,
ihr Talent. Ihre Beziehung mag nicht funktioniert haben, aber

ihre Liebe hat beide nachhaltig geprägt. In der Kurzgeschichte *Ein eleganter Tod* wird Françoise Jahre später über einen gewissen Bruno, den Ex-Mann der Erzählerin, schreiben: »Bruno durfte man nicht erwähnen. Bruno war ihr erster Mann, der einzige, die Wunde. Den sie verloren hatte, fast absichtlich, und sie konnte den Gedanken, dass sie ihn verloren hatte, nicht ertragen.«[118]

DIE BEZIEHUNG ZU GUY mag nicht von langer Dauer gewesen sein. Dafür hat Françoise dank ihres Ex, der jede*n in der Pariser Verlagswelt kennt, endlich die Bekanntschaft des Mannes gemacht, der sie noch nie enttäuscht hat und schon so lange begleitet: Jean-Paul Sartre. Als *In einem Monat, in einem Jahr* von der Kritik zerrissen wird, tröstet es Françoise, als ihr jemand sagt, Sartre habe das Buch gut gefallen. Mehrfach begegnen die beiden sich in Pariser Stundenhotels und nicken sich jedes Mal »würdevoll«[119] zu. Stundenhotels sind perfekt für sexuelle Stelldicheins, und so verwundert es nicht, dass sich sowohl Françoise als auch Sartre in wechselnder Begleitung befinden: Sie hat es ihrem Noch-Ehemann Guy gleichgetan und sich anderweitig umgesehen, er pflegt von jeher sexuelle Beziehungen zu einer Reihe von Frauen. Mit seiner Partnerin Simone de Beauvoir führt er seit 1929 eine offene Beziehung, die auf einem Pakt beruht: Ihre Liebe ist eine notwendige Liebe, eine *amour nécessaire*. Daneben gibt es die Zufallslieben oder *amours contingents*. Sie gestehen sich also gegenseitig Freiheiten zu, von denen sowohl Sartre als auch Beauvoir reichlich Gebrauch machen. Das Paar hat sich bewusst gegen Kinder und einen gemeinsamen Haushalt entschieden – und damit für ein Leben fernab bürgerlicher Konventionen.

Mit Guy zusammen hat Françoise Sartre und Beauvoir mehrfach zum Essen getroffen, »in einer immer etwas gezwungenen Atmosphäre«[120]. Lag es an Guys Anwesenheit? Oder an Beauvoirs? Durchaus möglich, dass Françoise sich von Beauvoir (wie so viele andere) ein bisschen eingeschüchtert fühlte – sie bewundert die Autorin von *Das andere Geschlecht* sehr, für ihre Beziehung zu Sartre, ihre freie Art zu leben und ihre Intelligenz.[121] Umgekehrt aber ist Beauvoir ebenso eingeschüchtert von Françoise:

> »Außerhalb meines engsten Kreises spreche ich mit Leuten am liebsten unter vier Augen. Das erlaubt einem oft, den mondänen Banalitäten zu entgehen. Es tut mir leid, dass mir das bei meinen seltenen Zusammenkünften mit Françoise Sagan nie geglückt ist. Ihr unbeschwerter Humor, ihr Bestreben, sich nichts vormachen zu lassen und selber nicht zu heucheln, gefielen mir sehr. Wenn wir auseinandergingen, sagte ich mir, dass es beim nächsten Mal besser gehen werde.«[122]

Françoise, so Beauvoir, habe eine »Vorliebe für Gedankensprünge und Anspielungen«, wogegen sie sich mit ihren ordentlich formulierten Sätzen »pedantisch«[123] vorkäme. Beauvoir erinnert sich an einen Sommerabend, an dem sie Françoise auf einer Café-Terrasse am Boulevard Montparnasse traf: »Wir wechselten einige Worte, sie war wie gewöhnlich reizend und lustig, und ich wäre gern mit ihr allein geblieben. Aber sie erzählte mir sofort, dass uns Freunde im ›Epi Club‹ erwarteten [...]. Die Sagan trank, ohne an der Unterhaltung teilzunehmen.«[124] Die Arme. Da wollte sie ein intimes (und garantiert intensives) Gespräch unter vier Augen führen – und Françoise tat alles, um dieser Situation zu entfliehen ...

Auch bei einer anderen Gelegenheit wäre Françoise gerne geflohen: Während eines der gemeinsamen Abendessen mit Sartre und Beauvoir wandte letztere sich an Françoise und Guy: »Stellen Sie sich vor, Sartre arbeitet jeden Tag bei seiner Mutter, er gönnt sich nicht mal einen Tag Pause, um sich zu entspannen.« Françoise, die wie ihr Noch-Ehemann Guy nach außerehelichen Vergnügungen suchte, hatte Sartre just am selben Nachmittag an einem »Ort der Entspannung«, nämlich im Stundenhotel, getroffen. Simone de Beauvoirs Kommentar brachte sie nun in Verlegenheit: »Ich warf ihr ein verständnisvolles Lächeln zu, ihm ein leicht vorwurfsvolles und tauchte unter den Tisch, um meine Serviette aufzuheben. Sartre und ich erwähnten diese Sache nie wieder, nicht einmal unter vier Augen.«[125]

*

Françoises Begegnungen mit Sartre sind, abgesehen von den wenigen gemeinsamen Abendessen, meistens zufällig und kurz. Schließlich verlieren die beiden sich aus den Augen, sehen sich über zwanzig Jahre lang nicht mehr. Bis Françoise 1979 einen »Liebesbrief« an Sartre schreibt, der im von ihrer Freundin Nicole Wisniak herausgegebenen Magazin *L'Égoïste* veröffentlicht wird. Der Brief entsteht aus Françoises dringendem Bedürfnis, Sartre nach so vielen Jahren endlich zu sagen, was sie ihm verdankt.[126] Es gäbe viele, die sie als Schriftsteller*innen bewundere, schreibt Françoise, aber er, Sartre, sei der einzige, den sie auch als Menschen bewundere: »Alles, was Sie mir versprochen hatten, als ich fünfzehn Jahre alt war, im intelligenten und unerbittlichen Alter, in einem Alter ohne fest umrissenen Ehrgeiz, also auch ohne Konzessionen, alle diese Versprechungen haben Sie gehalten.«[127] Nicht nur habe Sartre *Die Wörter* geschrieben, das »hervorragendste Buch der französischen Literatur«[128], sondern sich auch für die Schwachen eingesetzt. Er habe sich, wie alle anderen, ab und zu getäuscht, aber, im Gegensatz zu allen anderen, diese Irrtümer »immer erkannt und eingestanden«[129]. Kurzum: »Unsere Zeit hat sich als verrückt, unmenschlich und korrupt erwiesen. Sie waren klug, menschlich und unbestechlich und sind es noch heute.«[130] Es ist ein bewundernder, ein liebevoller Brief, voller Respekt. Der Brief einer nicht mehr ganz so jungen Frau an einen definitiv nicht mehr jungen Mann.

Sartre ist mittlerweile Mitte siebzig und fast komplett erblindet. Alkohol und Medikamente haben seinen Körper ruiniert, er ist gebrechlich und sieht älter aus, als er eigentlich ist. Als man ihm Françoises Brief (dessen Veröffentlichung mit seiner Einwilligung geschah) vorliest, ist er gerührt und lädt die Autorin zum Abendessen ein. Sie holt ihn an seiner Wohnung auf dem Boulevard Edgar-Quinet ab, ein kleiner Mann im Dufflecoat, das ausgedünnte, strähnige Haar zur Seite gescheitelt. Die beiden gehen in die *Closerie des Lilas*, wobei Françoise Sartre stützt und führt: »Wir waren, glaube ich, das kurioseste Paar der französischen Literatur, und die Kellner umflogen uns wie aufgeschreckte Vögel.«[131] Das erste Abendessen führt zu einem zweiten, und schon bald ist daraus eine Institution geworden. Im Durchschnitt sehen sich Françoise und Sartre alle zehn Tage. Im Restaurant schneidet Françoise ihm das Fleisch in kleine Stücke, so, dass er sie gut kauen kann. Obwohl Sartre nur noch ein Schatten seines früheren Selbst ist, hat er sich seinen spitzbübischen Humor bewahrt: »Er sagte auch: ›Sie fangen an, mir die Steakstücke zu groß zu schneiden. Verlieren Sie den Respekt vor mir?‹«[132] In manchen Augenblicken fühlt Françoise sich Sartre gegenüber nahezu mütterlich, in anderen kommt sie sich vor wie seine Tochter, weil er ihr gerne seine Meinung zu ihren persönlichen Problemen mitteilt.[133] Sartre – der auf den Tag dreißig Jahre älter ist als Françoise – mag gebrechlich wirken, aber er isst für zehn, Françoise hingegen wie ein Vögelchen. Françoises trockener Kommentar: »Unser Hunger entsprach spürbar dem Gewicht unserer Werke.«[134]

Françoise und Sartre sprechen nie über gemeinsame Bekannte und Freund*innen, sondern, in Sartres Worten, »wie

Reisende auf einem Bahnsteig«[135]. Man plaudert, unterhält sich über die Bücher, die man hätte schreiben wollen, aber nie über die Bücher, die man geschrieben hat.[136] Françoise hört Sartre gerne zu, sie bewundert, wie leidenschaftlich er sich immer noch für Literatur interessiert.[137] Einmal erzählt Sartre ihr, dass es ihm sehr gefallen habe, als man ihm ihren »Liebesbrief« vorlas. Aber er könne ja schlecht jemanden darum bitten, es noch einmal zu tun, nur damit er sich über die Komplimente freuen könne: »Da käme ich mir ja wie ein Paranoiker vor!«[138] Also spricht Françoise ihm den Text auf Band und klebt ein Stück Heftpflaster auf die Kassette, damit er sie ertasten kann.[139] Seine Blindheit stört Sartre, natürlich, aber er hat sich damit abgefunden: »Sehen Sie, ich bin mein Leben lang glücklich gewesen, ich war, bis dahin, ein Mensch, eine Person, die so sehr für das Glück geschaffen war – da wollte ich nicht plötzlich die Rolle wechseln, da bin ich aus Gewohnheit weiter glücklich geblieben.«[140] Oft bekommt Françoise mit, wie Sartre von Frauen angerufen wird, die abhängig von ihm sind, vor allem finanziell.[141] Ehemalige oder aktuelle Geliebte, die über kein eigenes oder über ein nur geringes Einkommen verfügen. Wie für Françoise ist Geld für Sartre etwas zugleich Notwendiges und Verachtenswertes, etwas, das Freiheit bedeutet, aber nicht unbedingt Glück. Das, was er hat, teilt er gerne – wer Sartre um Geld bittet, bekommt es in der Regel auch. Erst ist Françoise von diesen Anrufen irritiert, doch dann erkennt sie, dass die Frauen am Telefon, die sich so fordernd anhören, Sartre »gerade durch ihre Maßlosigkeit das Leben wiederschenkten, sein Leben als Frauenliebhaber, Casanova, Lügner, Mitfühlender oder Komödiant«[142]. Sartre mag alt und krank sein, doch er ist und bleibt ein Mann, der die Aufmerksamkeit von Frauen braucht wie die Luft zum Atmen. Andere fänden das vielleicht bemitleidenswert, aber Françoise käme nicht in den Sinn, Sartre zu verurteilen. Wie er hat sie einen warmherzigen Blick auf die Menschen, sie akzeptiert sie mit all ihren Fehlern und Schwächen – weil sie ihre eigenen nur zu gut kennt.

*

Obwohl Françoise und Sartre stets ein neues Treffen vereinbaren, fürchtet sie immer, es könnte das letzte sein, fürchtet, Sartre könnte keine Lust mehr haben auf die »schelmische Lili«, sein Spitzname für sie.[143] Sie ahnt nicht, dass ihnen tatsächlich nicht mehr viel Zeit bleibt: Sartre stirbt am 14. April 1980. Françoise geht zu seiner Beerdigung, »ohne es fassen zu können«[144]. Niemand hat sie so berührt, sie so beeindruckt und zum Nachdenken gebracht wie Sartre, als Schriftsteller und als Mensch.[145] Mit Sartre stirbt das Idol einer ganzen Generation. Ein kleiner Mann mit großem Herzen und noch größerem Denkvermögen. Ein Mann, der wie kein anderer die Freiheit als Handlungsprinzip begriffen hat. Der nicht in allem recht hatte, wie Françoise selbst feststellte, aber in vielem doch in die richtige Richtung dachte. Mit Sartre stirbt ein Teil von Paris, von Frankreich. Es stirbt der letzte große französische Philosoph, der messerscharf in seiner Analyse und doch so humorvoll und unterhaltsam sein konnte. Etwas endet, ein für alle Mal.

DAS JAHR 1959 ist ein Jahr der Abschiede und der Neuanfänge. Neben der Ehe mit Guy Schoeller geht auch eine andere Langzeitbeziehung zu Ende: Françoise hat vorerst genug von der französischen Mittelmeerküste, und insbesondere von Saint-Tropez. Dieses ist längst nicht mehr das kleine, verschlafene Fischerdorf, das sie 1955 mit ihren Freund*innen entdeckt und unsicher gemacht hat. Mittlerweile wird der Ort von Tourist*innenscharen überfallen, auch dank dort urlaubender Promis wie Françoise selbst. Saint-Tropez ist zu einem kollektiven Sehnsuchtsort geworden, an den Menschen in der Hoffnung reisen, sich dort ein Lebensgefühl kaufen zu können und Teil des internationalen Jetsets zu werden:

> »Die Franzosen, die bis dahin nichts wussten von Amoralität, von Ausschweifung, von den elementarsten Gesetzen der Sexualität – weder in puncto Größe (sprich Kleinheit) des Badeanzugs noch in puncto Größe (sprich Liberalität) der Ansichten –, die sogar bisweilen nicht wussten, dass diese beiden Begriffe nicht zwangsläufig zueinander passen, stürzen sich auf Saint-Tropez, wie Pilger nach Mekka und andere nach Canossa reisen [...].«[146]

Noch vor gar nicht allzu langer Zeit war Saint-Tropez unprätentiös und ungekünstelt, ganz und gar unspektakulär. Davon ist jetzt nicht mehr viel übrig. Saint-Tropez hat sich auf den Tourismus eingestellt, und Françoise hat während ihrer jährlichen Aufenthalte dort zunehmend irritiert bemerkt, dass die Boutique *Vachon* – wo sie einst ihr erstes Saint-Tropez-Urlaubsoutfit kaufte – längst nicht mehr das einzige Bekleidungsgeschäft vor Ort ist. Die örtliche Spezialität, Langusten, ist teurer geworden und wird vom Wirt nicht mehr selbst gefangen, die Polizei drückt nicht mehr so bereitwillig ein Auge zu, es ist dreckiger, und mit den Fischern im Hafen spricht man kaum noch.[147] Wehmütig denkt Françoise an ihren ersten Sommer in Saint-Tropez zurück:

> »Die strahlenden Tage, die durchbummelten Nächte, das ausgelassene Lachen im Halbdunkel, die Verfolgungsjagden in den Gassen, die endlosen Liebschaften und die Dummheiten ohne Folgen sind nicht mehr uns allein vorbehalten. Und was die verrückte Ausschweifung betrifft, die man uns vorwirft, so beobachten wir, wie sie von anderen praktiziert wird, aber natürlich ohne Anmut und Naivität.«[148]

Und jetzt? Dreht sich alles nur um Geld, platzt der Ort aus allen Nähten und hat viel von seinem ursprünglichen Charme verloren.[149] Aus dem liebevoll »Saint-Trop'« genannten Fleckchen Erde ist »Saint-trop« geworden – *trop* wie in »zu viel«. Für Françoise ist es an der Zeit, sich nach einem anderen Ziel für den jährlichen Sommerurlaub umzuschauen.

*

Auf einen Tipp von Freund*innen hin fährt Françoise in die Normandie, um nach einem geeigneten Sommerhaus zu suchen. Sie wird fündig und hat am Ende die Wahl »zwischen einem großen, heruntergekommenen Haus, einsam gelegen und von Feldern und Bäumen umrahmt, und einem gepflegten Haus am Strand, das mit allem modernen Komfort ausgestattet war. Natürlich nahm ich das erste.«[150] Das vernachlässigte, aber charmante alte Gutshaus hat ein Schieferdach, ist von einem großzügigen Park umgeben und trägt den Namen *Manoir du Breuil*. Es befindet sich in Équemauville, in der Nähe von Honfleur, zehn Kilometer südöstlich von Le Havre, und hat bereits Prominente wie den Schriftsteller Jules Renard, den Schauspieler und Dramatiker Sacha Guitry sowie die Schauspielerin Sarah Bernardt beherbergt. Für Françoise ist es Liebe auf den ersten Blick. Sie hat, wie immer, ein paar Freund*innen und Bekannte eingeladen und plant, den Juli am Badestrand zu verbringen. Aber warum am Strand herumliegen, wenn Verlockungen ganz anderer Art auf sie warten: »[D]as Meer war immer scheußlich, aber das Spielkasino von Deauville immer geöffnet.«[151] In nur zwanzig Minuten geht es von Équemauville in die heiligen Hallen, zu Roulette, Poker und all den anderen nervenaufreibenden Spielen, die Françoise so liebt. Zusammen mit Bernard und Jacques Chazot schlägt sie sich im Casino die Nächte um die Ohren und kehrt meist erst im Morgengrauen zurück.[152]

*

Am 7. August, dem Abend vor ihrer Abreise, begeben sich Françoise und ihre Mitspieler ein letztes Mal ins Casino. Françoise verliert fast alles beim Baccara und stürzt sich danach, auf einen Gewinn hoffend, auf das Roulette. Sie setzt auf eine ihrer Glückszahlen, die 8 – und gewinnt tatsächlich. Ganze 80 000 Francs. In ausgelassener Stimmung fahren sie, Bernard und Jacques in den frühen Morgenstunden zurück nach Équemauville, wo vor der Tür bereits der Hausbesitzer wartet, der mit Madame Sagan die Bestandsaufnahme des Inventars machen möchte. Er weist Françoise streng darauf hin, dass es bereits acht Uhr sei, die Stunde, die für die Abreise abgemacht war. Unmotiviert will sich die übernächtigte Françoise ihrem Schicksal fügen, als der Vermieter sie fragt, ob sie das Haus nicht einfach kaufen wolle: »Ich wollte schon erwidern, dass ich nie etwas kaufte, da ich die geborene Mieterin sei, als er hinzufügte: ›In Anbetracht seines Zustands würde ich es billig abgeben – 80 000 Francs.‹«[153] Zufälligerweise verfügt Françoise genau über die geforderten 80 000 Francs. Es ist der 8. August, 8 Uhr morgens, sie hat mit der 8 genau 80 000 Francs gewonnen. Schicksal? Für Françoise zumindest fühlt es sich so an. Sie überlegt nicht lange: »Ich zog Geldscheine aus meiner Handtasche, die davon überquoll, und reichte sie ihm hin, ehe ich mich hochgestimmt in dem Haus schlafen legte, das mein einziger Besitz auf Erden sein sollte [...].«[154] Es ist der Beginn einer neuen, glücklichen Beziehung, die lange währen wird.

NACH EINEM ENTSPANNTEN Sommer mit ihren Freund*innen in Équemauville ist Françoise erholt und bereit für das, was sie in Paris erwartet: Pünktlich zur *rentrée* erscheint am 1. September 1959 ihr vierter Roman *Lieben Sie Brahms …* Und er wird ein Erfolg.[155] Die Zeitschrift *Arts* lobt: »Von all ihren Romanen ist er ohne Zweifel der gehaltvollste, der reifste, der tiefgründigste.« Émile Henriot stellt in *Le Monde* fest, »technisch und literarisch« sei der Roman Françoises anderen Büchern überlegen – etwas wirklich Neues würde er allerdings nicht bieten. Innerhalb kurzer Zeit werden 265 000 Exemplare von *Lieben Sie Brahms …* verkauft, genauso wie die Filmrechte.[156] Ironisch, aber auch zufrieden, fasst Françoise die Kritiken zusammen: »Wir können Madame Sagan nur beglückwünschen und ihr weiterhin alles Gute zur Wiederherstellung wünschen (auf die viele nicht mehr zu hoffen wagten, viele andere jedoch nach dem Misserfolg des letzten Buches insgeheim doch erhofften).«[157] Dass *In einem Monat, in einem Jahr* auf so wenig Gegenliebe bei Presse und Kritik stieß, wurmt sie immer noch:

> »Der Misserfolg von *In einem Monat, in einem Jahr* hatte mich ein wenig aus dem Gleichgewicht geworfen, zumal er bei meinen Gesprächspartnern einen mitleidigen Gesichtsausdruck und ein gelegentliches, hinter meinem Rücken gemurmeltes ›Schade‹ hervorrief. Oder aber es hieß: ›Ich schwöre Ihnen, *Bonjour Tristesse* habe ich in einem Rutsch gelesen, aber das hier, nun ja … […]‹ Ich lächelte, ich scherzte, aber ich war wütend, was mich empfindlich machte und meinen Geist lähmte.«[158]

Aber all das ist jetzt vergessen, *Lieben Sie Brahms ...* ein Triumph. Thematisch bleibt Françoise sich dabei treu: Auch in *Lieben Sie Brahms ...* geht es um die Liebe und ihre Unmöglichkeit. Es geht um die 39-jährige Paule, eine geschiedene Pariser Raumausstatterin, die eine offene Beziehung mit Roger führt, einem Geschäftsmann, der sie vernachlässigt und ihr nicht die Aufmerksamkeit entgegenbringt, die Paule sich wünscht:

>»Sie hasste diese Sonntage der alleinstehenden Frau: das Lesen im Bett, so lange wie möglich, ein überfülltes Kino, vielleicht ein Cocktail mit jemandem oder ein Abendessen und schließlich bei der Heimkehr das ungemachte Bett, dieses Gefühl, seit dem Morgen nicht eine Sekunde lang gelebt zu haben.«[159]

Paule hängt an Roger, sehnt sich aber gleichzeitig nach Unabhängigkeit und Freiheit. Eines Tages trifft sie Simon, den charmanten 25-jährigen Sohn einer reichen amerikanischen Klientin. Simon verliebt sich in Paule – die ist geschmeichelt, nimmt seine Schwärmerei aber nicht ernst. Bis zu dem Tag, als er sie in ein Brahms-Konzert in der Salle Pleyel einlädt. Paule begreift, dass Simon wirklich in sie verliebt ist, und weiß nicht, wie sie damit umgehen soll: »›Sie lieben Roger, aber Sie sind allein‹, sagte Simon. [...] ›Ich, ich würde dicht an Ihnen schlafen, ich würde Sie die ganze Nacht in meinen Armen halten, und ich würde Sie küssen, in Ihrem Schlaf. Ich kann noch lieben. Er kann es nicht mehr. Das wissen Sie ...‹«[160] Nach anfänglichem Zögern lässt Paule sich auf eine Affäre mit dem jungen Mann ein, stellt aber bald fest, dass das an ihren Gefühlen für Roger nichts ändert: »In ihrem Leben gab es einen Menschen, der unvermeidlich war: Roger.«[161] Roger, der Paules Beziehung zu Simon mitbekommt, reagiert eifersüchtig und besitzergreifend – was in Paule die Hoffnung keimen lässt, dass ihm doch mehr an ihr liegt, als er zeigt. Sie trennt sich von dem unglücklichen Simon und nimmt ihre Beziehung zu Roger wieder auf. Vielleicht wird ja nun alles anders.

Auch in *Lieben Sie Brahms …* geht es um das fundamentale Gefühl, allein zu sein. »Man kann nur das erfinden, was man bereits weiß«[162], sagt Françoise. Und was sie weiß, ist das: Die größten Dramen finden im Alltag statt. Es sind die kleinen Momente, in denen man nicht die richtigen Worte findet, in denen Missverständnisse entstehen, Menschen miteinander reden, ohne sich etwas zu sagen, in denen jemand etwas tut oder nicht tut, in denen eigentlich nichts Bemerkenswertes passiert und sich doch etwas verschiebt, verändert. Es sind diese alltäglichen Momente, die Françoise inspirieren und die sie in ihren Büchern aufgreift: »Es ist dramatisch, jemandem zu begegnen, ihn zu lieben, mit ihm zu leben, dass er für Sie alles ist und dass man sich, nach drei Jahren, mit inneren Wunden trennt.«[163]

*

Der September 1959 bringt neben *Lieben Sie Brahms …* eine weitere Neuveröffentlichung von Françoise mit sich: die ihres ersten Theaterstücks *Ein Schloss in Schweden*. Jacques Brenner von der Zeitschrift *Cahiers de Saison* hatte sie um einen unveröffentlichten Text gebeten, und Françoise schickte ihm »aus reiner Faulheit […], was ich gerade zur Hand hatte, nämlich den Anfang dieses schwedischen Akts«[164]. Dieser ist im Februar 1957 aus einer Laune heraus entstanden, in der Mühle von Coudray. Françoise, die dabei war, *In einem Monat, in einem Jahr* zu beenden, fiel irgendwann auf, wie deprimiert und gelangweilt ihre Freund*innen waren. Um sie herum nur »Niedergeschlagenheit, Liebeskummer, mystische Verwirrungen und andere

Missstimmungen, wie sie allen Altersstufen, besonders aber aufs Land verschlagenen Städtern, eigen sind«[165]. Um die Misere zu beenden, griff Françoise zum Stift und begann, ein Theaterstück zu schreiben. Erste Szene: ein Gespräch zwischen einem Bruder und einer Schwester, die mitsamt ihrer exzentrischen Familie in einem Schloss in Schweden eingeschneit sind. Françoise hoffte, »der Vergleich zwischen dem Schicksal dieser Figuren und dem ihren werde meine Freunde in optimistischere Stimmung versetzen«[166]. Es funktionierte. Die Stimmung in der Mühle verbesserte sich, es wurde gelacht. Und Françoise, die nicht ernsthaft vorhatte, ein Stück zu schreiben, ließ das Projekt erst einmal liegen. Doch der Gedanke ans Theater ließ sie nicht mehr los: »Ich hatte zwei Bücher veröffentlicht, ein drittes gerade beendet, und wer konnte mich daran hindern, vom Theater zu träumen?«[167]

Jacques Brenner veröffentlicht also die wenigen Seiten, die Françoise zur Belustigung ihrer Entourage geschrieben hat, und zufällig stößt André Barsacq, Direktor des Pariser Théâtre de l'Atelier, darauf. Ihm gefällt, was er da liest, und er setzt sich mit der Autorin in Verbindung. Natürlich, erklärt er Françoise, sei der Text noch nicht annähernd so etwas wie ein Theaterstück. Es fehle noch so ziemlich alles, vom Mittelteil bis zum Ende, und einen Handlungsknoten gebe es ebenfalls nicht.[168] Françoise hört aufmerksam zu und beschließt, *Ein Schloss in Schweden* so umzuschreiben und zu überarbeiten, dass daraus ein richtiges Theaterstück wird. Sie reist in die Schweiz und macht sich an die Arbeit. Innerhalb von drei Wochen ist die neue und verbesserte Version des Stückes fertig, Barsacq zufrieden.[169] Am 12. Januar 1960 beginnen die Proben – es ist derselbe Tag, an dem die Presse offiziell die Trennung von Françoise Sagan und Guy Schoeller verkündet. Die Ablenkung in Form von *Ein Schloss in Schweden* kommt Françoise also gerade recht:

»Ich wohnte den Proben mehrmals bei, zum Schluss praktisch jeden Tag, weil es mich faszinierte, meine Worte, meine Gedanken, meine Dialogreden von menschlichen Stimmen gesprochen zu hören.«[170] Sie liebt die Theater-Atmosphäre, den Holzgeruch, die Kulissen ...[171] Theater, das ist für sie eine positive Form des Wahnsinns.[172] Sie fühlt sich als Teil einer Clique, einer Gruppe von Freund*innen. Fürs Theater zu schreiben fällt Françoise leicht, weil es gewisse Imperative und Regeln gibt, an die es sich zu halten gilt – der Rahmen ist vorgegeben und muss nur noch mit Inhalten gefüllt werden.[173] Hinzu kommt, dass Theater Übertreibungen, sowohl in der Handlung als auch bei den Charakteren, zulässt, nein, sie geradezu erfordert:

> »Ich habe den Eindruck, dass man in einem Roman mehr oder weniger gewöhnliche Menschen nehmen muss, deren Gefühle akzeptierbar und wiedererkennbar für alle sein können. Wie im Leben. Während man beim Theater, da es dort sehr genaue Einheitsregeln gibt, außergewöhnliche Menschen inszenieren kann, Verrückte. Das Übermaß an Beschränkungen und das Übermaß an Freiheit bewirken, dass das Stück sich von selbst ausgleicht.«[174]

Trotzdem ist klar, für wen Françoises Herz schlägt: »Das Theater amüsiert mich, der Roman begeistert mich.«[175] *Ein Schloss in Schweden* feiert am 9. März 1960 im Théâtre de l'Atélier Premiere – und entwickelt sich schnell zu einem überwältigenden Erfolg. Kritik und Publikum lieben die Geschichte einer Gruppe exzentrischer Menschen – der Großteil von ihnen miteinander verwandt –, die dazu verdammt sind, zusammen in einem eingeschneiten Schloss auszuharren. Die altertümlichen Kostüme im Stil des 18. Jahrhunderts (obwohl die Handlung in der Gegenwart angesiedelt ist) tragen ihr Übriges zur Erheiterung bei.

Françoises Stück ist lustig, unterhaltsam, clever, und – zur Freude traditioneller Kritiker*innen und Theaterfans – nicht beängstigend modern. Zu Françoises dramatischen Vorbildern gehören eindeutig eher klassische Autoren wie Molière als zeitgenössische wie Samuel Beckett oder Eugène Ionesco. André Barsacq verkündet: »Ich bin sehr stolz, ich habe unter dem Etikett der Schriftstellerin eine wahre Dramatikerin entdeckt.«[176] *France-Soir* schreibt, Françoise habe sich

> »um keines der Gesetze des Theaters gekümmert […]. Ihre Personen erscheinen auf der Bühne, verschwinden wieder, kehren ohne rechten Grund zurück und sagen, was ihnen gerade in den Sinn kommt. Die Aufzüge sind aufs Geratewohl in zahllose kurze Bilder aufgeteilt, die durch drei Sekunden Verdunkelung voneinander getrennt werden. Aber dennoch, trotz allem, trotz aller Fehler … hat sich eine Art Wunder ereignet. Ein neuer Ton, ein neuer Stil, ein neues Tempo sind auf der Bühne erschienen.«[177]

Und *Le Monde* lobt: »Man vergisst die unverbesserliche Belanglosigkeit ihres Themas und unterwirft sich der unruhigen Heiterkeit ihres Stils; man wird der Komplice ihrer behenden Leidenschaft für den Augenblick und für das Wort, das der Wahrheit des Augenblicks gerecht wird.«[178] *Ein Schloss in Schweden* ist dermaßen erfolgreich, dass es sogar am Broadway aufgeführt wird, eine seltene Ehre für französische Theaterautor*innen.[179] Im Juni erhält Françoise den erstmalig vergebenen Prix du Brigadier für besondere Leistungen im Theaterbereich. Nach dem Misserfolg mit dem von ihr geschriebenen Ballett ist sie erleichtert, dass ihr Theaterstück bei Kritik und Publikum so gut ankommt. Erleichtert und glücklich. Françoise hat bewiesen, dass sie mehr kann, als nur kleine Geschichten über melancholische

Pariser*innen zu schreiben, wie es ihr die Kritik in der Vergangenheit so oft vorgeworfen hat: »Ich nahm entzückt das öffentliche Gerücht zur Kenntnis: ›Und außerdem kann sie auch Stücke schreiben!‹«[180]

TEIL IV

BEWEGTE ZEITEN

1960

»Ich habe zu sehr den Wunsch,
dass man meine Freiheit respektiert,
als dass ich die der anderen
nicht respektieren würde.«[1]

FRANÇOISE HAT, vorerst, ihr Gleichgewicht wiedergefunden. Sie hat ihren Unfall überlebt, und ihren ersten richtigen Liebeskummer. Sie hat einen erfolgreichen neuen Roman veröffentlicht und wird als Theaterautorin gefeiert. Sie schaut nach vorn. Seit der Trennung von Guy Schoeller sieht man sie oft in Begleitung einer hübschen Frau mit dem klangvollen Namen Paola Sanjust di Teuleda. Paola, Jahrgang 1928, ist eine reiche Erbin,[2] und Françoises Freund*innen wissen, dass zwischen den beiden Frauen mehr ist als nur Freundschaft. Véronique erzählt: »Sie war charmant [...]. Françoise sprach nicht offen über ihre Beziehung – leugnete sie auch nicht –, aber da Paola eine selbstbewusste Lesbe war, sprachen alle darüber. Paola fand viel Anklang, die Frauen schlugen sich um sie!«[3] Bernard ergänzt: »Es gab immer eine Frau in Françoises Leben [...]. Sie versteckte es nicht wirklich, aber es war eine geheime, intime Sache.« Abgesehen davon, dass Françoise sehr diskret ist und nur selten über persönliche Dinge spricht,[4] ist sie auch ein Kind ihrer Zeit und ihres Milieus. Über Sexualität, so der bürgerliche Kodex, spricht man nicht – schon gar nicht über Homo- oder Bisexualität. Zumal es nicht nur an lesbischen Vorbildern mangelt, sondern lesbische Liebe generell weniger sichtbar ist. Françoise akzeptiert den bürgerlichen Kodex, vermutlich auch deshalb, weil sie sich die öffentlichen Reaktionen auf ihre Liaison mit einer Frau vorstellen kann. Man mag ihr vieles durchgehen lassen, weil sie Françoise Sagan ist – aber eine Liebesbeziehung mit einer Frau? Das ist etwas ganz anderes. Angesichts des möglichen Imageschadens würde ein Outing sehr viel Mut erfordern und eine gewisse Mir-doch-egal-was-die-anderen-denken-Haltung. Doch mit dieser Haltung hat Françoise sich, trotz gegenteiliger Behauptungen, nie wirklich wohl gefühlt. So betont sie zwar, dass Respekt ihr »vollkommen gleichgültig« sei, gesteht aber im selben Atemzug, sie habe einen »höllischen und unaufhörlichen Hang zu gefallen«[5]. Abgesehen davon: In den 1950ern existiert so etwas wie das große Promi-»Coming-out« nicht. Wer homo- oder bisexuell ist, behält das in den meisten Fällen für sich. Wahrscheinlich diskutiert Françoise ihre Liaisons mit Frauen (darunter angeblich Leinwandgöttin Ava Gardner) auch deshalb weder privat noch öffentlich, weil sie Label ablehnt. Warum kann sie nicht einfach mit den Menschen zusammen sein, zu denen sie sich hingezogen fühlt – egal, welchen Geschlechts?[6] Auch über ihre spätere Beziehung zu dem ehemaligen Mannequin Peggy Roche wird Françoise nie öffentlich sprechen, und doch ist allgemein bekannt, dass die beiden Frauen ein Paar sind. Zwanzig Jahre werden die beiden zusammen verbringen, bis Peggy 1991 an Krebs stirbt und Françoise verzweifelt zurücklässt. Françoises Sohn Denis sagt:

»Peggy war eine Freundin, eine Geliebte, ein Schutz, ein Rat. Zwischen diesen beiden Frauen war es eine Mischung aus Leidenschaft, Zärtlichkeit, gegenseitiger Bewunderung, beidseitiger Anerkennung, Freundschaft und einem heimlichen Einverständnis, wie meine Mutter es, meiner Erinnerung nach, noch nie erfahren hatte, weder vor noch nach ihr.«[7]

Doch noch heißt die Frau an ihrer Seite Paola – und Freund*innen und Bekannte sind sich einig: Sie tut Françoise gut.[8] Zusammen fahren die Frauen ins Casino nach Deauville oder Trouville, und Françoise fühlt sich endlich wieder wie sie selbst, wie die Françoise, die sie vor dem Unfall, vor der Ehe mit Guy war.[9]

JETZT, DA IN FRANÇOISES Privatleben vorerst Ruhe einge-
kehrt ist, kann sie sich anderen Dingen widmen. Der Politik
zum Beispiel. Das ist einigermaßen überraschend, hat Françoise sich doch bisher nicht als engagierte Schriftstellerin nach
dem Vorbild eines Sartre oder einer Beauvoir gesehen. Zwar ist
sie »intuitiv und gefühlsmäßig links«,[10] kann sich aber nicht
vorstellen, einer politischen Vereinigung oder gar einer Partei
anzugehören. Was nicht heißt, dass es ihr egal ist, was in der
Gesellschaft passiert, oder sie keine Meinung dazu hat. Aber
Françoise wehrt sich dagegen, dass von ihr als berühmter
Schriftstellerin automatisch erwartet wird, politisch Stellung zu
beziehen. Sie möchte auf keinen Fall zu einer dieser Pseudo-In-
tellektuellen werden, die ihre Meinung in jedes Mikro sprechen, das man ihnen unter die Nase hält:

»Die Schriftsteller wollen moralisch sein, sie wollen wie
gerechte Menschen erscheinen, verständnisvoll, tolerant: in
einem Wort, wie gute Menschen. […] Sie vergessen, dass
die einzige Moral vor allem die Ästhetik ist, die Schönheit.
Sie wollen bestimmten Kriterien des Antikonformismus
entsprechen.«[11]

Für Françoise gibt es kaum etwas Peinlicheres als eine politische
Haltung, die zur bloßen Pose verkommt. Ein bisschen einfach
macht sie es sich natürlich schon. Andere für ihr Engagement
zu kritisieren, während sie selbst sich so gar nicht einbringt, ist
doch sehr bequem. Hinzu kommt: Trotz ihrer politischen Ent-
haltsamkeit ärgert Françoise der Vorwurf, in ihren Romanen
ginge es nur um bourgeoise, gelangweilte Menschen, die mit

ihren eigenen Dramen beschäftigt und von den wahren Problemen der Welt unberührt sind. Diese Probleme, so Françoise, beträfen sie und ihre Protagonist*innen durchaus, »aber ich will nicht davon sprechen, weil ich nicht sehe, inwiefern die Tatsache, dass zum Beispiel eine meiner Heldinnen ihre Meinung über den Vietnamkrieg äußert, dort etwas verändern könnte«[12]. Françoise wäre die erste, die zugibt, dass sie niemals einen hochpolitischen und gesellschaftskritischen Roman schreiben wird. Aber das macht ihre Bücher nicht automatisch oberflächlich, schließlich thematisieren diese, was Françoise als eines der größten gesellschaftlichen Probleme wahrnimmt: Einsamkeit.[13] Und überhaupt, wer bestimmt darüber, was als First-World-Problems gilt? Sind Gefühle wie Traurigkeit, Leere und Verlassenheit nicht universell? Finden sie sich nicht überall, egal, in welchem Milieu?[14] Stolz zitiert Françoise die französische Schriftstellerin Marcelle Auclair, die 1956 schrieb: »Françoise Sagan ist keine Kommunistin, sie ist Anarchistin, sie ist Nihilistin. Auf ihre Art wirft sie Papierbomben […].«[15] Wenn Françoise zögert, in ihren Büchern über Politik zu sprechen, dann auch deshalb, weil sie nicht über Dinge und Milieus schreiben möchte, die ihr selbst unbekannt sind: »Insoweit als ich nie das Elend gekannt habe, oder schwere materielle Probleme, sehe ich nicht, warum ich ›Kohle machen sollte‹, wie man grob sagt, indem ich von sozialen Problemen spreche, die ich nicht kenne und die ich niemals zu spüren bekommen habe.«[16] Sie hat Angst, etwas Falsches zu sagen, sich lächerlich zu machen.

*

Trotz ihrer Vorbehalte gegen politisches Engagement, welcher Art auch immer, hat Françoise einen Punkt erreicht, an dem sie selbst aktiv werden möchte: »Innerlich bewege ich mich die ganze Zeit. Menschen, die sich in ihrer Gewissheit eingerichtet haben, nein! [...] Alles, was neutral ist, kalt, bringt mich um.«[17] Es ist an der Zeit, ihre bisher nur behauptete linke Haltung mit konkreten Handlungen zum Ausdruck zu bringen. Ein Thema, das sich geradezu aufdrängt, ist der Algerienkrieg. Seit 1954 tut Frankreich alles in seiner Macht Stehende, um die Unabhängigkeitsbestrebungen seiner Kolonie niederzuschlagen. Der Konflikt ist blutig und brutal, hat die französische Bevölkerung aber dennoch lange seltsam unberührt gelassen. Es gab schließlich keinen greifbaren Gegner, keine großen Schlachten oder eine feindliche Armee. Es fühlte sich einfach nicht an wie Krieg.[18] Über die Jahre ist aus dem Konflikt aber eben doch ein richtiger Krieg geworden, einer, der die französische Bevölkerung unmittelbar betrifft. Junge Franzosen werden übers Mittelmeer geschickt, um für eine Sache zu kämpfen, von der viele französische Bürger*innen sich zunehmend fragen, ob sie es wirklich wert ist. Wäre es nicht besser, Algerien in die Unabhängigkeit zu entlassen, damit endlich Frieden herrscht? Annie Ernaux beschreibt die ambivalente Stimmung:

»Man hatte sich längst daran gewöhnt, dass Algerien unabhängig werden würde, man akzeptierte die Legitimität der FLN, man kannte sogar die Namen ihrer Anführer, Ahmed Ben Bella und Ferhat Abbas. Der Wunsch nach Ruhe und Zufriedenheit traf mit dem Gerechtigkeitsgedanken zusammen, mit einer Entkolonialisierung, die zuvor unvorstellbar gewesen war. Trotzdem begegnete man ›den Nordafrikanern‹ immer noch mit Misstrauen, bestenfalls mit Gleichgültigkeit. Man ging ihnen aus dem Weg oder ignorierte sie, denn man hatte sich nie daran gewöhnen können, auf der Straße Menschen zu treffen, deren Brüder auf der anderen Seite des Mittelmeers Franzosen ermordet hatten. […] Man fand normal, dass die Einwanderer in Armenvierteln lebten, in Fabriken und im Straßenbau malochten, dass ihre Oktoberdemonstrationen erst verboten und dann blutig niedergeschlagen wurden […].«[19]

Die Angst vor einem Bürgerkrieg ist groß, alle Hoffnungen ruhen nun auf Charles de Gaulle. Der war 1958 von seinem Landsitz in Colombey-les-Deux-Églises, wo er sich dem Schreiben seiner umfangreichen Memoiren widmete, nach Paris geeilt, um sein Land aus der Krise zu führen. Es war die Gelegenheit, auf die der 67-Jährige gewartet hatte: Die Vierte Republik mitsamt ihren schwachen politischen Institutionen stand kurz vor dem Zusammenbruch, und wer hatte sowieso schon immer davor gewarnt? Genau. Aber auf de Gaulle wollte man damals ja nicht hören, und schon gar nicht wollte man die von ihm entworfene und komplett auf ihn zugeschnittene Verfassung einer möglichen Fünften Republik umsetzen. Also hatte de Gaulle Anfang der 1950er, etwas verschnupft, den Rückzug aus der Politik angetreten. Sollte Frankreich doch zusehen, wie es ohne ihn klarkäme! Doch in der Bevölkerung genoss er weiterhin eine hohe Zustimmung und Zutrauen, als Held zweier Weltkriege und Vater des modernen Nachkriegsfrankreichs in der Algerienkrise für Frieden zu sorgen. Er selbst hatte nach dem Militärputsch am 13. Mai 1958 in Algier großzügig bekannt gegeben, für ein politisches Amt zur Verfügung zu stehen, und wurde im Juni zum Ministerpräsidenten gewählt, mit weitreichenden Notstandsmachtbefugnissen für die nächsten sechs Monate. Im September wurde die neue Verfassung in einem Referendum angenommen, de Gaulle gewann die Parlamentswahlen im November und wurde zum ersten Staatspräsidenten der Fünften Republik gewählt. So schnell kann es gehen. Diese Republik ist nun endlich das, was de Gaulle schon seit Ende des Zweiten Weltkriegs für Frankreich wollte: ein präsidiales Staats- und Regierungssystem mit ihm an der Spitze. Sartre spricht von der »Verfassung der Verachtung« und kritisiert: »Der Wähler, der zwischen toter Republik und künftiger Monarchie verloren ist, muss ganz allein eine Entscheidung fällen; es gilt alles oder nichts, ›alles‹ bedeutet König Karl XI., und ›nichts‹ bedeutet die Rückkehr zur Vierten Republik, was niemand will.«[20]

De Gaulle weiß, dass die *Algérie française* nicht zu halten ist. Gegenüber einem Journalisten des *Écho d'Oran* bekundet er: »Papas Algerien ist tot, und wer dies nicht begreift, wird mit ihm sterben.«[21] Trotzdem enthält keines der von de Gaulle präsentierten Lösungsszenarien das, was viele Algerier*innen sich wünschen: die völlige Unabhängigkeit ihres Landes. Die algerische Nationale Befreiungsfront (Front de Libération Nationale, FLN) konzentriert derweil ihre Bestrebungen zunehmend auf Intellektuelle, mit dem Ziel, diese von dem Anliegen der algerischen Unabhängigkeit zu überzeugen.

Françoise muss nicht überzeugt werden, sie ist es bereits. Im Frühling 1960 trifft sie sich mit dem *Les Temps Modernes*-Mitarbeiter und politischen Aktivisten Francis Jeanson, der sich für die algerische Unabhängigkeit einsetzt und ein eigenes Netzwerk gegründet hat, um die FLN materiell und finanziell zu unterstützen.[22] Francis Jeanson sagt über Françoise: »Sie war vollkommen eingenommen von den Ideen, die ich vertrat.«[23] Wenn es eine Sache gibt, für die Françoise immer bereit ist zu kämpfen, dann ist das die Freiheit – ihre eigene, aber auch die anderer: »Ich wäre bereit, mein Leben für die zu riskieren, die ich liebe, und gegen egal welche organisierte Ungerechtigkeit.«[24]

*

Schon bald bietet sich für Françoise die Gelegenheit, ihre Haltung in die Öffentlichkeit zu tragen. Im Juni kontaktiert die Anwältin Gisèle Halimi Philippe Grumbach, Chefredakteur von *L'Express*: Halimi vertritt die 22-jährige Djamila Boupacha, eine Agentin der FLN, die im Februar in Algier festgenommen und angeklagt wurde, mehrere Attentate auf Französ*innen begangen zu haben. In der Haft wurde die junge Algerierin von französischen Soldaten gefoltert und vergewaltigt – so lange, bis sie das, was man ihr vorwarf, gestand. Halimi kämpft nun dafür, dass ihre Klientin Klage einreichen kann und eine Untersuchung eingeleitet wird. Um dem Fall mehr Aufmerksamkeit zu verschaffen, ist sie auf der Suche nach prominenten Fürsprecher*innen. Eine der ersten, die ihre Unterstützung zusagten, war Simone de Beauvoir, die in *Le Monde* einen aufrüttelnden Artikel veröffentlichte – einen Tag später wurde die Ausgabe beschlagnahmt. Die US-amerikanische Frankreich-Korrespondentin Janet Flanner kommentiert:

>»Zu den Schandflecken, unter denen das französische Sozialgefüge die fünfeinhalb Jahre dieses seltsamen Krieges hindurch gelitten hat, gehören die Folterungen, die dem Vernehmen nach Teile der französischen Streitkräfte in Algerien sowohl an französischen wie an eingeborenen Anhängern der Aufstandsbewegung vorgenommen haben. Es gehört auch dazu, dass man der französischen Öffentlichkeit hierüber mit Gewalt die Augen hat öffnen müssen und dass angesehene französische Zeitungen, die über derart erschütternde Dinge sorgfältige authentische Berichte brachten, wohl letztlich auf militärische Veranlassung hin beschlagnahmt wurden. Diese Praktiken stellen eine doppelte Verletzung der Demokratie in der fünften Republik dar – erstens durch die schimpfliche und furcht-

bare Menschenmisshandlung und zweitens durch die Vergewaltigung der Pressefreiheit.«[25]

Philippe Grumbach will nun von Françoise wissen, ob sie bereit wäre, ebenfalls etwas über den Fall Boupacha zu schreiben. Die überlegt nicht lange. In ihrem Text führt sie zunächst die Fakten an und reflektiert dann kritisch ihre eigene Bequemlichkeit: »Ich dachte nicht, dass es Grenzen für die allgemeine Gleichgültigkeit gegenüber bestimmten Themen gibt – und besonders für meine.«[26] Indirekt kritisiert sie auch Charles de Gaulle, einen Mann, den Françoise selbst durchaus schätzt und dem sie, die offen zugibt, noch nie gewählt zu haben, bei der Wahl 1965 ihre Stimme geben wird.[27] Er sei ihr eben, so Françoise, als einziger Kandidat erschienen, der eine »linke Politik« vertrat.[28] Das mag paradox klingen, tatsächlich aber ist der Kriegsheld de Gaulle für viele Französ*innen eine integrierende, fast schon überparteiliche Figur, deren Nimbus des Landesvaters alles andere überstrahlt. Und: Françoises Generation erlebt ihn schon zum zweiten Mal als Retter, als jemanden, der bereit ist, die Verantwortung für sein Land zu schultern und zu tun, was getan werden muss. Er ist nicht nur ein Politiker, sondern ein Symbol. Er steht für Erfahrung und Stabilität, bei ihm weiß man, was man bekommt – und das ist nach den Wirren der Vierten Republik mit ihren ständig wechselnden Regierungen und der zementierten Opposition zwischen Links und Rechts viel wert.

Doch trotz aller Sympathien für de Gaulle: 1960 findet Françoise, dass er endlich aktiv werden und Algerien in die Unabhängigkeit entlassen muss. Sie erhält viele Reaktionen auf ihren Artikel, Briefe, in denen sie wahlweise gelobt oder beleidigt wird. Die französische Gesellschaft ist in der Algerien-Frage tief gespalten, die Stimmung aufgeheizt. Nationalist*innen, die darauf beharren, dass Algerien zu Frankreich gehört, und vermeintliche »Vaterlandsverräter*innen«, die sich für die algerische Unabhängigkeit einsetzen, stehen sich unversöhnlich gegenüber. Albert Camus, der in Algerien als Sohn französischer Siedler*innen (sogenannter *pieds noids*) geboren wurde, glaubt nicht an die algerische Unabhängigkeit und plädiert für einen dritten Weg zwischen Kolonialismus und militantem Nationalismus – was ihm die Verachtung sowohl der FLN-Kämpfer*innen als auch der ultrarechten Kolonialist*innen einbringt.[29] Es gilt, eine eindeutige Position zu vertreten. Nuancierte Haltungen und Äußerungen haben es schwer.

*

Am 6. September 1960 erscheint in der Zeitschrift *Vérité-Liberté* ein Manifest mit dem Titel *Déclaration sur le droit à l'insoumission dans la guerre d'Algérie* (Deklaration über das Recht zur Dienstpflichtverweigerung im Algerienkrieg). Ziel des Manifests – später bekannt als *Manifest der 121* – ist es, die Haltung Frankreichs gegenüber der algerischen Unabhängigkeitsbewegung zu kritisieren und die Bevölkerung über die Ziele dieser Bewegung aufzuklären. Zu den Erstunterzeichner*innen gehören Sartre, der surrealistische Dichter André Breton und der Philosoph Maurice Blanchot. Nach und nach kommen weitere Unterschriften hinzu, darunter auch die von Florence Malraux und ihrem zukünftigen Ehemann, dem Regisseur Alain Resnais (dessen erster Spielfilm *Hiroshima mon amour* ein Jahr zuvor Kritik und Publikum begeistert hat). Dass seine Tochter das Manifest unterschrieben hat, löst bei André Malraux einen Tobsuchtsanfall aus.[30] Seit 1959 bekleidet er unter de Gaulle das Amt des Ministers für kulturelle Angelegenheiten, Florence' Unterschrift empfindet er als einen Angriff auf sich und auf die von ihm vertretene Politik, als persönlichen Verrat. Wie de Gaulle befürwortet Malraux eine Lösung, bei der Algerien teilselbstständig wird, mit politischer Anbindung an Frankreich – und keine vollständige Unabhängigkeit. Florence' Unterschrift führt zu einem Bruch mit ihrem Vater. Als die beiden sich 1961 auf der Beerdigung von Florence' Halbbrüdern zum ersten Mal seit Monaten wiedersehen, fragt Florence André Malraux, ob er böse über ihre Anwesenheit sei. Er murmelt: »Nein«, aber es wird Jahre dauern, bis er ihr vollkommen verziehen hat, dass er aus dem Radio erfahren musste, dass auch Florence, »Tochter des Ministers«, zu den Unterzeichner*innen des *Manifests der 121* gehörte.[31]

*

Françoise ist gerade erst von einem Trip nach Kuba zurückgekehrt, wo 1959 Revolutionär*innen unter Führung von Fidel und Raúl Castro, Camilo Cienfuegos und Ernesto »Che« Guevara den Diktator Fulgencio Batista gestürzt haben. Die Stimmung auf Kuba ist euphorisch, auf den Straßen Havannas wird Fidel Castro gefeiert, ertönen Parolen wie »Cuba si; Yankee no!«. Françoise ist allerdings nicht als Revolutionsschaulustige angereist, sondern in journalistischer Mission: Philippe Grumbach vom *L'Express* – offenbar beeindruckt von Françoises neuerwachtem politischem Engagement – hatte sie beauftragt, eine Reportage zu schreiben, und für die Fotos Jacques Quoirez verpflichtet. Bei ihrer Landung auf Kuba am 26. Juli, dem Jahrestag der Gründung von Castros *Bewegung des 26. Juli*, wurden die Geschwister mit den höchsten Ehren empfangen: Man spielte zur Begrüßung einen militärischen Marsch und fuhr sie im Cadillac zum Hotel. Françoise hörte zu, beobachtete und notierte. Ihr zweiteiliger Bericht mit dem Titel *Kuba, es ist nicht so ein-*

fach erschien im August. Es wäre ein Leichtes gewesen, sich der revolutionären Atmosphäre im Land hinzugeben und ein bewunderndes Porträt von Castro und Guevara zu zeichnen. Aber Françoise zeigt sich, bei aller Sympathie für die neugewonnene kubanische Freiheit, kritisch: »Ich persönlich bin mit den romantischsten und enthusiastischsten Vorstellungen aufgebrochen und mit einigen Vorbehalten zurückgekehrt.«[32] Castro, schreibt sie, habe sein Versprechen gebrochen, 1960 Wahlen durchführen zu lassen. Darüber hinaus habe er wichtige politische Posten mit seinen Männern besetzt und die Medien unter seine Kontrolle gebracht.[33] Françoise hat Sympathien für das Anliegen der Kubaner*innen, registriert aber trotzdem »die Abwesenheit gewisser Freiheiten […], die uns im Allgemeinen unabdingbar erscheinen«[34]. Sie traut Castro und seiner geschickt inszenierten Volksnähe nicht und bezweifelt, dass er sein Land wirtschaftlich wieder auf die Beine bekommen wird. Françoises Berichte aus Kuba zeigen, dass sie sehr wohl journalistisches Talent hat und sich nicht so einfach von einer revolutionären Fassade beeindrucken lässt. Sie sieht genau hin, sie fragt nach und bildet sich ihre eigene Meinung. Zwischen ihren locker-flockigen Texten aus Italien für die *Elle* und dieser politischen Reportage liegen Meilen. Françoise hat dazugelernt.

*

Die Reise nach Kuba hat Françoise sehr angestrengt – sie ist die kubanische Hitze nicht gewohnt –, weshalb sie sich nun auf entspannte Tage mit Bernard und anderen Freund*innen in Équemauville freut. Doch Entspannung wird ihr nicht vergönnt, denn Françoise hat es Florence gleichgetan und das *Manifest der 121* unterschrieben. Ihre Eltern sind entsetzt. Marie und Pierre Quoirez mögen eine Vorliebe für frivole Feste haben und bohemienhafte Verhaltensweisen an den Tag legen, ihre politischen Ansichten sind dennoch konservativ: Algerien gehört zu Frankreich, so ist das nun mal.[35] René Julliard, der Françoise geraten hatte: »Mischen Sie sich da nicht ein«, ist ebenfalls wenig angetan von ihrem politischen Aktionismus. Dabei scheut er sich eigentlich nicht, Bücher mit subversivem Inhalt zu veröffentlichen, und ist ja außerdem Herausgeber von Sartres Zeitschrift *Les Temps Modernes*, die sich eindeutig gegen den Kolonialismus positioniert. Eine öffentliche Petition aber ist René Julliard offenbar zu heikel, vielleicht auch aus Sorge um seine Autorin. Tatsächlich sind diese Sorgen nicht unbegründet: Die Polizei taucht im Verlag auf – und eines Abends gegen 19 Uhr auch in Équemauville. Dort finden die beiden Kommissare nur Françoise vor. Bernard hat sich einen nachmittäglichen Casinobesuch gegönnt und ist noch nicht zurückgekehrt. Françoise sieht keine Dringlichkeit und Notwendigkeit, ihren Freund bei der Ausübung eines seiner (und ihrer) liebsten Hobbys zu stören. Doch die Polizei macht deutlich, dass sie Bernard auf jeden Fall befragen und zu diesem Zweck am nächsten Morgen um fünf Uhr wiederkommen werde, bevor es dann zurück nach Paris geht, um den Vorgesetzten Bericht zu erstatten. Françoise kann sich nur allzu gut vorstellen, in welchem Zustand Bernard sich um fünf Uhr morgens befinden wird, nach einer alkoholseligen Nacht im Casino. Sie handelt schnell: Im Casino teilt man Bernard diskret mit, dass Madame Sagan ihn im *Manoir du Breuil* erwarte. Im Taxi fragt er sich, worum es wohl geht, und vermutet: Entweder ist jemand gestorben oder die Polizei will mit uns sprechen. Es ist, natürlich, letzteres. Eine Freundin wartet bereits vor dem Haus auf ihn, um ihn vorzuwarnen. Dem Rest der Freund*innen hat sie erzählt, Françoise und Bernard würden sich mit sehr wichtigen Filmproduzenten unterhalten und dürften nicht gestört werden – vermutlich aus Angst, jemand könnte etwas Falsches sagen oder mit der Polizei aneinandergeraten. Françoise und die beiden Polizisten haben es sich derweil im Wohnzimmer gemütlich gemacht, vor sich Gläser mit Whisky. Bernard weiß, dass er eine größenwahnsinnige Ader hat und die reale Chance besteht, dass er den Polizisten mit erhobener Stimme verkünden wird, er allein habe das Manifest verfasst. Obwohl er es schafft, Stillschweigen zu bewahren, ist klar, wen die Beamten als Bösewicht auserkoren haben: »Auf der einen Seite war da eine charmante Person, berühmt, höflich, ganz sicher meilenweit davon entfernt, mit diesen üblen Algeriengeschichten etwas zu tun zu haben […], und auf der anderen Seite ein kaum französischer Rüpel – es war klar, woher das ganze Übel kam.«[36] Die Polizei will wissen, wer das Manifest verfasst, wer es Françoise und Bernard zugeschickt hat. Bernard findet die – zugegeben eher wohlwollende – Befragung ziemlich lächerlich, schließlich stehen die Namen der Unterzeichner*innen für alle sichtbar unter dem Manifest. Wer unterschrieben hat, hat das in dem Wissen und mit der Absicht getan, dass sein Name öffentlich wird. Aber der Polizei geht es darum, die Strippenzieher*innen zu finden. Während Françoise höflich auf die Fragen der Polizisten antwortet, lässt Bernard diese genau spüren, wie absolut blödsinnig er die Befragung findet. Er gefällt sich in der Pose des Revoluzzers, angetrieben durch gerechten Zorn. Am Ende siegt Françoises Charme: Sie und Bernard müssen nur schriftlich bestätigen, dass sie hinter dem stehen, was in dem Manifest gefordert wird. Das war's. Die Polizei zieht ab, und Françoise schenkt sich ein großes Glas Whisky ein. »Du bist doch verrückt«, sagt sie zu Bernard, »du vergisst, dass sich in allen Etagen dieses Hauses, in allen Zimmern, die vollständige Kollektion der FLN-Zeitungen findet, die du selbstverständlich nie gelesen hast. Denk an die herumliegenden Briefe, an all die Manifeste, an die Hefte voller Adressen. Sie hätten nicht mal herumblättern müssen. Du hast zu viele Ritterromane gelesen.«[37] Peinlich berührt muss Bernard feststellen, dass er für den Widerstand so gar nicht geeignet ist – Françoise hingegen schon.[38] Wer hätte das gedacht.

Als Françoise eines Tages in Honfleur Einkäufe macht, wird sie beschimpft. Eine Frau erklärt ihr: »Mein Sohn ist in Algerien, Sie wollen seinen Tod.« Sich öffentlich für die algerische Unabhängigkeit zu engagieren, provoziert nicht nur heftige Reaktionen, es kann auch verdammt gefährlich sein: Die Organisation de l'armée secrète (Organisation der geheimen Armee, OAS), eine französische Untergrundbewegung, die gegen die Unabhängigkeit Algeriens kämpft, verübt mehrere Bombenanschläge, unter anderem auf Jean-Paul Sartre und François Mitterrand, vor allem aber auf muslimische Algerier*innen. 1961 explodiert in Paris vor der Wohnung von Marie und Pierre Quoirez auf dem Boulevard Malesherbes eine Plastikbombe – Pierre Quoirez hatte die Tür weniger als eine halbe Stunde zuvor passiert.[39]

Im Oktober 1960 besucht der *Spiegel* die »Manifestantin«[40] Françoise Sagan in ihrer Pariser Wohnung, um mit ihr über ihr politisches Engagement zu sprechen. Danach gefragt, warum sie das Manifest unterzeichnet habe, antwortet Françoise, sie habe »die Überzeugung, dass der algerische Krieg ein Krieg ist, den man nur verlieren kann, […] und dann bin ich außerdem gegen den Kolonialismus«[41]. Das restliche Interview über versucht sie vor allem, sich gegen die Versuche des *Spiegel*-Journalisten zu wehren, aus ihr die »Stimme einer Generation« zu machen. Ein anstrengendes Unterfangen:

»SPIEGEL: Sie sprechen doch auch im Namen der französischen Jugend?

SAGAN: Nein, ich spreche keineswegs im Namen irgendeiner Jugend, ich spreche einzig und allein in meinem Namen.

SPIEGEL: Sie meinen, der Standpunkt, den Sie einnehmen, ist nicht der, den die französische Jugend im allgemeinen einnimmt?

SAGAN: Ich weiß es nicht.

SPIEGEL: Aber Sie gehören doch einer französischen Jugend an, deren Lebenshaltung Sie zum Teil zum Ausdruck brachten.

SAGAN: Ich weiß es nicht; ich weiß es absolut nicht. Ich glaube, dass man stets im Unrecht ist, wenn man die Schriftsteller einer Generationsformel anpasst. Das ist Gerede, denn jeder ist von jedem verschieden.«[42]

Das Generationenthema, das Françoise seit 1954 verfolgt, sie wird es auch jetzt nicht los. Zumal die Jugend mittlerweile erstmalig als soziologisches Phänomen entdeckt wurde. Seit die Zeitschrift *L'Express* 1957 in einer Umfrage untersucht hat, was genau junge Menschen im Frankreich der 1950er bewegt, spricht man von einer *Nouvelle Vague*, in Anlehnung an den Titel des Artikels: *La nouvelle vague arrive* (Die neue Welle kommt).[43] Janet Flanner fasst zusammen: »Darunter versteht man alle jungen Franzosen, die die alten Methoden und Vorstellungen leid sind und sich bemühen, eigene, neue Auffassungen durchzusetzen.«[44] Und wer gilt selbstverständlich als eine der berühmtesten Repräsentant*innen dieser »neuen Welle«? Natürlich Françoise. Im Rahmen eines Regierungsberichts über die Jugend beantwortet sie 1960 einen Fragebogen des Meinungs- und Marktforschungsinstituts IFOP. Auf die Frage, ob sie fände, eher Glück oder eher Pech zu haben, in dieser Zeit zu leben, antwortet Françoise: »Glück. Mitreißende Zeit.«[45]

EIN JAHRZEHNT GEHT zu Ende, ein neues beginnt. Françoise Sagan, geborene Quoirez, ist fünfundzwanzig Jahre alt, ein Vierteljahrhundert, und hat in diesem mehr erlebt als andere in ihrem ganzen Leben. Sie stellt fest: »Es war eine äußerst bewegte Zeit, und manchmal unterhaltsam [...]. Ich habe dabei viele Dinge gelernt, die ich nicht wusste. Über die anderen und über mich selbst.«[46] Sie ist nicht mehr die 18-Jährige, die mit ihrem aufsehenerregenden Debütroman in die Öffentlichkeit platzte, sondern eine etablierte Autorin, die sich ein treues Publikum erschrieben hat – und die trotzdem mit jedem neuen Buch um die Anerkennung des Feuilletons kämpft. Ein Feuilleton, das sie, im Großen und Ganzen, in die Schublade »Stars und Sternchen« gesteckt hat. Ihr Leben wird immer interessanter, spannender sein als alles, was sie schreibt.

Françoise wird ein zweites Mal heiraten, diesmal einen jungen bisexuellen Amerikaner, Robert Westhoff, und mit ihm ein Kind bekommen, Denis Westhoff. Sie wird sich ein zweites Mal scheiden lassen, aber mit ihrem Ex-Mann gut befreundet bleiben. Sie wird glücklich sein in ihrer Rolle als Mutter, wird ihren Sohn verwöhnen und ihn mit Liebe überschütten. Sie wird weitere Bücher veröffentlichen, im Schnitt alle zwei Jahre, Bücher mit poetischen Titeln wie *Ein bisschen Sonne im kalten Wasser* oder *Ein verlorenes Profil*. Sie wird sich die üblichen Vorwürfe des Feuilletons anhören, dass sie zu schnell und zu viel schreibe, dass ihre Figuren sich in bourgeoisen Interieurs nur mit sich selbst beschäftigten. Sie wird weitere Theaterstücke schreiben, keines davon so erfolgreich wie *Ein Schloss in Schweden*. Sie wird ihr Vermögen für Drogen und Glücksspiel ausgeben und chronische Geldprobleme haben. Sie wird ihre Erinnerungen veröffentlichen, vor allem deshalb, weil sie Geld braucht. Sie wird ihren guten Freund François Mitterrand auf einer Reise nach Bogotá begleiten, dort zusammenbrechen und ins Koma fallen, offiziell wegen der Höhenkrankheit – inoffiziell wegen einer Überdosis Kokain. Sie wird wegen Verstößen gegen das Betäubungsmittelgesetz zweimal zu Haftstrafen auf Bewährung verurteilt werden, einer Gefängnisstrafe aber entgehen. Sie wird sich in einen bizarren Finanzskandal verwickeln lassen und wegen Steuerhinterziehung erneut zu einem Jahr auf Bewährung verurteilt werden. Sie wird ihr geliebtes Haus in Équemauville, ihren einzigen Grundbesitz, an den Staat verlieren. Sie wird ihre letzten Lebensjahre in der Wohnung ihrer Lebensgefährtin Ingrid Mechoulam, einer Millionärsgattin, verbringen und sich von ihr aushalten lassen. Sie wird, abgemagert, krank und verarmt, am 24. September 2004 mit neunundsechzig Jahren sterben und ihrem Sohn Denis Schulden in Höhe von 1,5 Millionen Euro hinterlassen.

*

Über sich selbst sagt Françoise: »Ich bin mir nicht sicher, ob ich einen Einfluss auf den Wandel der Gesellschaft haben kann. Um beispielsweise auf Sartre zurückzukommen: Er besitzt ein Arbeits- und Intelligenzpotenzial, welches es ihm erlaubt hat, Romane zu schreiben und am Geschehen teilzuhaben. Ich nicht.«[47] Das ist, typisch Françoise, sehr bescheiden, vielleicht zu bescheiden. In Wahrheit hat sie sehr wohl Einfluss auf die französische Gesellschaft gehabt, sogar bedeutsamen. Sie war ihrer Zeit weit voraus, pflasterte sich als junge Frau den Weg, auf dem sie gehen möchte – oder eher: die Straße, auf der sie dahinrauschen wollte –, selbst.

Françoise hat schon in den 1950ern so gelebt, gedacht und geliebt, wie es erst durch die 68er-Generation gesellschaftlich akzeptabel (oder akzeptabler) wurde. Und sie hat sich durchaus gefragt, ob in dieser schönen neuen Welt noch Platz ist für eine Françoise Sagan und ihr Romanuniversum:[48] Was hatte sie, die sie im Mai 1968 ja auch erst Anfang dreißig war (das Alter, in dem die Jugend vorbei ist, wie sie in einem Interview erklärte[49]), mit dieser Generation junger Menschen gemeinsam, die die Gesellschaft radikal umgestalten will? Eine Generation, die ganz andere Idole hat als eine Schriftstellerin mit einer Vorliebe für teure Autos, die fröhlich verkündet: »Es gibt einen Sozialismus, den ich hasse, denjenigen der, vollkommen jämmerlich, darauf besteht, dass niemand einen Rolls fährt. Das ist meiner Meinung nach sehr viel unwichtiger als zu wollen, dass jeder einen 2 CV fahren kann.«[50] Und obwohl Françoise mit Cécile in *Bonjour Tristesse* eine Heldin erschaffen hat, die sexuell befreit und abenteuerlustig ist, taugen sie und ihre Bücher ansonsten kaum als Vorbilder der sexuellen Revolution. Denn Sexualität ist nichts, worüber Françoise sprechen oder schreiben möchte. Explizite Sexszenen sind ihr ein Graus – erstaunlich angesichts der Tatsache, dass Françoise laut *Spiegel* doch angeblich eine »Vertreterin der zeitgenössischen französischen Erotinnen-Literatur«[51] ist. Tatsächlich setzt sie, wenn es um Geschlechtsverkehr geht, lieber auf Andeutungen und Umschreibungen. Zu viele Details, findet Françoise, langweilen und töten die Fantasie.[52] Liebe macht man – aber man muss sie nicht überall und ständig zeigen.[53]

Françoise Sagan ist keine Rebellin gewesen, aber doch jemand, der unnachahmlich nonchalant die Konventionen ihrer Zeit und ihrer bürgerlichen Herkunft so weit ausdehnte wie möglich. Und warum? Weil sie frei sein wollte: »Meine Freiheit ist immer meine wahre Leidenschaft gewesen, eine im

Übrigen kindliche Leidenschaft.«[54] Dabei hatte sie keine politische Agenda, hatte niemals vor, ein Idol für irgendwen zu sein. Geworden ist sie es trotzdem: ein Idol.

EPILOG

PARIS 1968

Es ist eng. Dicht an dicht sitzen sie auf dem Boden, kaum Platz, um mal kurz die Beine auszustrecken. Ein Klangteppich aus geflüsterten Diskussionen, Zwischenrufen, Beifall. Wer über das Megafon oder das Mikro verfügt, hat die Macht, wird gehört, erhebt sich über die Stimmen von hunderten Studierenden. Seit Tagen besetzen sie jetzt schon das französische Staatstheater Odéon, seit sie es am 15. Mai erobert haben. Genauer: Seit der Direktor Jean-Louis Barrault es ihnen überlassen hat. Ein Zeichen der Solidarität, das ihm von Seiten des Ministers für kulturelle Angelegenheiten, André Malraux, die Kündigung einbrachte. In einer Ansprache an die Demonstrant*innen sagte Barrault: »Auf die Gefahr hin, einige Menschen zu enttäuschen, verkünde ich Ihnen, dass ich nicht mehr Direktor dieses Theaters bin. Ich bin nur noch ein Schauspieler wie die anderen. Barrault ist tot.«[1] Donnernder Applaus. Seitdem ist das Odéon kein Theater mehr, sondern ein Versammlungsraum für diejenigen, die die Revolution wollen. Die gegen die Schließung der Universität Nanterre protestieren, mit der Anfang Mai alles losging, und gegen die Schließung der nahegelegenen Sorbonne. Gegen die Inhaftierung von Student*innen. Gegen den Kapitalismus. Gegen de Gaulle. Und für eine gerechtere Gesellschaft, klassenfrei, waffenlos, sozialistisch, solidarisch.

Es ist Mai 1968 und alles scheint möglich. Dass die Fantasie an die Macht kommt und unter dem Straßenpflaster der Strand liegt. Im Quartier Latin, rund um das Odéon, tobt der Kampf um eine neue Gesellschaftsordnung, werden Barrikaden errichtet, brennen Autos, fliegen Pflastersteine, schwirren Tränengas-Granaten. Held der Träumer*innen, der Revolutionär*innen ist ein 23-jähriger deutsch-französischer Student, der in Nanterre für Soziologie eingeschrieben ist. »Dany le rouge« wird er genannt, wegen seiner roten Haare. Dieser Dany, geborener Daniel Cohn-Bendit, gibt die Parole aus: »Umsturz des Regimes.« Und bekommt dafür Lob vom großen Sartre: »Sie haben viel mehr Ideen, als Ihre Väter hatten. Wir, die Älteren, sind auf solche Weise geformt worden, dass wir eine Vorstellung davon hatten, was möglich sei und was nicht.«[2]

Das Odéon ist nur einer von mehreren Orten in Paris, an denen die neue Gesellschaftsordnung diskutiert wird. An denen man sich sicher ist, dass die Zukunft anders und besser sein kann. Sein wird. An denen junge Menschen sich von ihrer Elterngeneration emanzipieren. Einer von mehreren Orten, ja, aber ganz sicher der beeindruckendste. Da ist die hohe Kuppel, das Deckengemälde, die Bühne, da sind die Logen, die Säulen. Und da ist vor allem die Geschichte: Schon in der Vergangenheit war das Theater Ort revolutionären Geschehens. Während der Französischen Revolution, während der Julirevolution 1830. Und eben jetzt, während des Mai 1968. Immer wieder gesellen sich Neugierige zu den Studierenden im Theater – sympathisierende Künstler*innen und Schriftsteller*innen, Wissenschaftler*innen und Menschen, die einfach mal gucken wollen, was so los ist.

Auch eine junge Frau mit großen braunen Augen und blonder Kurzhaarfrisur ist unter ihnen. Sie hat ihren Spaziergang unterbrochen und sich von der Menge in das Theater spülen lassen. Sie will sie sich aus der Nähe ansehen, die sogenannte Revolution. Eine Zigarette in der Hand lässt sie ihren Blick über die Menge schweifen, hört demjenigen zu, der gerade das

Megafon in der Hand hält. Was für eine Atmosphäre, was für eine Stimmung! Sie nimmt einen Zug von ihrer Zigarette. Einige der Anwesenden haben sie erkannt. Sie stecken die Köpfe zusammen und tuscheln, starren sie unverhohlen an, versuchen, ihren Freund*innen ein Zeichen zu geben.

»Ist sie das?«

»Ich glaube schon!«

»Was will die hier?«

Schließlich wird die Besucherin auch von dem Mann entdeckt, der sich gerade im Besitz des Mikros befindet. »Madame Sagan ist natürlich im Ferrari gekommen, um die Revolte der Genossen Studenten zu verfolgen!« Alle Blicke sind jetzt auf die Besucherin gerichtet, Hälse werden gereckt, es gibt ein Gewirr von Ausrufen. Das Mikro wandert durch die Menge, es braucht mehrere Minuten, bis es an seinem Ziel ankommt. Bis Françoise Sagan mit ernster Stimme verkündet: »Stimmt nicht, Genosse, es ist ein Maserati.«[3] Und hat damit, wie immer, wieder alle Lacher auf ihrer Seite.

DANK

Hinter jedem Buch steht nicht nur ein*e Autor*in, sondern auch viele Menschen, die zur Veröffentlichung beigetragen haben.

Meine großartige Familie, insbesondere meine Schwester Johanna. Meine Oma ist mehr oder weniger so alt, wie Françoise Sagan jetzt wäre, würde sie noch leben. Sie und mein Opa haben die Zeit, über die ich in diesem Buch schreibe, unmittelbar miterlebt. Deshalb ist dieses Buch ihnen gewidmet – und weil meine Oma neben mir wohl diejenige ist, die am meisten darüber staunt, dass irgendjemand meine Bücher lesen will.

Meine Freund*innen und Bekannten, die sich mit mir über Ideen und Themen dieses Buches ausgetauscht haben. Vor allem Pia und David.

Nora Boeckl, ohne die mal wieder gar nichts funktioniert hätte. Danke für deine Begeisterung und Geduld.

Lina Muzur, die mich (zusammen mit Karsten Kredel) so enthusiastisch in die Hanser-Familie aufgenommen hat und im Team mit Karoline Winter dieses Buch mit ihren klugen Anmerkungen so viel besser gemacht hat, als es einmal war.

Ein großer Dank auch an die Autor*innen, die sich vor mir mit Françoise Sagan beschäftigt haben und deren Bücher mir eine entscheidende Hilfe waren: Sophie Delassein, Jean-Claude Lamy, Marie-Dominique Lelièvre und Geneviève Moll.

ANMERKUNGEN

1 Françoise Sagan (2014): *Je ne renie rien. Entretiens 1954–1992*, Hachette/
   Le Livre de Poche, Vanves, S. 158. (Übersetzung: J. K.)

VORWORT

1 Vgl. Christina Tilmann (2019): *Das launische Entlein,* auf: tagesspiegel.de
   (letzter Abruf: 24.06.2020).
2 Françoise Sagan (2000): *Mein Blick zurück. Erinnerungen,* Econ/Ullstein,
   Berlin, S. 58.
3 Ebd.
4 Françoise Sagan (2014): *Je ne renie rien. Entretiens 1954–1992*, Hachette/
   Le Livre de Poche, Vanves, S. 13. (Übersetzung: J. K.)

PROLOG

1 Françoise Sagan: *Bonjour Tristesse,* 2017, Ullstein, Berlin, S. 60.
2 Ebd., S. 61.
3 Ebd.
4 Die hier beschriebene Szene ist zu großen Teilen meiner Fantasie ent-
   sprungen, aber das ihr zugrunde liegende Ereignis (Françoise Sagans
   Besuch in einer Pariser Buchhandlung, um ihr Buch *Bonjour Tristesse* zu
   kaufen) hat tatsächlich stattgefunden und findet sich u. a. in: Jean-Claude
   Lamy (2004): *Françoise Sagan. Une légende,* Mercure de France, Paris,
   S. 27.

TEIL I

1 Françoise Sagan (2014): *Je ne renie rien. Entretiens 1954–1992*, Hachette/
   Le Livre de Poche, Vanves, S. 155. (Übersetzung: J. K.)

2 Vgl. Françoise Sagan (2014): *Je ne renie rien. Entretiens 1954–1992,* Hachette/Le Livre de Poche, Vanves, S. 16.

3 Vgl. Sophie Delassein (2002): *Aimez-vous Sagan,* Fayard, Paris, S. 11 f.

4 Françoise Sagan (2014): *Je ne renie rien. Entretiens 1954–1992,* Hachette/Le Livre de Poche, Vanves, S. 17. (Übersetzung: J. K.)

5 Vgl. Jean-Claude Lamy (2004): *Françoise Sagan. Une légende,* Mercure de France, Paris, S. 63 f.

6 Françoise Sagan (2014): *Je ne renie rien. Entretiens 1954–1992,* Hachette/Le Livre de Poche, Vanves, S. 36. (Übersetzung: J. K.)

7 Vgl. ebd. (Übersetzung: J. K.)

8 Vgl. Denis Westhoff (2012): *Sagan et fils,* Stock, Paris, S. 152 f.

9 Vgl. Marie-Dominique Lelièvre (2008): *Sagan à toute allure,* Denoël, Paris, S. 113.

10 Vgl. Denis Westhoff (2012): *Sagan et fils,* Stock, Paris, S. 154.

11 Ebd., S. 150. (Übersetzung: J. K.)

12 Vgl. Marie-Dominique Lelièvre (2008): *Sagan à toute allure,* Denoël, Paris, S. 113.

13 Françoise Sagan (2014): *Je ne renie rien. Entretiens 1954–1992,* Hachette/Le Livre de Poche, Vanves, S. 37. (Übersetzung: J. K.)

14 Ebd., S. 237. (Übersetzung: J. K.)

15 Vgl. Françoise Sagan (1970): *Cajarc au ralenti,* in: Françoise Sagan (*2017*): *Chroniques 1954–2003,* Hachette/Le Livre de Poche, Vanves, S. 555 f.

16 Vgl. Sophie Delassein (2002): *Aimez-vous Sagan,* Fayard, Paris, S. 17. (Übersetzung: J. K.)

17 Vgl. Geneviève Moll (2005): *Madame Sagan,* Ramsay, Paris, S. 17 f.

18 Vgl. Jean-Claude Lamy (2004): *Françoise Sagan. Une légende,* Mercure de France, Paris, S. 50.

19 Vgl. Matthias Waechter (2019): *Geschichte Frankreichs im 20. Jahrhundert,* C. H. Beck, München, S. 222.

20 Johannes Willms (2019): *Der General. Charles de Gaulle und sein Jahrhundert,* C. H. Beck, München, S. 77 f.

21 Vgl. Matthias Waechter (2019): *Geschichte Frankreichs im 20. Jahrhundert,* C. H. Beck, München, S. 221 f.

22 Françoise Sagan (2014): *Je ne renie rien. Entretiens 1954–1992,* Hachette/Le Livre de Poche, Vanves, S. 20. (Übersetzung: J. K.)

23 Vgl. ebd., S. 236 f.

24 Vgl. Marie-Dominique Lelièvre (2008): *Sagan à toute allure,* Denoël, Paris, S. 117.

25 Vgl. Françoise Sagan (2014): *Je ne renie rien. Entretiens 1954–1992,* Hachette/Le Livre de Poche, Vanves, S. 23.

26 Ebd., S. 24. (Übersetzung: J. K.)

27 Benoîte Groult/Flora Groult (1991): *Tagebuch vierhändig,* Droemersche Verlagsanstalt, München, S. 14.

28 Vgl. Jean-Claude Lamy (2004): *Françoise Sagan. Une légende,* Mercure de France, Paris, S. 59 f.

29 Françoise Sagan (2014): *Je ne renie rien. Entretiens 1954–1992,* Hachette/Le Livre de Poche, Vanves, S. 21. (Übersetzung: J. K.)

30 Vgl. Matthias Waechter (2019): *Geschichte Frankreichs im 20. Jahrhundert,* C. H. Beck, München, S. 144.

31 Françoise Sagan (2014): *Je ne renie rien. Entretiens 1954–1992,* Hachette/Le Livre de Poche, Vanves, S. 24. (Übersetzung: J. K.)

32 Johannes Willms (2019): *Der General. Charles de Gaulle und sein Jahrhundert,* C. H. Beck, München, S. 270 f.

33 Vgl. ebd., S. 271.

34 Françoise Sagan (2014): *Je ne renie rien. Entretiens 1954–1992,* Hachette/Le Livre de Poche, Vanves, S. 25. (Übersetzung: J. K.)

35 Vgl. Matthias Waechter (2019): *Geschichte Frankreichs im 20. Jahrhundert,* C. H. Beck, München, S. 281 f.

36 Vgl. Klaus Harpprecht: *Eine Liebe in Zeiten des Krieges,* in: *Die Zeit,* Nr. 32, 30.07.2009.

37 Vgl. Françoise Sagan (2014): *Je ne renie rien. Entretiens 1954–1992,* Hachette/Le Livre de Poche, Vanves, S. 26.

38 Ebd. (Übersetzung: J. K.)

39 Vgl. ebd., S. 25.

40 Françoise Sagan (1973): *Blaue Flecken auf der Seele,* Ullstein, Berlin, S. 132.

41 Vgl. Alain Vircondelet (2002): *Sagan, un charmant petit monstre,* Flammarion, Paris, S. 31.

42 Françoise Sagan (1993): *… et toute ma sympathie,* Julliard, Paris, S. 46. (Übersetzung: J. K.)

43 Françoise Sagan (2014): *Je ne renie rien. Entretiens 1954–1992,* Hachette/Le Livre de Poche, Vanves, S. 18. (Übersetzung: J. K.)

44 Vgl. ebd., S. 234.

45 Vgl. Jean-Claude Lamy (2004): *Françoise Sagan. Une légende,* Mercure de France, Paris, S. 65. (Übersetzung: J. K.)

46 Vgl. Alain Vircondelet (2002): *Sagan, un charmant petit monstre,* Flammarion, Paris, S. 30.

47 Vgl. Jean-Claude Lamy (2004): *Françoise Sagan. Une légende,* Mercure de France, Paris, S. 65. (Übersetzung: J. K.)

48 Vgl. Alain Vircondelet (2002): *Sagan, un charmant petit monstre,* Flammarion, Paris, S. 30.

49 Vgl. Walter Benjamin (1991): *Das Passagen-Werk*. In: Rolf Tiedemann (Hrsg.): *Walter Benjamin. Gesammelte Schriften*, Band 5, Nr. 1. Suhrkamp, Frankfurt am Main, S. 530.

50 Vgl. Françoise Sagan (2014): *Je ne renie rien. Entretiens 1954–1992*, Hachette/Le Livre de Poche, Vanves, S. 27 f.

51 Vgl. Jean-Claude Lamy (2004): *Françoise Sagan. Une légende*, Mercure de France, Paris, S. 66.

52 Françoise Sagan (2014): *Je ne renie rien. Entretiens 1954–1992*, Hachette/Le Livre de Poche, Vanves, S. 29. (Übersetzung: J. K.)

53 Françoise Sagan (2000): *Mein Blick zurück. Erinnerungen*, Econ/Ullstein, Berlin, S. 56.

54 Françoise Sagan (2014): *Je ne renie rien. Entretiens 1954–1992*, Hachette/Le Livre de Poche, Vanves, S. 30. (Übersetzung: J. K.)

55 Françoise Sagan (1985): *Das Lächeln der Vergangenheit*, C. Bertelsmann, München, S. 160.

56 Ebd.

57 Ebd.

58 Vgl. Françoise Sagan (2014): *Je ne renie rien. Entretiens 1954–1992*, Hachette/Le Livre de Poche, Vanves, S. 144.

59 Ebd, S. 30. (Übersetzung: J. K.)

60 Vgl. Martine de Rabaudy (2019): *A l'absente*, Gallimard, Paris, S. 39.

61 Vgl. Marie-Dominique Lelièvre (2008): *Sagan à toute allure*, Denoël, Paris, S. 106. (Übersetzung: J. K.)

62 Vgl. ebd., S. 109 f. (Übersetzung: J. K.)

63 Vgl. Martine de Rabaudy (2019): *A l'absente*, Gallimard, Paris, S. 47. (Übersetzung: J. K.)

64 Vgl. Edgar Morin: »Florence Malraux fut un être de très haute qualité«, auf: Bibliobs.com (letzter Abruf: 22.06.2020).

65 Vgl. Martine de Rabaudy (2019): *A l'absente*, Gallimard, Paris, S. 45.

66 Vgl. Geneviève Moll (2005): *Madame Sagan*, Ramsay, Paris, S. 42. (Übersetzung: J. K.)

67 Vgl. Marie-Dominique Lelièvre (2008): *Sagan à toute allure*, Denoël, Paris, S. 20.

68 Vgl. Jean-Claude Lamy (2004): *Françoise Sagan. Une légende*, Mercure de France, Paris, S. 84.

69 Vgl. Françoise Sagan (2014): *Je ne renie rien. Entretiens 1954–1992*, Hachette/Le Livre de Poche, Vanves, S. 31.

70 Vgl. *Les chroniques météo de l'année 1952*, auf: meteo-paris.com (letzter Abruf: 22.06.2020).

71 Françoise Sagan (2000): *Mein Blick zurück. Erinnerungen*, Econ/Ullstein, Berlin, S. 10.

72 Françoise Sagan (2000): *Mein Blick zurück. Erinnerungen*, Econ/Ullstein, Berlin, S. 11.

73 Françoise Sagan (1993): *... et toute ma sympathie*, Julliard, Paris, S. 182. (Übersetzung: J. K.)

74 Françoise Sagan (1993): *... et toute ma sympathie*, Julliard, Paris, S. 184. (Übersetzung: J. K.)

75 Ebd., S. 185. (Übersetzung: J. K.)

76 Ebd., S. 187 f. (Übersetzung: J. K.)

77 Françoise Sagan (1993): *... et toute ma sympathie*, Julliard, Paris, S. 188. (Übersetzung: J. K.)

78 Françoise Sagan (2000): *Mein Blick zurück. Erinnerungen*, Econ/Ullstein, Berlin, S. 10.

79 Vgl. Jean-Claude Lamy (2004): *Françoise Sagan. Une légende*, Mercure de France, Paris, S. 67. (Übersetzung: J. K.)

80 Françoise Sagan (2014): *Je ne renie rien. Entretiens 1954–1992*, Hachette/Le Livre de Poche, Vanves, S. 31. (Übersetzung: J. K.)

81 Vgl. ebd., S. 31 f. (Übersetzung: J. K.)

82 Ebd., S. 19. (Übersetzung: J. K.)

83 Vgl. Jean-Claude Lamy (2004): *Françoise Sagan. Une légende*, Mercure de France, Paris, S. 76.

84 Françoise Sagan (2000): *Mein Blick zurück. Erinnerungen*, Econ/Ullstein, Berlin, S. 102 f.

85 Vgl. Jean-Claude Lamy (2004): *Françoise Sagan. Une légende*, Mercure de France, Paris, S. 68. (Übersetzung: J. K.)

86 Françoise Sagan (2014): *Je ne renie rien. Entretiens 1954–1992*, Hachette/Le Livre de Poche, Vanves, S. 138. (Übersetzung: J. K.)

87 Françoise Sagan (1970): *Paris la nuit*, in: Françoise Sagan (2017): *Chroniques 1954–2003*, Hachette/Le Livre de Poche, Vanves, S. 161. (Übersetzung: J. K.)

88 Annie Ernaux (2019): *Die Jahre*, Suhrkamp, Berlin, S. 63 f.

89 Françoise Sagan (2000): *Mein Blick zurück. Erinnerungen*, Econ/Ullstein, Berlin, S. 13.

90 Vgl. Sophie Delassein (2002): *Aimez-vous Sagan*, Fayard, Paris, S. 37.

91 Vgl. Jean-Claude Lamy (2004): *Françoise Sagan. Une légende*, Mercure de France, Paris, S. 69.

92 Vgl. Françoise Sagan (2014): *Je ne renie rien. Entretiens 1954–1992*, Hachette/Le Livre de Poche, Vanves, S. 10.

93 Marie-Dominique Lelièvre (2008): *Sagan à toute allure*, Denoël, Paris, S. 21. (Übersetzung: J. K.)

94 Françoise Sagan (1970): *Paris la nuit*, in: Françoise Sagan (2017): *Chroniques 1954–2003*, Hachette/Le Livre de Poche, Vanves, S. 160. (Übersetzung: J. K.)

95 Ebd., S. 166. (Übersetzung: J. K.)

96 Françoise Sagan (2014): *Je ne renie rien. Entretiens 1954–1992*, Hachette/Le Livre de Poche, Vanves, S. 166. (Übersetzung: J. K.)

97 Vgl. Françoise Sagan (2014): *Je ne renie rien. Entretiens 1954–1992*, Hachette/Le Livre de Poche, Vanves, S. 139.

98 Vgl. ebd., S. 29. (Übersetzung: J. K.)

99 Françoise Sagan (2000): *Mein Blick zurück. Erinnerungen*, Econ/Ullstein, Berlin, S. 168.

100 Vgl. Françoise Sagan (1985): *Das Lächeln der Vergangenheit*, C. Bertelsmann, München, S. 157.

101 Ebd., S. 158.

102 Ebd., 160 f.

103 Ebd., S. 163.

104 Ebd., S. 166.

105 Arthur Rimbaud (1997, 2010), *Sämtliche Dichtungen. Zweisprachige Ausgabe*, Deutscher Taschenbuch Verlag, München, S. 315.

106 Françoise Sagan (1985): *Das Lächeln der Vergangenheit*, C. Bertelsmann, München, S. 156.

107 Ebd., S. 170 f.

108 Vgl. Françoise Sagan (2014): *Je ne renie rien. Entretiens 1954–1992*, Hachette/Le Livre de Poche, Vanves, S. 75.

109 Jean-Paul Sartre (1965, 1973, 1986, 1994, 2000): *Zum Existentialismus. Eine Klarstellung*, in: *Der Existentialismus ist ein Humanismus und andere philosophische Essays 1943–1948*, Rowohlt, Reinbek bei Hamburg, S. 116.

110 Vgl. Jean-Claude Lamy (2004): *Françoise Sagan. Une légende*, Mercure de France, Paris, S. 55.

111 Françoise Sagan (2014): *Je ne renie rien. Entretiens 1954–1992*, Hachette/Le Livre de Poche, Vanves, S. 157. (Übersetzung: J. K.)

112 Françoise Sagan (1993): *… et toute ma sympathie*, Julliard, Paris, S. 15. (Übersetzung: J. K.)

113 Vgl. Sophie Delassein (2002): *Aimez-vous Sagan*, Fayard, Paris, S. 33 f.

114 Vgl. Françoise Sagan (2014): *Je ne renie rien. Entretiens 1954–1992*, Hachette/Le Livre de Poche, Vanves, S. 34.

115 Vgl. Sophie Delassein (2002): *Aimez-vous Sagan*, Fayard, Paris, S. 43. (Übersetzung: J. K.)

116 Françoise Sagan (2000): *Mein Blick zurück. Erinnerungen*, Econ/Ullstein, Berlin, S. 14.

117 Vgl. Françoise Sagan (2014): *Je ne renie rien. Entretiens 1954–1992*, Hachette/Le Livre de Poche, Vanves, S. 34.

118 Françoise Sagan (1966): *Chamade*, Ullstein, Berlin, S. 164.

119 Françoise Sagan (2014): *Je ne renie rien. Entretiens 1954–1992*, Hachette/ Le Livre de Poche, Vanves, S. 56. (Übersetzung: J. K.)

120 Vgl. ebd., S. 170.

121 Ebd., S. 59. (Übersetzung: J. K.)

122 Vgl. Jean-Claude Lamy (2004): *Françoise Sagan. Une légende*, Mercure de France, Paris, S. 76 f.

123 Vgl. Sophie Delassein (2002): *Aimez-vous Sagan*, Fayard, Paris, S. 22. (Übersetzung: J. K.)

124 Vgl. Jean-Claude Lamy (2004): *Françoise Sagan. Une légende*, Mercure de France, Paris, S. 77. (Übersetzung: J. K.)

125 Françoise Sagan (2000): *Mein Blick zurück. Erinnerungen*, Econ/Ullstein, Berlin, S. 19.

126 Vgl. Marie-Dominique Lelièvre (2008): *Sagan à toute allure*, Denoël, Paris, S. 29. (Übersetzung: J. K.)

127 Vgl. Jean-Claude Lamy (2004): *Françoise Sagan. Une légende*, Mercure de France, Paris, S. 77.

128 Ebd., S. 77 f. (Übersetzung: J. K.)

129 Ebd., S. 78. (Übersetzung: J. K.)

130 Ebd., S. 79. (Übersetzung: J. K.)

131 Ebd., S. 80. (Übersetzung: J. K.)

132 Ebd., S. 81. (Übersetzung: J. K.)

133 Vgl. Alain Vircondelet (2002): *Sagan, un charmant petit monstre*, Flammarion, Paris, S. 47.

134 Vgl. Jean-Claude Lamy (2004): *Françoise Sagan. Une légende*, Mercure de France, Paris, S. 76. (Übersetzung: J. K.)

135 Vgl. Claire Duchen (1994): *Women's rights and women's lives in France 1944–1968*, Routledge, London/New York, S. 2.

136 Vgl. ebd., S. 64.

137 Vgl. Anne Berest (2014): *Sagan 1954*, Stock, Paris, S. 70. (Übersetzung: J. K.)

138 Annie Ernaux (2019): *Die Jahre*, Suhrkamp, Berlin, S. 74 f.

139 Vgl. Sylvie Chaperon (2000): *Les années Beauvoir. 1945–1970*, Fayard, Paris, S. 103.

140 Françoise Sagan (2014): *Je ne renie rien. Entretiens 1954–1992*, Hachette/ Le Livre de Poche, Vanves, S. 108. (Übersetzung: J. K.)

141 Vgl. John Gaffney/Diana Holmes (2008): *Stardom in theory and context*, in: John Gaffney/ Diana Holmes (Hrsg.) (2008): *Stardom in Postwar France*, Berghahn Books, Oxford/New York, S. 18 f.

142 Vgl. Anne Berest (2014): *Sagan 1954*, Stock, Paris, S. 70.

143 Vgl. Françoise Sagan (2014): *Je ne renie rien. Entretiens 1954–1992*, Hachette/Le Livre de Poche, Vanves, S. 108.

144 Vgl. Sylvie Chaperon (2000): *Les années Beauvoir. 1945–1970*, Fayard, Paris, S. XI.

145 Vgl. Claire Duchen (1994): *Women's rights and women's lives in France 1944–1968*, Routledge, London/New York, S. 85. (Übersetzung: J. K.)

146 Vgl. Geneviève Moll (2005): *Madame Sagan*, Ramsay, Paris, S. 47.

147 Simone de Beauvoir (1951): *Das andere Geschlecht*, Rowohlt, Reinbek bei Hamburg, S. 334.

148 Ebd., S. 12.

149 Vgl. Colette Godard (1978): *La jeunesse, après trente ans, c'est fini*, in: Françoise Sagan (2017): *Chroniques 1954–2003*, Hachette/Le Livre de Poche, Vanves, S. 220. (Übersetzung: J. K.)

150 Vgl. Françoise Sagan (2014): *Je ne renie rien. Entretiens 1954–1992*, Hachette/Le Livre de Poche, Vanves, S. 98.

151 Ebd., S. 37. (Übersetzung: J. K.)

152 Vgl. Geneviève Moll (2005): *Madame Sagan*, Ramsay, Paris, S. 47 f.

153 Vgl. ebd., S. 244.

154 Vgl. Jean-Claude Lamy (2004): *Françoise Sagan. Une légende*, Mercure de France, Paris, S. 78. (Übersetzung: J. K.)

155 Vgl. Jean-Luc Delblat (1991): *Françoise Sagan (1935–2004). Entretien realisé à Paris le 30 mai 1991*, auf: delblat.free.fr (letzter Abruf: 02.06.2020).

156 Vgl. Françoise Sagan (2014): *Je ne renie rien. Entretiens 1954–1992*, Hachette/Le Livre de Poche, Vanves, S. 34.

157 Vgl. Sophie Delassein (2002): *Aimez-vous Sagan*, Fayard, Paris, S. 42.

158 Françoise Sagan (2017): *Bonjour Tristesse*, Ullstein, Berlin, S. 7.

159 Vgl. Jean-Claude Lamy (2004): *Françoise Sagan. Une légende*, Mercure de France, Paris, S. 95 f.

160 Vgl. Geneviève Moll (2005): *Madame Sagan*, Ramsay, Paris, S. 54.

161 Vgl. Jean-Claude Lamy (2004): *Françoise Sagan. Une légende*, Mercure de France, Paris, S. 98. (Übersetzung: J. K.)

162 Vgl. Marie-Dominique Lelièvre (2008): *Sagan à toute allure*, Denoël, Paris, S. 30. (Übersetzung: J. K.)

163 Jean-Claude Lamy (2004): *Françoise Sagan. Une légende*, Mercure de France, Paris, S. 92 f. (Übersetzung: J. K.)

164 Vgl. Deirdre Bair (1990): *Simone de Beauvoir. Eine Biographie*, Goldmann, München, S. 470.

165 Vgl. Jean-Claude Lamy (2004): *Françoise Sagan. Une légende*, Mercure de France, Paris, S. 93. (Übersetzung: J. K.)

166 Vgl. ebd., S. 15.

167 Vgl. Marie-Dominique Lelièvre (2008): *Sagan à toute allure*, Denoël, Paris, S. 31.

168 Vgl. ebd., S. 47.

169 Vgl. Heather Lloyd (2008): ›*Starlette de la littérature*‹: *Françoise Sagan*, in: John Gaffney/Diana Holmes (Hrsg.) (2008): *Stardom in Postwar France*, Berghahn Books, Oxford/New York, S. 182 f.

170 Vgl. Marie-Dominique Lelièvre (2008): *Sagan à toute allure*, Denoël, Paris, S. 32.

171 Vgl. Thierry Clermont: *Raymond Radiguet, jeune artilleur de l'esprit*, auf: lefigaro.fr (letzter Abruf: 02.06.2020).

172 Vgl. Marie-Dominique Lelièvre (2008): *Sagan à toute allure*, Denoël, Paris, S. 47.

173 Vgl. ebd., S. 33.

174 Vgl. Geneviève Moll (2005): *Madame Sagan*, Ramsay, Paris, S. 54.

175 Vgl. Anne Berest (2014): *Sagan 1954*, Stock, Paris, S. 29.

176 Vgl. Sophie Delassein (2002): *Aimez-vous Sagan*, Fayard, Paris, S. 45.

177 Vgl. Jean-Claude Lamy (2004): *Françoise Sagan. Une légende*, Mercure de France, Paris, S. 16 f.

178 Vgl. Anne Berest (2014): *Sagan 1954*, Stock, Paris, S. 46 f.

179 Vgl. Sophie Delassein (2002): *Aimez-vous Sagan*, Fayard, Paris, S. 48.

180 Vgl. Anne Berest (2014): *Sagan 1954*, Stock, Paris, S. 54.

181 Vgl. Matthias Waechter (2019): *Geschichte Frankreichs im 20. Jahrhundert*, C. H. Beck, München, S. 295.

182 Vgl. ebd., S. 298.

183 Vgl. Jean-Claude Lamy (2004): *Françoise Sagan. Une légende*, Mercure de France, Paris, S. 19 f. (Übersetzung: J. K.)

184 Vgl. ebd., S. 164.

185 Vgl. Marie-Dominique Lelièvre (2008): *Sagan à toute allure*, Denoël, Paris, S. 37. (Übersetzung: J. K.)

186 Vgl. Jean-Claude Lamy (2004): *Françoise Sagan. Une légende*, Mercure de France, Paris, S. 20 f.

187 Vgl. ebd., S. 24. (Übersetzung: J. K.)

188 Vgl. Denis Westhoff (2012): *Sagan et fils*, Stock, Paris, S. 155.

189 Vgl. Anne Berest (2014): *Sagan 1954*, Stock, Paris, S. 85 f.

190 Marcel Proust (k. A.): *Im Schatten der jungen Mädchen*, Die Schmiede, Berlin, S. 151 f. (Kindle-Ausgabe)

191 Marcel Proust (1930): *Die Herzogin von Guermantes. Teil I*, R. Piper & Co, München Position. 3. 3343. (Kindle-Ausgabe)

1 Françoise Sagan (2000): *Mein Blick zurück. Erinnerungen*, Econ/Ullstein, Berlin, S. 101.

2 Vgl. *Retour sur la vague de froid de l'hiver 1954*, auf: meteofrance.fr (letzter Abruf: 17.06.2020).

3 Vgl. Jean-Claude Lamy (2004): *Françoise Sagan. Une légende*, Mercure de France, Paris, S. 27.

4 Françoise Sagan (2000): *Mein Blick zurück. Erinnerungen*, Econ/Ullstein, Berlin, S. 19.

5 Ebd.

6 Vgl. Jean-Claude Lamy (2004): *Françoise Sagan. Une légende*, Mercure de France, Paris, S. 26 f.

7 Françoise Sagan (2017): *Bonjour Tristesse*, Ullstein, Berlin, S. 11.

8 Ebd., S. 42.

9 Ebd., S. 146 f.

10 Ebd., S. 30.

11 Barbara Bondy (1960): *Des Romans neue Kleider*, in: *Die Zeit*, Nr. 13/1960.

12 Vgl. Jean-Claude Lamy (2011): *Et Dieu créa les femmes. Brigitte, Françoise et les autres*, Albin Michel, Paris, S. 70. (Übersetzung: J. K.)

13 Vgl. Marie-Dominique Lelièvre (2008): *Sagan à toute allure*, Denoël, Paris, S. 52 f.

14 Vgl. Anne Berest (2014): *Sagan 1954*, Stock, Paris, S. 154 f.

15 Vgl. Jean-Claude Lamy (2004): *Françoise Sagan. Une légende*, Mercure de France, Paris, S. 31.

16 Vgl. ebd., S. 116 f.

17 Vgl. Jean-Claude Lamy (2004): *Françoise Sagan. Une légende*, Mercure de France, Paris, S. 30 f.

18 Vgl. Heather Lloyd (2008): ›*Starlette de la littérature*‹: *Françoise Sagan*, in: John Gaffney/Diana Holmes (Hrsg.) (2008): *Stardom in Postwar France*, Berghahn Books, Oxford/New York, S. 176.

19 Vgl. Jean-Claude Lamy (2004): *Françoise Sagan. Une légende*, Mercure de France, Paris, S. 117.

20 Vgl. Émile Henriot (1954): ›*Bonjour tristesse*‹, *de Françoise Sagan: un petit chef-d'œuvre de cynisme et de cruauté*, in: *Le Monde*, 26.05.1954. (Übersetzung: J.K.)

21 Vgl. N. N. (1958): *Guten Tag, Langeweile*, in: *Der Spiegel*, Nr. 13/1958.

22 Françoise Sagan (2017): *Bonjour Tristesse*, Ullstein, Berlin, S. 95.

23 Françoise Sagan (1985): *Das Lächeln der Vergangenheit*, C. Bertelsmann, München, S. 45 f.

24 Françoise Sagan (2017): *Bonjour Tristesse*, Ullstein, Berlin, S. 117.

25 Vgl. Pol Vandromme (2002): *Françoise Sagan ou l'élégance de survivre*, Éditions du Rocher, Paris, S. 60 f.

26 Vgl. Anne Berest (2014): *Sagan 1954*, Stock, Paris, S. 111.

27 Françoise Sagan (2014): *Je ne renie rien. Entretiens 1954–1992*, Hachette/ Le Livre de Poche, Vanves, S. 44. (Übersetzung: J. K.)

28 Vgl. Alain Vircondelet (2002): *Sagan, un charmant petit monstre*, Flammarion, Paris, S. 135 f.

29 Vgl. Sophie Delassein (2002): *Aimez-vous Sagan*, Fayard, Paris, S. 187. (Übersetzung: J. K.)

30 Françoise Sagan (2014): *Je ne renie rien. Entretiens 1954–1992*, Hachette/ Le Livre de Poche, Vanves, S. 167. (Übersetzung: J. K.)

31 Ebd., S. 40. (Übersetzung: J. K.)

32 Vgl. Sophie Delassein (2002): *Aimez-vous Sagan*, Fayard, Paris, S. 50 f.

33 Françoise Sagan (2000): *Mein Blick zurück. Erinnerungen*, Econ/Ullstein, Berlin, S. 17.

34 Ebd., S. 22.

35 Vgl. Jean-Claude Lamy (2004): *Françoise Sagan. Une légende*, Mercure de France, Paris, S. 306.

36 Vgl. *Françoise Sagan reçit un jeune journaliste du nom Desproges*, auf: dailymotion.com (letzter Abruf: 24.06.2020). (Übersetzung: J. K.)

37 Vgl. Marie-Dominique Lelièvre (2008): *Sagan à toute allure*, Denoël, Paris, S. 281.

38 Françoise Sagan (2014): *Je ne renie rien. Entretiens 1954–1992*, Hachette/ Le Livre de Poche, Vanves, S. 72. (Übersetzung: J. K.)

39 Vgl. Sophie Delassein (2002): *Aimez-vous Sagan*, Fayard, Paris, S. 236. (Übersetzung: J. K.)

40 Vgl. Françoise Sagan (2014): *Je ne renie rien. Entretiens 1954–1992*, Hachette/Le Livre de Poche, Vanves, S. 165.

41 Vgl. Geneviève Moll (2005): *Madame Sagan*, Ramsay, Paris, S. 65. (Übersetzung: J. K.)

42 Françoise Sagan (2014): *Je ne renie rien. Entretiens 1954–1992*, Hachette/ Le Livre de Poche, Vanves, S. 11. (Übersetzung: J. K.)

43 Ebd., S. 41. (Übersetzung: J. K.)

44 Ebd., S. 40. (Übersetzung: J. K.)

45 Vgl. ebd., S. 156.

46 Vgl. ebd., S. 41 f.

47 Françoise Sagan (2000): *Mein Blick zurück. Erinnerungen*, Econ/Ullstein, Berlin, S. 37.

48 Françoise Sagan (2014): *Je ne renie rien. Entretiens 1954–1992*, Hachette/ Le Livre de Poche, Vanves, S. 42. (Übersetzung: J. K.)

49 Françoise Sagan (1973): *Blaue Flecken auf der Seele*, Ullstein, Berlin, S. 64 f.

50 Ebd., S. 66.

51 Vgl. Françoise Sagan (2014): *Je ne renie rien. Entretiens 1954–1992*, Hachette/Le Livre de Poche, Vanves, S. 9 f.

52 Françoise Sagan (2000): *Mein Blick zurück. Erinnerungen*, Econ/Ullstein, Berlin, S. 46 f.

53 Ebd.

54 Bernard Frank (1953): *Grognards et hussards*, in: Bernard Frank (1996): *Mon siécle. Chroniques 1952–1960*, Julliard, Paris, S. 53. (Übersetzung: J. K.)

55 Ebd., S. 54. (Übersetzung: J. K.)

56 Françoise Sagan (2000): *Mein Blick zurück. Erinnerungen*, Econ/Ullstein, Berlin, S. 46 f.

57 Vgl. Jean-Claude Lamy (2004): *Françoise Sagan. Une légende*, Mercure de France, Paris, S. 131. (Übersetzung: J. K.)

58 Vgl. ebd., S. 25 f.

59 Vgl. ebd., S. 132.

60 Vgl. Marie-Dominique Lelièvre (2008): *Sagan à toute allure*, Denoël, Paris, S. 42.

61 Françoise Sagan (2000): *Mein Blick zurück. Erinnerungen*, Econ/Ullstein, Berlin, S. 46.

62 Vgl. Marie-Dominique Lelièvre (2008): *Sagan à toute allure*, Denoël, Paris, S. 43 f.

63 Vgl. Jean-Claude Lamy (2004): *Françoise Sagan. Une légende*, Mercure de France, Paris, S. 133.

64 Vgl. Denis Westhoff (2012): *Sagan et fils*, Stock, Paris, S. 36.

65 Vgl. Marie-Dominique Lelièvre (2008): *Sagan à toute allure*, Denoël, Paris, S. 41. (Übersetzung: J. K.)

66 Françoise Sagan (2000): *Mein Blick zurück. Erinnerungen*, Econ/Ullstein, Berlin, S. 46 f.

67 Ebd.

68 Françoise Sagan (2014): *Je ne renie rien. Entretiens 1954–1992*, Hachette/Le Livre de Poche, Vanves, S. 209. (Übersetzung: J. K.)

69 Vgl. Marie-Dominique Lelièvre (2008): *Sagan à toute allure*, Denoël, Paris, S. 44.

70 Vgl. Marie-Dominique Lelièvre (2008): *Sagan à toute allure*, Denoël, Paris, S. 44 f. (Übersetzung: J. K.)

71 Vgl. Sandrine Lévêque (2017): *Feminization in the professionalization of French journalism: From La Fronde to F Magazine, or how journalism*

became a ›woman's job‹, in: *Laboratorium: Russian Review of Social Research*, 9, 2, October 2017, S. 27.

72 Vgl. Sophie Delassein (2009): *Les dimanches de Louveciennes. Chez Hélène et Pierre Lazareff*, Grasset, Paris, S. 153.

73 Vgl. Françoise Giroud (1996): *Lehrreiche Lektionen*, Fischer, Frankfurt a. M., S. 100.

74 Ebd., S. 103 f.

75 Vgl. Sophie Delassein (2009): *Les dimanches de Louveciennes. Chez Hélène et Pierre Lazareff*, Grasset, Paris, S. 156 f.

76 Vgl. Sandrine Lévêque (2017): *Feminization in the professionalization of French journalism: From La Fronde to F Magazine, or how journalism became a 'woman's job'*, in: *Laboratorium: Russian Review of Social Research*, 9, 2, October 2017, S. 27 f.

77 Françoise Giroud (2016): *Ich bin eine freie Frau*, Paul Zsolnay, Wien, S. 131.

78 Vgl. Sandrine Lévêque (2017): *Feminization in the professionalization of French journalism: From La Fronde to F Magazine, or how journalism became a ›woman's job‹*, in: *Laboratorium: Russian Review of Social Research*, 9, 2, October 2017, S. 27 f.

79 Françoise Giroud (2016): *Ich bin eine freie Frau*, Paul Zsolnay, Wien, S. 126.

80 Vgl. Kate Nelson Best (2017): *The history of fashion journalism*, Bloomsbury Academic, London/New York, S. 124.

81 Vgl. Françoise Sagan (2008): *Bonjour Neapel*, in: *Bonjour New York. Aufwachen an den schönsten Orten der Welt*, SchirmerGraf, München, S. 28 f.

82 Françoise Sagan (2008): *Bonjour Capri*, in: *Bonjour New York. Aufwachen an den schönsten Orten der Welt*, SchirmerGraf, München, S. 42 f.

83 Françoise Sagan (2008): *Bonjour Venedig*, in: *Bonjour New York. Aufwachen an den schönsten Orten der Welt*, SchirmerGraf, München, S. 45.

84 Vgl. N. N. (1956): *Sie lauern am Kreuzweg*, in: *Der Spiegel*, Nr. 14/1956.

85 Vgl. Alain Vircondelet (2002): *Sagan, un charmant petit monstre*, Flammarion, Paris, S. 162 f.

86 Vgl. *Michel Magne ›le fantaisiste pop‹*, auf: catalogue.gazette-drouot.com (letzter Abruf: 17.06.2020).

87 Vgl. Sophie Delassein (2002): *Aimez-vous Sagan*, Fayard, Paris, S. 86. (Übersetzung: J. K.)

88 Vgl. Marie-Dominique Lelièvre (2008): *Sagan à toute allure*, Denoël, Paris, S. 71 f. (Übersetzung: J. K.)

89 Vgl. Sophie Delassein (2002): *Aimez-vous Sagan*, Fayard, Paris, S. 87 f. (Übersetzung: J. K.)

90 Vgl. Jean-Claude Lamy (2004): *Françoise Sagan. Une légende*, Mercure de France, Paris, S. 198.

91 Vgl. Sophie Delassein (2002): *Aimez-vous Sagan*, Fayard, Paris, S. 91.

92 Vgl. Marie-Dominique Lelièvre (2008): *Sagan à toute allure*, Denoël, Paris, S. 72 f.

93 Juliette Gréco (2013): *So bin ich eben. Erinnerungen einer Unbezähmbaren*, btb, München, S. 44.

94 Vgl. ebd., S. 53.

95 Vgl. Thankmar von Münchhausen (2017): *Paris. Geschichte einer Stadt seit 1800*, Pantheon, München, S. 531.

96 Simone de Beauvoir (1966): *Der Lauf der Dinge*, Rowohlt, Reinbek bei Hamburg, S. 143.

97 Iris Radisch (2015): *Pariser Kind*, in: *Die Zeit*, Nr. 17/2015.

98 Vgl. Juliette Gréco (2013): *So bin ich eben. Erinnerungen einer Unbezähmbaren*, btb, München, S. 85.

99 Vgl. ebd., S. 168.

100 Ebd., S. 204.

101 Ebd.

102 Vgl. Marie-Dominique Lelièvre (2008): *Sagan à toute allure*, Denoël, Paris, S. 173. (Übersetzung: J. K.)

103 Vgl. Sophie Delassein (2002): *Aimez-vous Sagan*, Fayard, Paris, S. 89.

104 N. N. (1955): *Bonjour tristesse – oder Kabale mit achtzehn*, in: *Die Zeit*, Nr. 17/1955.

105 N. N. (1955): *Françoise Sagan*, in: *Der Spiegel*, Nr. 15/1955.

106 N. N. (1956): *Sie lauern am Kreuzweg*, in: *Der Spiegel*, Nr. 14/1956.

107 Ebd.

108 N. N. (1958): *Guten Tag, Langeweile!*, in: *Der Spiegel*, Nr. 13/1958.

109 Janet Flanner (1967): *Pariser Tagebuch. 1945–1965*, Claassen, Hamburg/Düsseldorf, S. 196 f.

110 Ebd.

111 Vgl. Geneviève Moll (2005): *Madame Sagan*, Ramsay, Paris, S. 71. (Übersetzung: J. K.)

112 Françoise Sagan (1985): *Das Lächeln der Vergangenheit*, C. Bertelsmann, München, S. 47.

113 Ebd., S. 47.

114 Vgl. Jean-Claude Lamy (1981): *Sagan et la mode*, in: Françoise Sagan (2017): *Chroniques 1954–2003*, Hachette/Le Livre de Poche, Vanves, S. 263 f.

115 Vgl. Sophie Delassein (2002): *Aimez-vous Sagan*, Fayard, Paris, S. 64.

116 Françoise Sagan (1985): *Das Lächeln der Vergangenheit*, C. Bertelsmann, München, S. 47.

117 Vgl. Matthias Waechter (2019): *Geschichte Frankreichs im 20. Jahrhundert*, C. H. Beck, München, S. 308.

118 Janet Flanner (1967): *Pariser Tagebuch. 1945–1965*, Claassen, Hamburg/Düsseldorf, S. 106.

119 Vgl. Sophie Delassein (2002): *Aimez-vous Sagan*, Fayard, Paris, S. 153. (Übersetzung: J. K.)

120 Vgl. Marie-Dominique Lelièvre (2008): *Sagan à toute allure*, Denoël, Paris, S. 150.

121 Françoise Sagan (2008): *Bonjour New York*, in: *Bonjour New York. Aufwachen an den schönsten Orten der Welt*, SchirmerGraf, München, S. 59.

122 Vgl. ebd., S. 63.

123 Ebd., S. 65.

124 Françoise Sagan (1985): *Das Lächeln der Vergangenheit*, C. Bertelsmann, München, S. 47 f.

125 Vgl. Jean-Claude Lamy (2004): *Françoise Sagan. Une légende*, Mercure de France, Paris, S. 147. (Übersetzung: J. K.)

126 Vgl. Françoise Sagan (1985): *Das Lächeln der Vergangenheit*, C. Bertelsmann, München, S. 48.

127 Vgl. Lewis Nichols (1955): *Talk with Françoise Sagan*, in: *The New York Times*, 1. Mai 1955. (Übersetzung: J. K.)

128 Vgl. Sophie Delassein (2002): *Aimez-vous Sagan*, Fayard, Paris, S. 65 f.

129 Françoise Sagan (2008): *Bonjour New York*, in: *Bonjour New York. Aufwachen an den schönsten Orten der Welt*, SchirmerGraf, München, S. 70.

130 Vgl. Sophie Delassein (2002): *Aimez-vous Sagan*, Fayard, Paris, S. 66.

131 Françoise Sagan (1985): *Das Lächeln der Vergangenheit*, C. Bertelsmann, München, S. 48.

132 Juliette Gréco (2013): *So bin ich eben. Erinnerungen einer Unbezähmbaren*, btb, München, S. 130.

133 Vgl. Jean-Claude Lamy (2004): *Françoise Sagan. Une légende*, Mercure de France, Paris, S. 147.

134 Vgl. Sophie Delassein (2002): *Aimez-vous Sagan*, Fayard, Paris, S. 93.

135 Vgl. Jean-Claude Lamy (2004): *Françoise Sagan. Une légende*, Mercure de France, Paris, S. 147 f. (Übersetzung: J. K.)

136 Vgl. ebd., S. 149.

137 Françoise Sagan (2008): *Bonjour New York*, in: *Bonjour New York. Aufwachen an den schönsten Orten der Welt*, SchirmerGraf, München, S. 63.

138 Vgl. Sophie Delassein (2002): *Aimez-vous Sagan*, Fayard, Paris, S. 67 f.

139 Vgl. Françoise Sagan (1985): *Das Lächeln der Vergangenheit*, C. Bertelsmann, München, S. 48.

140 Vgl. Sophie Delassein (2002): *Aimez-vous Sagan*, Fayard, Paris, S. 67.

141 Ebd., S. 49.

142 Ebd.

143 Ebd., S. 49 f.

144 Carson McCullers (2011): *Die Autobiographie. Illumination and Night
Glare*, Diogenes, Zürich, S. 64.

145 Vgl. Sarah Shulman (2016): *White Writer*, auf: newyorker.com (letzter
Abruf: 16.06.2020).

146 Carson McCullers (2011): *Die Autobiographie. Illumination and Night
Glare*, Diogenes, Zürich, S. 11.

147 Françoise Sagan (1985): *Das Lächeln der Vergangenheit*, C. Bertelsmann,
München, S. 50.

148 Ebd., S. 50 f.

149 Ebd.

150 Ebd., S. 52.

151 Vgl. ebd., S. 52 f.

152 Vgl. Marie-Dominique Lelièvre (2008): *Sagan à toute allure*, Denoël,
Paris, S. 70.

153 Vgl. Nina Burleigh (2015): *Fitzgerald's place in the sun*, in: *The New York
Times*, 10.05.2015.

154 Erika und Klaus Mann (2019): *Das Buch von der Riviera*, Kindler, München, S. 13.

155 Françoise Sagan (1985): *Das Lächeln der Vergangenheit*, C. Bertelsmann,
München, S. 124.

156 Ebd., S. 125.

157 Ebd.

158 Vgl. Sophie Delassein (2002): *Aimez-vous Sagan*, Fayard, Paris, S. 75 f.

159 Françoise Sagan (1960): *La vie de province*, in: Françoise Sagan (2017):
Chroniques 1954–2003, Hachette/Le Livre de Poche, Vanves, S. 73. (Übersetzung: J. K.)

160 Françoise Sagan (1985): *Das Lächeln der Vergangenheit*, C. Bertelsmann,
München, S. 127.

161 Vgl. Alain Vircondelet (2002): *Sagan, un charmant petit monstre*, Flammarion, Paris, S. 145.

162 Françoise Sagan (1985): *Das Lächeln der Vergangenheit*, C. Bertelsmann,
München, S. 139.

163 Ebd., S. 140.

164 Ebd., S. 130.

165 Vgl. Marie-Dominique Lelièvre (2008): *Sagan à toute allure*, Denoël, Paris, S. 79.

166 Vgl. Geneviève Moll (2005): *Madame Sagan*, Ramsay, Paris, S. 84.

167 Vgl. Françoise Sagan (2000): *Mein Blick zurück. Erinnerungen*, Econ/ Ullstein, Berlin, S. 31.

168 Vgl. Geneviève Moll (2005): *Madame Sagan*, Ramsay, Paris, S. 84.

169 Françoise Sagan (1966): *Chamade*, 1966, Ullstein, Berlin, S. 174.

170 Françoise Sagan (2014): *Je ne renie rien. Entretiens 1954–1992*, Hachette/ Le Livre de Poche, Vanves, S. 210. (Übersetzung: J. K.)

171 Ebd., S. 211. (Übersetzung: J. K.)

172 Vgl. Françoise Sagan (2014): *Je ne renie rien. Entretiens 1954–1992*, Hachette/Le Livre de Poche, Vanves, S. 50 f.

173 Françoise Sagan (2000): *Mein Blick zurück. Erinnerungen*, Econ/Ullstein, Berlin, S. 51.

174 Vgl. Jean-Claude Lamy (2004): *Françoise Sagan. Une légende*, Mercure de France, Paris, S. 161.

175 Françoise Sagan (2014): *Je ne renie rien. Entretiens 1954–1992*, Hachette/ Le Livre de Poche, Vanves, S. 88. (Übersetzung: J. K.)

176 Vgl. Françoise Sagan (2000): *Mein Blick zurück. Erinnerungen*, Econ/ Ullstein, Berlin, S. 47.

177 Françoise Sagan (1993): … *et toute ma sympathie*, Julliard, Paris, S. 156. (Übersetzung: J. K.)

178 Vgl. ebd., S. 156 f.

179 Vgl. Sophie Delassein (2002): *Aimez-vous Sagan*, Fayard, Paris, S. 83.

180 Vgl. Marie-Dominique Lelièvre (2008): *Sagan à toute allure*, Denoël, Paris, S. 74. (Übersetzung: J. K.)

181 Jean-Claude Lamy (2004): *Françoise Sagan. Une légende*, Mercure de France, Paris, S. 229. (Übersetzung: J. K.)

182 Vgl. ebd., S. 129 f.

183 Vgl. ebd., S. 230. (Übersetzung: J. K.)

184 Françoise Sagan (2000): *Mein Blick zurück. Erinnerungen*, Econ/Ullstein, Berlin, S. 63.

185 Ebd., S. 64.

186 Françoise Sagan (1985): *Das Lächeln der Vergangenheit*, C. Bertelsmann, München, S. 90.

187 Françoise Sagan (2000): *Mein Blick zurück. Erinnerungen*, Econ/Ullstein, Berlin, S. 151 f.

188 Vgl. Françoise Sagan (2014): *Je ne renie rien. Entretiens 1954–1992*, Hachette/Le Livre de Poche, Vanves, S. 91 f.

189 Denis Westhoff (2012): *Sagan et fils*, Stock, Paris, S. 133. (Übersetzung: J. K.)

190 Vgl. ebd., S. 133.

191 Ebd., S. 134. (Übersetzung: J. K.)

192 Vgl. Sophie Delassein (2002): *Aimez-vous Sagan*, Fayard, Paris, S. 95. (Übersetzung: J. K.)

193 Vgl. Denis Westhoff (2012): *Sagan et fils*, Stock, Paris, S. 36.

194 Vgl. Sophie Delassein (2002): *Aimez-vous Sagan*, Fayard, Paris, S. 96.

195 Vgl. Alain Vircondelet (2002): *Sagan, un charmant petit monstre*, Flammarion, Paris, S. 147.

196 Françoise Sagan (2014): *Je ne renie rien. Entretiens 1954–1992*, Hachette/ Le Livre de Poche, Vanves, S. 122. (Übersetzung: J. K.)

197 Vgl. Alain Vircondelet (2002): *Sagan, un charmant petit monstre*, Flammarion, Paris, S. 147.

198 Vgl. ebd., S. 146.

199 Françoise Sagan (2000): *Mein Blick zurück. Erinnerungen*, Econ/Ullstein, Berlin, S. 59.

200 Vgl. Françoise Sagan (2014): *Je ne renie rien. Entretiens 1954–1992*, Hachette/Le Livre de Poche, Vanves, S. 59.

201 Ebd., S. 57. (Übersetzung: J. K.)

202 Vgl. ebd., S. 171.

203 Vgl. ebd., S. 64 f.

204 Vgl. ebd., S. 56.

205 Vgl. Jean-Claude Lamy (2004): *Françoise Sagan. Une légende*, Mercure de France, Paris, S. 326.

206 Françoise Sagan (1957): *Ein gewisses Lächeln*, Ullstein, Berlin, S. 15.

207 Ebd., S. 13.

208 Ebd., S. 129.

209 Ebd., S. 139.

210 Ebd., S. 11.

211 Ebd., S. 89.

212 Ebd., S. 99.

213 Françoise Sagan (2000): *Mein Blick zurück. Erinnerungen*, Econ/Ullstein, Berlin, S. 150 f.

214 Ebd., S. 50.

215 Vgl. Sophie Delassein (2002): *Aimez-vous Sagan*, Fayard, Paris, S. 100.

216 Vgl. Geneviève Moll (2005): *Madame Sagan*, Ramsay, Paris, S. 247.

217 Vgl. Sophie Delassein (2002): *Aimez-vous Sagan*, Fayard, Paris, S. 100 f. (Übersetzung: J. K.)

218 Vgl. Françoise Sagan (2014): *Je ne renie rien. Entretiens 1954–1992*, Hachette/Le Livre de Poche, Vanves, S. 165.

219 Vgl. Marie-Dominique Lelièvre (2008): *Sagan à toute allure*, Denoël, Paris, S. 219.

220 Vgl. Françoise Sagan (2014): *Je ne renie rien. Entretiens 1954–1992*, Hachette/Le Livre de Poche, Vanves, S. 62. (Übersetzung: J. K.)

221 Vgl. Sophie Delassein (2002): *Aimez-vous Sagan*, Fayard, Paris, S. 101.

222 Vgl. Françoise Sagan (2014): *Je ne renie rien. Entretiens 1954–1992*, Hachette/Le Livre de Poche, Vanves, S. 182.

223 Ebd., S. 187. (Übersetzung: J. K.)

224 Françoise Sagan (2000): *Mein Blick zurück. Erinnerungen*, Econ/Ullstein, Berlin, S. 157.

225 Ebd., S. 74 f.

226 Vgl. Françoise Sagan (2014): *Je ne renie rien. Entretiens 1954–1992*, Hachette/Le Livre de Poche, Vanves, S. 154.

227 Ebd., S. 187. (Übersetzung: J. K.)

228 Vgl. Brigitte Bardot (1996): *B. B. Memoiren*, Bastei Lübbe, Bergisch Gladbach, S. 179.

229 Françoise Sagan (1975): *Bardot*, in: Françoise Sagan (2017): *Chroniques 1954–2003*, Hachette/Le Livre de Poche, Vanves, S. 197 f. (Übersetzung: J. K.)

230 Brigitte Bardot (1996): *B. B. Memoiren*, Bastei Lübbe, Bergisch Gladbach, S. 203.

231 Vgl. ebd.

232 Ebd., S. 183.

233 Simone de Beauvoir (1959): *Brigitte Bardot and the Lolita syndrome*, in: Margaret A. Simons/Marybeth Timmermann (2015): *Simone de Beauvoir. Feminist Writings*, University of Illinois Press, Urbana/Chicago/Springfield, S. 116. (Übersetzung: J. K.)

234 Vgl. ebd., S. 119.

235 Vgl. Anne Berest (2014): *Sagan 1954*, Stock, Paris, S. 109.

236 Vgl. John Gaffney/Diana Holmes (2008): *Stardom in theory and context*, in: John Gaffney/ Diana Holmes (Hrsg.) (2008): *Stardom in Postwar France*, Berghahn Books, Oxford/New York, S. 18.

237 Vgl. Geneviève Moll (2005): *Madame Sagan*, Ramsay, Paris, S. 164. (Übersetzung: J. K.)

238 Vgl. Jean-Claude Lamy (2004): *Françoise Sagan. Une légende*, Mercure de France, Paris, S. 140 f.

239 Vgl. Geneviève Moll (2005): *Madame Sagan*, Ramsay, Paris, S. 242.

240 Vgl. Françoise Sagan (1985): *Das Lächeln der Vergangenheit*, C. Bertelsmann, München, S. 22.

241 Ebd., S. 26.

242 Vgl. Françoise Sagan (2014): *Je ne renie rien. Entretiens 1954–1992,* Hachette/Le Livre de Poche, Vanves, S. 51.

243 Françoise Sagan (1985): *Das Lächeln der Vergangenheit,* C. Bertelsmann, München, S. 26.

244 Ebd., S. 22.

245 Vgl. Marie-Dominique Lelièvre (2008): *Sagan à toute allure,* Denoël, Paris, S. 140.

246 Françoise Sagan (1985): *Das Lächeln der Vergangenheit,* C. Bertelsmann, München, S. 25.

247 Françoise Sagan (2014): *Je ne renie rien. Entretiens 1954–1992,* Hachette/Le Livre de Poche, Vanves, S. 163. (Übersetzung: J. K.)

248 Vgl. Françoise Sagan (1985): *Das Lächeln der Vergangenheit,* C. Bertelsmann, München, S. 26.

249 Vgl. Françoise Sagan (2014): *Je ne renie rien. Entretiens 1954–1992,* Hachette/Le Livre de Poche, Vanves, S. 55.

250 Ebd., S. 86. (Übersetzung: J. K.)

251 Vgl. ebd., S. 50.

252 Vgl. Alain Vircondelet (2002): *Sagan, un charmant petit monstre,* Flammarion, Paris, S. 122.

253 Ebd., S. 49. (Übersetzung: J. K.)

254 Vgl. ebd., S. 159.

255 Vgl. Françoise Sagan (2014): *Je ne renie rien. Entretiens 1954–1992,* Hachette/Le Livre de Poche, Vanves, S. 161.

256 Vgl. Alain Vircondelet (2002): *Sagan, un charmant petit monstre,* Flammarion, Paris, S. 176.

257 Vgl. Marie-Dominique Lelièvre (2008): *Sagan à toute allure,* Denoël, Paris, S. 257.

258 Vgl. Jean-Claude Lamy (2004): *Françoise Sagan. Une légende,* Mercure de France, Paris, S. 124.

259 Vgl. Françoise Sagan (2014): *Je ne renie rien. Entretiens 1954–1992,* Hachette/Le Livre de Poche, Vanves, S. 53 f.

260 Vgl. Sophie Delassein (2002): *Aimez-vous Sagan,* Fayard, Paris, S. 241.

261 Françoise Sagan (2014): *Je ne renie rien. Entretiens 1954–1992,* Hachette/Le Livre de Poche, Vanves, S. 48 f. (Übersetzung: J. K.)

262 Françoise Sagan (1985): *Das Lächeln der Vergangenheit,* C. Bertelsmann, München, S. 10 f.

263 Ebd., S. 12.

264 Ebd.

265 Vgl. ebd., S. 12 f.

266 Ebd., S. 15.

267 Ebd., S. 16.

268 Vgl. ebd., S. 13.

269 Ebd., S. 14.

270 Vgl. ebd., S. 16.

271 Ebd., S. 14.

272 Vgl. ebd., S. 17.

273 Ebd.

274 Ebd., S. 18.

275 Vgl. Sara Kettler (2019): *Ella Fitzgerald and Marilyn Monroe: Inside their surprising friendship*, auf: biography.com (letzter Abruf: 17.06.2020).

276 Agnès Poirier (2014): *Juliette Gréco: »We were very naughty«*, auf: the-guardian.com (letzter Abruf: 16.06.2020).

TEIL III

1 Françoise Sagan (2014): *Je ne renie rien. Entretiens 1954–1992*, Hachette/Le Livre de Poche, Vanves, S. 19. (Übersetzung: J. K.)

2 Vgl. Jean-Claude Lamy (2004): *Françoise Sagan. Une légende*, Mercure de France, Paris, S. 157.

3 Vgl. ebd.

4 N. N. (1956): *Am Öl hängt alles*, in: *Der Spiegel*, Nr. 48/1956.

5 Vgl. Geneviève Moll (2005): *Madame Sagan*, Ramsay, Paris, S. 74.

6 Vgl. Marie-Dominique Lelièvre (2008): *Sagan à toute allure*, Denoël, Paris, S. 148.

7 Vgl. Françoise Sagan (2014): *Je ne renie rien. Entretiens 1954–1992*, Hachette/Le Livre de Poche, Vanves, S. 249.

8 Vgl. Françoise Sagan (1957): *Ein gewisses Lächeln*, Ullstein, Berlin, S. 12 f.

9 Vgl. Sophie Delassein (2002): *Aimez-vous Sagan*, Fayard, Paris, S. 154. (Übersetzung: J. K.)

10 Françoise Sagan (2000): *Mein Blick zurück. Erinnerungen*, Econ/Ullstein, Berlin, S. 32.

11 Ebd., S. 29.

12 Vgl. Jean-Claude Lamy (2004): *Françoise Sagan. Une légende*, Mercure de France, Paris, S. 157 f.

13 Ebd., S. 158.

14 Vgl. ebd., S. 156 f.

15 Françoise Sagan (2000): *Mein Blick zurück. Erinnerungen*, Econ/Ullstein, Berlin, S. 30.

16 Vgl. Jean-Claude Lamy (2004): *Françoise Sagan. Une légende*, Mercure de France, Paris, S. 156.

17 Vgl. ebd.

18 Françoise Sagan (2000): *Mein Blick zurück. Erinnerungen*, Econ/Ullstein, Berlin, S. 30.

19 Vgl. Jean-Claude Lamy (2004): *Françoise Sagan. Une légende*, Mercure de France, Paris, S. 158.

20 Vgl. Sophie Delassein (2002): *Aimez-vous Sagan*, Fayard, Paris, S. 117 f.

21 Vgl. Jean-Claude Lamy (2004): *Françoise Sagan. Une légende*, Mercure de France, Paris, S. 167. (Übersetzung: J. K.)

22 Françoise Sagan (2000): *Mein Blick zurück. Erinnerungen*, Econ/Ullstein, Berlin, S. 32.

23 Vgl. Jean-Claude Lamy (2004): *Françoise Sagan. Une légende*, Mercure de France, Paris, S. 167.

24 Vgl. N. N. (1957): *Première photo de Françoise Sagan en convalescence après son accident*, in: *France-soir*, 24.04.1957.

25 Vgl. Georges Hourdin (1957): *Le malheur et la fureur de vivre*, in : *Le Monde*, 27.04.1957.

26 Vgl. Bertrand Poirot-Delpech (1985): *Bonjour Sagan*, Herscher, Paris, S. 72 f.

27 Vgl. Geneviève Moll (2005): *Madame Sagan*, Ramsay, Paris, S. 79.

28 Vgl. Sophie Delassein (2002): *Aimez-vous Sagan*, Fayard, Paris, S. 121.

29 N. N.: *Françoise Sagan injured in wreck*, in: *The New York Times*, 15.04.1957. (Übersetzung: J. K.)

30 Vgl. Robert Zaretsky (2011): *A Russian plot? No, a French obsession*, in: *The New York Times*, 14.08.2011.

31 Roland Barthes (2016): *Der neue Citroën*, in: *Mythen des Alltags*, Suhrkamp, Berlin, S. 197.

32 Ebd., S. 196.

33 Vgl. John Gaffney/Diana Holmes (2008): *Stardom in theory and context*, in: John Gaffney/ Diana Holmes (Hrsg.) (2008): *Stardom in Postwar France*, Berghahn Books, Oxford/New York, S. 11.

34 Françoise Sagan (2014): *Je ne renie rien. Entretiens 1954–1992*, Hachette/ Le Livre de Poche, Vanves, S. 166. (Übersetzung: J. K.)

35 Françoise Sagan (1993): *… et toute ma sympathie*, Julliard, Paris, S. 197. (Übersetzung: J. K.)

36 Vgl. Sophie Delassein (2002): *Aimez-vous Sagan*, Fayard, Paris, S. 125 f.

37 Vgl. ebd., S. 130.

38 Vgl. Sophie Delassein (2002): *Aimez-vous Sagan*, Fayard, Paris, S. 130 f. (Übersetzung: J. K.)

39 Vgl. Jean-Claude Lamy (2004): *Françoise Sagan. Une légende*, Mercure de France, Paris, S. 170.

40 Vgl. Sophie Delassein (2002): *Aimez-vous Sagan*, Fayard, Paris, S. 155.

41 Vgl. ebd., S. 154 f. (Übersetzung: J. K.)

42 Vgl. ebd., S. 132.

43 Vgl. ebd., S. 137 f.

44 Françoise Sagan (2000): *Mein Blick zurück. Erinnerungen*, Econ/Ullstein, Berlin, S. 35.

45 Françoise Sagan (1958): *In einem Monat, in einem Jahr*, Ullstein, Berlin, S. 11.

46 Ebd., S. 13.

47 Ebd., S. 27.

48 Françoise Sagan (2000): *Mein Blick zurück. Erinnerungen*, Econ/Ullstein, Berlin, S. 33.

49 Ebd.

50 Vgl. Françoise Giroud (1957): *The Sagan saga: a continued story*, in: *The New York Times*, 27.10.1957.

51 Vgl. Sophie Delassein (2002): *Aimez-vous Sagan*, Fayard, Paris, S. 137.

52 Françoise Sagan (2000): *Mein Blick zurück. Erinnerungen*, Econ/Ullstein, Berlin, S. 42.

53 Vgl. ebd.

54 Vgl. Sophie Delassein (2002): *Aimez-vous Sagan*, Fayard, Paris, S. 141.

55 Vgl. Alain Vircondelet (2002): *Sagan, un charmant petit monstre*, Flammarion, Paris, S. 233 f.

56 Vgl. Sophie Delassein (2002): *Aimez-vous Sagan*, Fayard, Paris, S. 147 f.

57 Vgl. Jean-Claude Lamy (2004): *Françoise Sagan. Une légende*, Mercure de France, Paris, S. 168.

58 Françoise Sagan (2000): *Mein Blick zurück. Erinnerungen*, Econ/Ullstein, Berlin, S. 75.

59 Vgl. Françoise Sagan (2014): *Je ne renie rien. Entretiens 1954–1992*, Hachette/Le Livre de Poche, Vanves, S. 44 f.

60 Ebd., S. 47. (Übersetzung: J. K.)

61 Vgl. Jean-Claude Lamy (2004): *Françoise Sagan. Une légende*, Mercure de France, Paris, S. 169.

62 Vgl. Geneviève Moll (2005): *Madame Sagan*, Ramsay, Paris, S. 99.

63 Vgl. Françoise Sagan (2014): *Je ne renie rien. Entretiens 1954–1992*, Hachette/Le Livre de Poche, Vanves, S. 152.

64 Vgl. Denis Westhoff (2012): *Sagan et fils*, Stock, Paris, S. 53.

65 Vgl. Jean-Claude Lamy (2004): *Françoise Sagan. Une légende*, Mercure de France, Paris, S. 177 f.

66 Françoise Sagan (2011): *Ich glaube, ich liebe niemanden mehr*, Aufbau, Berlin, S. 3.

67 Ebd., S. 7.

68 Ebd., S. 24.

69 Ebd., S. 14.

70 Ebd., S. 34.

71 Ebd., S. 29.

72 Vgl. ebd., S. 51.

73 Ebd., S. 34.

74 Françoise Sagan (2014): *Je ne renie rien. Entretiens 1954–1992*, Hachette/ Le Livre de Poche, Vanves, S. 46. (Übersetzung: J. K.)

75 Ebd. (Übersetzung: J. K.)

76 Vgl. ebd.

77 Vgl. Marie-Dominique Lelièvre (2008): *Sagan à toute allure*, Denoël, Paris, S. 136.

78 Françoise Sagan (1973): *Blaue Flecken auf der Seele*, Ullstein, Berlin, S. 133.

79 Vgl. Françoise Sagan (2014): *Je ne renie rien. Entretiens 1954–1992*, Hachette/Le Livre de Poche, Vanves, S. 241.

80 Vgl. Sophie Delassein (2002): *Aimez-vous Sagan*, Fayard, Paris, S. 155 f.

81 Vgl. Jean-Claude Lamy (2004): *Françoise Sagan. Une légende*, Mercure de France, Paris, S. 224.

82 Françoise Sagan (2014): *Je ne renie rien. Entretiens 1954–1992*, Hachette/ Le Livre de Poche, Vanves, S. 95. (Übersetzung: J. K.)

83 Vgl. Jean-Claude Lamy (2004): *Françoise Sagan. Une légende*, Mercure de France, Paris, S. 106. (Übersetzung: J. K.)

84 Vgl. Sophie Delassein (2002): *Aimez-vous Sagan*, Fayard, Paris, S. 157 f.

85 Vgl. Jean-Claude Lamy (2004): *Françoise Sagan. Une légende*, Mercure de France, Paris, S. 170 f.

86 Vgl. Marie-Dominique Lelièvre (2008): *Sagan à toute allure*, Denoël, Paris, S. 147. (Übersetzung: J. K.)

87 Ebd. (Übersetzung: J. K.)

88 Vgl. Françoise Sagan (2014): *Je ne renie rien. Entretiens 1954–1992*, Hachette/Le Livre de Poche, Vanves, S. 139.

89 Vgl. Sophie Delassein (2002): *Aimez-vous Sagan*, Fayard, Paris, S. 159 f.

90 Vgl. Jean-Claude Lamy (2004): *Françoise Sagan. Une légende*, Mercure de France, Paris, S. 170 f.

91 Vgl. Sophie Delassein (2002): *Aimez-vous Sagan*, Fayard, Paris, S. 160.

92 Vgl. Françoise Sagan (2014): *Je ne renie rien. Entretiens 1954–1992*, Hachette/Le Livre de Poche, Vanves, S. 137.

93 Vgl. Claire Duchen (1994): *Women's rights and women's lives in France 1944–1968*, Routledge, London/New York, S. 78.

94 Vgl. ebd., S. 99.

95 Vgl. Sylvie Chaperon (2000): *Les années Beauvoir. 1945–1970*, Fayard, Paris, S. 103.

96 Roland Barthes (2016): *Der neue Citroën*, in: Roland Barthes (2016): *Mythen des Alltags*, Suhrkamp, Berlin, S. 71.

97 Vgl. Jean-Claude Lamy (1981): *Sagan et la mode*, in: Françoise Sagan (2017): *Chroniques 1954–2003*, Hachette/Le Livre de Poche, Vanves, S. 263 f.

98 Vgl. Geneviève Moll (2005): *Madame Sagan*, Ramsay, Paris, S. 103 f.

99 Vgl. Marie-Dominique Lelièvre (2008): *Sagan à toute allure*, Denoël, Paris, S. 153. (Übersetzung: J. K.)

100 Vgl. Jean-Claude Lamy (2004): *Françoise Sagan. Une légende*, Mercure de France, Paris, S. 170.

101 Vgl. Sophie Delassein (2002): *Aimez-vous Sagan*, Fayard, Paris, S. 161. (Übersetzung: J. K.)

102 Vgl. Jean-Claude Lamy (2004): *Françoise Sagan. Une légende*, Mercure de France, Paris, S. 223. (Übersetzung: J. K.)

103 Françoise Sagan (2000): *Mein Blick zurück. Erinnerungen*, Econ/Ullstein, Berlin, S. 32.

104 Ebd., S. 32.

105 Vgl. Jean-Claude Lamy (2004): *Françoise Sagan. Une légende*, Mercure de France, Paris, S. 226.

106 Vgl. Françoise Sagan (2014): *Je ne renie rien. Entretiens 1954–1992*, Hachette/Le Livre de Poche, Vanves, S. 134.

107 Ebd., S. 123. (Übersetzung: J. K.)

108 Ebd., S. 137. (Übersetzung: J. K.)

109 Ebd., S. 71. (Übersetzung: J. K.)

110 Vgl. Marie-Dominique Lelièvre (2008): *Sagan à toute allure*, Denoël, Paris, S. 75.

111 Françoise Sagan (2000): *Mein Blick zurück. Erinnerungen*, Econ/Ullstein, Berlin, S. 32.

112 Vgl. Jean-Claude Lamy (2004): *Françoise Sagan. Une légende*, 2004, Mercure de France, Paris, S. 223.

113 Vgl. Françoise Sagan (2014): *Je ne renie rien. Entretiens 1954–1992*, Hachette/Le Livre de Poche, Vanves, S. 124.

114 Françoise Sagan (2000): *Mein Blick zurück. Erinnerungen*, Econ/Ullstein, Berlin, S. 37 f.

115 Vgl. Françoise Sagan (2014): *Je ne renie rien. Entretiens 1954–1992*, Hachette/Le Livre de Poche, Vanves, S. 139.

116 Vgl. Jean-Claude Lamy (2004): *Françoise Sagan. Une légende*, Mercure de France, Paris, S. 225.

117 Françoise Sagan (2000): *Mein Blick zurück. Erinnerungen*, Econ/Ullstein, Berlin, S. 38.

118 Françoise Sagan (1997): *Ein eleganter Tod*, in: *Augen wie Seide* (1997), Bastei Lübbe, Bergisch Gladbach, S. 79.

119 Vgl. Françoise Sagan (2000): *Mein Blick zurück. Erinnerungen*, Econ/Ullstein, Berlin, S. 34.

120 Françoise Sagan (1985): *Das Lächeln der Vergangenheit*, C. Bertelsmann, München, S. 148.

121 Vgl. Alain Vircondelet (2002): *Sagan, un charmant petit monstre*, Flammarion, Paris, S. 76 f.

122 Simone de Beauvoir (1966): *Der Lauf der Dinge*, Rowohlt, Reinbek bei Hamburg, S. 442.

123 Ebd.

124 Ebd.

125 Vgl. Françoise Sagan (2000): *Mein Blick zurück. Erinnerungen*, Econ/Ullstein, Berlin, S. 34 f.

126 Vgl. Françoise Sagan (1985): *Das Lächeln der Vergangenheit*, C. Bertelsmann, München, S. 149.

127 Ebd., S. 144.

128 Ebd., S. 145.

129 Ebd.

130 Ebd., S. 148.

131 Ebd., S. 149.

132 Ebd., S. 152.

133 Vgl. Françoise Sagan (2014): *Je ne renie rien. Entretiens 1954–1992*, Hachette/Le Livre de Poche, Vanves, S. 204.

134 Ebd., S. 205. (Übersetzung: J. K.)

135 Françoise Sagan (1985): *Das Lächeln der Vergangenheit*, C. Bertelsmann, München, S. 150.

136 Vgl. Françoise Sagan (2014): *Je ne renie rien. Entretiens 1954–1992*, Hachette/Le Livre de Poche, Vanves, S. 204.

137 Vgl. Françoise Sagan (1985): *Das Lächeln der Vergangenheit*, C. Bertelsmann, München, S. 151.

138 Ebd., S. 151.

139 Vgl. ebd., S. 151 f.

140 Ebd., S. 153.

141 Vgl. ebd.

142 Ebd., S. 153.

143 Vgl. ebd., S. 151.

144 Ebd., S. 154.

145 Vgl. Françoise Sagan (2014): *Je ne renie rien. Entretiens 1954–1992*, Hachette/Le Livre de Poche, Vanves, S. 198.

146 Françoise Sagan (1985): *Das Lächeln der Vergangenheit*, C. Bertelsmann, München, S. 129.

147 Vgl. ebd., S. 130 f.

148 Ebd., S. 130.

149 Ebd., S. 131.

150 Françoise Sagan (2000): *Mein Blick zurück. Erinnerungen*, Econ/Ullstein, Berlin, S. 39.

151 Françoise Sagan (1985): *Das Lächeln der Vergangenheit*, C. Bertelsmann, München, S. 30.

152 Vgl. ebd.

153 Ebd., S. 31.

154 Ebd.

155 Vgl. Geneviève Moll (2005): *Madame Sagan*, Ramsay, Paris, S. 115.

156 Vgl. Sophie Delassein (2002): *Aimez-vous Sagan*, Fayard, Paris, S. 166 f.

157 Françoise Sagan (2000): *Mein Blick zurück. Erinnerungen*, Econ/Ullstein, Berlin, S. 41.

158 Ebd., S. 42.

159 Françoise Sagan (1959): *Lieben Sie Brahms …*, Ullstein, Berlin, S. 42.

160 Ebd., S. 56.

161 Ebd., S. 124.

162 Françoise Sagan (2014): *Je ne renie rien. Entretiens 1954–1992*, Hachette/Le Livre de Poche, Vanves, S. 170. (Übersetzung: J. K.)

163 Ebd., S. 65 f. (Übersetzung: J. K.)

164 Françoise Sagan (1985): *Das Lächeln der Vergangenheit*, C. Bertelsmann, München, S. 93.

165 Ebd., S. 90.

166 Ebd.

167 Ebd., S. 92.

168 Vgl. ebd., S. 93.

169 Vgl. Sophie Delassein (2002): *Aimez-vous Sagan*, Fayard, Paris, S. 172.

170 Françoise Sagan (1985): *Das Lächeln der Vergangenheit*, C. Bertelsmann, München, S. 95.

171 Vgl. Françoise Sagan (2014): *Je ne renie rien. Entretiens 1954–1992*, Hachette/Le Livre de Poche, Vanves, S. 216.

172 Vgl. ebd., S. 82.

173 Vgl. ebd., S. 84.

174 Ebd., S. 217. (Übersetzung: J. K.)

175 Ebd., S. 85. (Übersetzung: J. K.)

176 Vgl. Sophie Delassein (2002): *Aimez-vous Sagan*, Fayard, Paris, S. 174 f.
(Übersetzung: J. K.)

177 Vgl. N. N. (1960): *Spiele im Schloss*, in: *Der Spiegel*, Nr. 13/1960.

178 Vgl. ebd.

179 Vgl. Sophie Delassein (2002): *Aimez-vous Sagan*, Fayard, Paris, S. 176.

180 Françoise Sagan (1985): *Das Lächeln der Vergangenheit*, C. Bertelsmann,
München, S. 96.

TEIL IV

1 Françoise Sagan (2014): *Je ne renie rien. Entretiens 1954–1992*, Hachette/
Le Livre de Poche, Vanves, S. 110. (Übersetzung: J. K.)

2 Vgl. Geneviève Moll (2005): *Madame Sagan*, Ramsay, Paris, S. 122.

3 Vgl. Sophie Delassein (2002): *Aimez-vous Sagan*, Fayard, Paris, S. 189.
(Übersetzung: J. K.)

4 Vgl. Marie-Dominique Lelièvre (2008): *Sagan à toute allure*, Denoël,
Paris, S. 163. (Übersetzung: J. K.)

5 Françoise Sagan (1973): *Blaue Flecken auf der Seele*, Ullstein, Berlin,
S. 133.

6 Vgl. Sophie Delassein (2002): *Aimez-vous Sagan*, Fayard, Paris, S. 188 f.

7 Denis Westhoff (2012): *Sagan et fils*, Stock, Paris, S. 167. (Übersetzung:
J. K.)

8 Vgl. Sophie Delassein (2002): *Aimez-vous Sagan*, Fayard, Paris, S. 189.

9 Vgl. Denis Westhoff (2012): *Sagan et fils*, Stock, Paris, S. 59.

10 Vgl. Jean-Claude Lamy (2004): *Françoise Sagan. Une légende*, Mercure de
France, Paris, S. 244. (Übersetzung: J. K.)

11 Françoise Sagan (2014): *Je ne renie rien. Entretiens 1954–1992*, Hachette/
Le Livre de Poche, Vanves, S. 179. (Übersetzung: J. K.)

12 Françoise Sagan (2014): *Je ne renie rien. Entretiens 1954–1992*, Hachette/
Le Livre de Poche, Vanves, S. 70. (Übersetzung: J. K.)

13 Vgl. Jean-Claude Lamy (2004): *Françoise Sagan. Une légende*, Mercure de
France, Paris, S. 258.

14 Vgl. Françoise Sagan (2014): *Je ne renie rien. Entretiens 1954–1992*,
Hachette/Le Livre de Poche, Vanves, S. 68 f.

15 Ebd., S. 102. (Übersetzung: J. K.)

16 Ebd., S. 69. (Übersetzung: J. K.)

17 Ebd., S. 114. (Übersetzung: J. K.)

18 Vgl. Annie Ernaux (2019): *Die Jahre*, Suhrkamp, Berlin, S. 61.

19 Ebd., S. 81.

20 Vgl. Janet Flanner (1967): *Pariser Tagebuch. 1945–1965*, Claassen, Hamburg/Düsseldorf, S. 318.

21 Vgl. Matthias Waechter (2019): *Geschichte Frankreichs im 20. Jahrhundert*, C. H. Beck, München, S. 352.

22 Vgl. Jean-Claude Lamy (2004): *Françoise Sagan. Une légende*, Mercure de France, Paris, S. 243.

23 Vgl. ebd., S. 185. (Übersetzung: J. K.)

24 Françoise Sagan (2014): *Je ne renie rien. Entretiens 1954–1992*, Hachette/Le Livre de Poche, Vanves, S. 99. (Übersetzung: J. K.)

25 Janet Flanner (1967): *Pariser Tagebuch. 1945–1965*, Claassen, Hamburg/Düsseldorf, S. 360.

26 Françoise Sagan (1960): *La jeune fille et la grandeur*, in: Françoise Sagan (2017): *Chroniques 1954–2003*, Hachette/Le Livre de Poche, Vanves, S. 87. (Übersetzung: J. K.)

27 Vgl. Alain Vircondelet (2002): *Sagan, un charmant petit monstre*, Flammarion, Paris, S. 232.

28 Vgl. Françoise Sagan (2014): *Je ne renie rien. Entretiens 1954–1992*, Hachette/Le Livre de Poche, Vanves, S. 103. (Übersetzung: J. K.)

29 Vgl. Iris Radisch (2013): *Camus. Das Ideal der Einfachheit*, Rowohlt, Reinbek bei Hamburg, S. 273.

30 Vgl. Jean-Claude Lamy (2004): *Françoise Sagan. Une légende*, Mercure de France, Paris, S. 244.

31 Vgl. Martine de Rabaudy (2019): *A l'absente*, Gallimard, Paris, S. 40 f.

32 Françoise Sagan (1960): *Cuba: ce n'est pas si simple*, in: Françoise Sagan (2017): *Chroniques 1954–2003*, Hachette/Le Livre de Poche, Vanves, S. 99. (Übersetzung: J. K.)

33 Vgl. ebd., S. 103.

34 Ebd., S. 104. (Übersetzung: J. K.)

35 Vgl. Sophie Delassein (2002): *Aimez-vous Sagan*, Fayard, Paris, S. 183.

36 Bernard Frank (1987): *Un siècle débordé*, Flammarion, Paris, S. 167. (Übersetzung: J. K.)

37 Ebd., S. 169. (Übersetzung: J. K.)

38 Vgl. ebd.

39 Vgl. Jean-Claude Lamy (2004): *Françoise Sagan. Une légende*, Mercure de France, Paris, S. 245 f.

40 Günther Steffen (1960): *Desertion – ein schreckliches Abenteuer*, in: *Der Spiegel*, Nr. 42/1960.

41 Ebd.

42 Ebd.

43 Vgl. Sascha Lehnartz (2010): *Die ungeheure Kraft der Nouvelle Vague*, auf: welt.de, 03.08.2010 (letzter Abruf: 23.06.2020).

44 Janet Flanner (1967): *Pariser Tagebuch. 1945–1965*, Claassen, Hamburg/ Düsseldorf, S. 17.

45 Vgl. Sophie Delassein (2002): *Aimez-vous Sagan*, Fayard, Paris, S. 186. (Übersetzung: J. K.)

46 Vgl. Jean-Claude Lamy (2004): *Françoise Sagan. Une légende*, Mercure de France, Paris, S. 246. (Übersetzung: J. K.)

47 Françoise Sagan (2014): *Je ne renie rien. Entretiens 1954–1992*, Hachette/ Le Livre de Poche, Vanves, S. 107. (Übersetzung: J. K.)

48 Vgl. Sophie Delassein (2002): *Aimez-vous Sagan*, Fayard, Paris, S. 249.

49 Vgl. Colette Godard (1978): *La jeunesse, après trente ans, c'est fini*, in: Françoise Sagan (2017): *Chroniques 1954–2003*, Hachette/Le Livre de Poche, Vanves, S. 222.

50 Vgl. Jean-Claude Lamy (2004): *Françoise Sagan. Une légende*, Mercure de France, Paris, S. 185. (Übersetzung: J. K.)

51 N. N. (1960): *Personalien*, in: *Der Spiegel*, Nr. 6/1960.

52 Vgl. Françoise Sagan (2014): *Je ne renie rien. Entretiens 1954–1992*, Hachette/Le Livre de Poche, Vanves, S. 129.

53 Vgl. ebd., S. 125.

54 Ebd., S. 235. (Übersetzung: J. K.)

EPILOG

1 Vgl. N. N. (2018): *Mai 68 vu par l'AFP – A l'Odéon, Barrault annonce sa »mort«*, auf: lepoint.fr (letzter Abruf: 24.06.2020).

2 Jean-Paul Sartre (1968): *Die Phantasie an die Macht*, in: *Die Zeit*, Nr. 22/1968.

3 Vgl. Sophie Delassein (2002): *Aimez-vous Sagan*, Fayard, Paris, S. 248; sowie: Françoise Sagan (2000): *Mein Blick zurück. Erinnerungen*, Econ/ Ullstein, Berlin, S. 90 f.

LITERATUR

ROMANE

Bonjour Tristesse, 1954, Julliard, Paris
Bonjour Tristesse, 2017, Ullstein, Berlin, übersetzt von Rainer Moritz

Un certain sourire, 1956, Julliard, Paris
Ein gewisses Lächeln, 1957, Ullstein, Berlin, übersetzt von Helga Treichel

Dans un mois, dans un an, 1957, Julliard, Paris
In einem Monat, in einem Jahr, 1958, Ullstein, Berlin, übersetzt von Helga
   Treichel

Aimez-vous Brahms, 1959, Julliard, Paris
Lieben Sie Brahms ..., 1959, Ullstein, Berlin, übersetzt von Helga Treichel

Les merveilleux nuages, 1961, Julliard, Paris
Die wunderbaren Wolken, 1961, Ullstein, Berlin, übersetzt von Helga Treichel

La chamade, 1965, Julliard, Paris
Chamade, 1966, Ullstein, Berlin, übersetzt von Elisabeth Schneider

Le garde du cœur, 1968, Julliard, Paris
Der Wächter des Herzens, 1969, Ullstein, Berlin, übersetzt von Jeannette Frank

Un peu de soleil dans l'eau froide, 1969, Flammarion, Paris
Ein bisschen Sonne im kalten Wasser, 1970, Ullstein, Berlin, übersetzt von Ilse
   Walther-Dulk

Des bleus à l'âme, 1972, Flammarion, Paris
Blaue Flecken auf der Seele, 1973, Ullstein, Berlin, übersetzt von Eva Brück-
   ner-Pfaffenberger

Un profil perdu, 1974, Flammarion, Paris
Ein verlorenes Profil, 1975, Ullstein, Berlin, übersetzt von Margaret Carroux

Le lit défait, 1977, Flammarion, Paris
Édouard und Béatrice, 1978, Ullstein, Berlin, übersetzt von Margaret Carroux

Le chien couchant, 1980, Flammarion, Paris
Ein Traum vom Senegal, 1983, C. Bertelsmann, München, übersetzt von Ulrich
   Friedrich Müller

La femme fardée, 1981, Ramsay-Pauvert, Paris
Willkommen Zärtlichkeit, 1983, C. Bertelsmann, München, übersetzt von
   Wolfram Schäfer

Un orage immobile, 1983, Julliard-Pauvert, Paris
Stehendes Gewitter, 1986, C. Bertelsmann, München, übersetzt von Arja
   Wilms

De guerre lasse, 1985, Gallimard, Paris
Brennender Sommer, 1987, C. Bertelsmann, München, übersetzt von Hermann Stiehl

Un sang d'aquarelle (nicht übersetzt), 1987, Gallimard, Paris

La laisse, 1989, Julliard, Paris
Die seidene Fessel, 1990, Rowohlt, Reinbek bei Hamburg, übersetzt von Asma
   El Moutei Semler

Les faux-fuyants, 1991, Julliard, Paris
Die Landpartie, 1992, Econ/Ullstein, Berlin, übersetzt von Sylvia Antz

Un chagrin de passage, 1994, Plon/Julliard, Paris
Und mitten ins Herz, 1995, Ullstein, Berlin, übersetzt von Kirsten Ruh-
   land-Stephan

Les quatre coins du cœur, 2019, Plon, Paris
Die dunklen Winkel des Herzens, 2019, Ullstein, Berlin, übersetzt von
   Waltraud Schwarze/Amelie Thoma

ERZÄHLUNGEN

Des yeux de soie, 1975, Flammarion, Paris
Augen wie Seide, 1977, Ullstein, Berlin, übersetzt von Margaret Carroux

ERINNERUNGEN & INTERVIEWS

Toxiques, 1964, Julliard, Paris
Ich glaube, ich liebe niemanden mehr, 2011, Aufbau, Berlin, übersetzt von
   Waltraud Schwarze

Réponses (nicht übersetzt), 1975, Jean-Jacques Pauvert, Paris

Avec mon meilleur souvenir, 1984, Gallimard, Paris
Das Lächeln der Vergangenheit, 1985, C. Bertelsmann, München, übersetzt von
   Hermann Stiehl

Répliques (nicht übersetzt), 1992, Quai Voltaire, Paris

… et toute ma sympathie (nicht übersetzt), 1993, Julliard, Paris

Derrière l'épaule, 1998, Plon, Paris
Mein Blick zurück. Erinnerungen, 2000, Econ/Ullstein, Berlin, übersetzt von
   Claudia Feldmann

Je ne renie rien. Entretiens 1954–1992 (nicht übersetzt), 2014, Hachette/Le
   Livre de Poche, Vanves

BIOGRAFIEN

Sarah Bernhardt. Le rire incassable (nicht übersetzt), 1987, Robert Laffont,
   Paris

TEXTE & KOLUMNEN

Chroniques 1954–2003 (nicht übersetzt), 2017, Hachette/Le Livre de Poche,
   Vanves

THEATERSTÜCKE

Le Rendez-vous manqué (nicht übersetzt), Ballett in drei Akten, 1958, Musik von Michel Magne, Julliard, Paris

Château en Suède, 1960, Julliard, Paris
Ein Schloss in Schweden, 1961, Ullstein, Berlin, übersetzt von Helga Treichel

Les violons parfois (nicht übersetzt), 1961, Julliard, Paris
La Robe mauve de Valentine (nicht übersetzt), 1963, Julliard, Paris
Bonheur, impair et passe (nicht übersetzt), 1964, Julliard, Paris
Le cheval évanoui / L'Écharde (nicht übersetzt), 1966, Julliard, Paris
Un piano dans l'herbe (nicht übersetzt), 1970, Flammarion, Paris
Le doux oiseau de la jeunesse (nicht übersetzt), 1971
Il fait beau jour et nuit (nicht übersetzt), 1978, Flammarion, Paris
L'excès contraire (nicht übersetzt), 1987 (edition Stock 2010), Paris

FILME

Landru, 1963, Regie Claude Chabrol
Le bal du comte d'Orgel, 1970, Regie Marc Allégret
Encore un hiver, 1974, Kurzfilm, Drehbuch und Regie
Les Borgia ou le sang doré, 1977, Regie Alain Dhénaut
Les Fougères bleues, 1977, Drehbuch und Regie

CHANSONS

Sans vous aimer, 1956, Musik von Michel Magne
La Valse, 1956, Musik von Michel Magne
Vous mon cœur, 1956 Musik von Michel Magne
Les jours perdus, 1957, Musik von Michel Magne
Pour toi et moi, 1957, Musik von Michel Magne
Le jour, 1957, Musik von Michel Magne
En dormant, 1957, Musik von Michel Magne
Ciel et terre, 1957, Musik von Michel Magne
Va vivre ta vie, 1957, Musik von Michel Magne
Quand tu dors près de moi, 1961, Musik von Georges Auric (nach Johannes Brahms)

Parallélébipèdes, 1964, Musik von Philippe-Gérard
De toutes manières, 1970, Musik von Frédéric Botton
Doux oiseau de jeunesse, 1971, Musik von Frédéric Botton
Dis-moi, 1971, Musik von Michel Legrand
Melanco, 1976, Musik von Philippe-Gérard
Quelques cris, 1999, Musik von David Hallyday